日本敎育의 理解

韓國日本學會
일본연구총서 간행위원회 編

시사일본어사

日本教育의 理解

간행사 / *4*

Ⅰ. 일본의 교육이란 · 한기언
7

Ⅱ. 교육법 · 안기성
29

Ⅲ. 인성교육 · 한기언
81

Ⅳ. 유아교육 · 정금자
119

Ⅴ. 가정교육 · 황순희
157

Ⅵ. 학교교육 · 김용숙
205

Ⅶ. 사회교육 · 김도수
251

Ⅷ. 특수교육 · 김세곤
305

Ⅸ. 일본의 교육개혁 · 홍현길
345

후기 / *387*

간행사

한국일본학회는 1992년 가을에 「한국의 일본연구 어디까지 왔나」라는 주제로 국제 학술회의를 개최한 바 있다. 국내 12개 학문분야에서 해방 이후 발표된 일본 연구성과를 총점검한 심포지움이었다. 분석 결과 양적으로는 상당한 수량이었으나, 내용면에서는 일본의 노하우를 배우고 수용하기 위한 것과 한일간의 교섭사에 관한 연구에 치우쳐 있음이 밝혀졌다. 일본을 알 수 있는 역사, 문화, 사상 등을 심도있게 연구분석한 실적물은 극소수였던 것이다.

80년대부터 일반대중을 대상으로 피상적인 견문기와 단순 대조식 서적들이 꾸준히 출판되었고, 90년대에는 일본의 참모습이 아닌 한국인의 입맛에 맞는 일본의 모습을 그린 일련의 도서들이 큰 호응을 얻어 왔다.

한국일본학회에서는 일본에 대한 정보와 이해부족이라는 문제점을 해결하기 위해 2차에 걸쳐 12권의 일본연구총서를 기획하였다. 본 학회에서 간행되었던 일본문화총서와 사상총서가 번역서이었던 것과는 달리, 이 연구총서는 국내의 전문필진에 의해 국내외의 연구성과를 집대성하여 집필되었다는 점에서 그 의의가 크다 하겠다. 설정한 연구분야는 1차 발간분으로 어학, 문학,

정치, 경영, 민속, 교육 등 6분야이고, 2차 발간분으로서는 역사, 사상, 예술(미술, 음악, 무대예술), 종교, 문화, 사회의 6분야이다. 특히 이번 연구총서 집필에는 해당분야의 국내 전문 연구자들이 대거 참가하여 명실공히 국내 일본연구의 결정판이라 할 수 있다.

이번 연구총서의 집필 방향은 일본문화에 관심을 갖고 있는 비전문인 독자층을 대상으로 설정하였다. 특히 1차분의 6권은 대학의 교양교재로도 활용할 수 있도록 배려하였다.

이 연구총서가 빛을 볼 수 있게 되기까지 아낌없는 지원을 해주신 시사일본어사와 일본 국제교류기금에 감사드림과 동시에 적극적으로 참여하여 주신 집필진 여러분, 그 밖에 직간접으로 도움을 주신 여러분께도 심심한 감사를 드리는 바이다.

이 연구총서를 통해 한국인의 일본 이해에 폭넓은 도움이 되었으면 한다.

한국일본학회 일본연구총서 산행위원회
위원장 곽영철

일본의 교육이란

한기언

I. 일본의 교육이란

일본인들은 그들 스스로의 문화를 가리켜 '잡종 문화'라는 말을 하고 있다. 이 말의 뜻은 그만큼 일본 문화라는 것이 고대 이래로 현대에 이르기까지 외래 문화의 수용에 치중한 나머지 갖가지 문화가 섞여 있다는 뜻이다. 지금도 일본은 외래 문화의 수용에 주력하고 있으므로, 이 '잡종 문화'의 성격은 더욱 심화, 진전될 것으로 예상된다. 그런데 이 '잡종 문화'가 좋은 자료가 되어 새로운 문화 창조를 가능케 한다는 것을 예견할 때, 일본의 교육적 장래에 주목하지 않을 수 없다. 여기서는 일본의 교육이 무엇인가를 밝히는 하나의 시도로서 크게 세 가지 절로 나누어 살펴보려고 한다. 이것은

일본 교육의 이해

일본 교육의 역사와 현대 교육 사조 및 그 특성과 미래 전망을 시도해 보는 것이라 할 수 있다.

1. 대륙 문화의 수용과 교육

(1) 고대 한국 및 수·당문화의 수용과 '국풍 문화' 시대의 교육

여기에는 고대의 교육, 나라〔奈良〕시대의 교육, 헤이안〔平安〕시대의 교육이 포함된다. 일본 교육사의 발단은, 오늘날 일본인이 쓴 그들 교육사 책에도 분명히 밝히고 있듯이, 3세기 때 우리 나라 백제인 왕인(王仁) 박사가 『논어』와 『천자문』 두 책을 가지고 들어가 교육한 데서부터이다.

이렇듯 일본 고대의 교육은 한국 학자의 공헌이 현저한 것이다. 『고지키〔古事記〕』나 『니혼쇼키〔日本書記〕』에 의하면 오진왕〔應神王〕의 치세 때 백제로부터 아직기(阿直岐)와 왕인이 도일하였음을 알리고 있다. 처음으로 백제 왕의 사신으로 간 아직기가 경전에 통했던 까닭으로 태자 우지와카 이라쓰코〔兎道稚郎子〕가 그에게 사사하였다. 아직기의 추천에 의해서 이듬해 박사 왕인이 도일했다고 되어 있다.

I. 일본의 교육이란

왕인은 일본 조정에 의한 초빙 교수(한학의 스승)였던 것이다. 그런데 기원전 33년(수징왕 65)에 대가라국의 사신 소나갈질지(蘇那曷叱智)가 도일하여 3년간 일본에 체재했다는 기사가 『니혼쇼키』에 보이는데, 이것은 왕인 박사의 도일보다 약 300년이나 앞서는 일이다. 우리는 이 사실에 크게 주목할 필요가 있다. 이와 아울러, 일본 교육의 내용상 결정적 의미를 지니는 것은 왕인에 의하여 일본에 전수된 『논어』와 『천자문』 두 책이라고 할 수 있다. 여기에 궁정 교육과 한학의 보급이 보이며, 왕인의 도일로부터 약 200년 후인 513년(게이타이 7)에는 백제로부터 오경박사 단양이(段揚爾)가 건너가 3년간 체일하였고, 516년 9월에 도일한 오경박사 한고안무(漢高安茂)와 교대하였다. 체재 중의 기거에 대해서는 분명치 않으나 아마도 조정의 관직에 올라 호학의 자제에게 오경에 대한 강의를 했으리라고 보고 있다. 또 스이코왕〔推古王〕 때 백제승 관륵(觀勒)이 역학·천문·지리·둔갑·방술 등의 서적을 가지고 도일했을 때 서생이 그에게 배웠다. 여기에 사숙의 성립이 상정되며 한국인 학자의 도일 및 귀화 학자들의 교육적 공헌이 주목되고 있는 것이다. 불교 역시 552년 백제왕이 파견한 노리사치계(奴唎斯致契) 등에 의해서 불상과 경론이 전해졌다.

일본 교육의 이해

 일본은 쇼토쿠타이시〔聖德太子, 섭정〕 때에 이르러 불교 신앙과 교육 사업을 크게 떨쳤는데, 그는 내전(불전)을 고려승 혜자(惠慈)로부터 배웠고 외전(속전, 불전 이외의 서적)을 박사 각가(覺哥)로부터 배워 당대 무비의 지식인이 될 수 있었다. 그는 견수대사(遣隋大使)를 파견하였을 때 다카무쿠노 구로마로〔高向玄理〕, 미나미부치 쇼안〔南淵請安〕, 소빈〔僧旻〕 등 8명의 유학생 및 유학승을 수행시켰다. 이것은 608년의 일로서 교육 사상 획기적인 일로 보고 있다.

 그 후 645년에 이르러 '다이카개신〔大化改新〕'이 단행되어 이에 많은 인재를 필요로 하게 되었는데, 교육 기관의 설립 또한 크게 필요하게 되었다. '미나미부치 쇼안의 숙'이라든가 소빈이 국박사에 취임하여 자택에서 강의한 일 등으로 미루어 보아 수·당으로부터 귀국한 유학생들이 사숙을 열고 학생들에게 경학을 교수한 자가 많았으리라고 보고 있다.

 오늘날 일본 학교 창설의 시기는 671년으로 되어 있는데, 백제인 귀실집사(鬼室集斯)가 후무야쓰카사노가미〔學職頭〕가 되었다. 후무야쓰카사노가미〔學職頭〕란 학교의 장관을 의미하는 교직이다. 이것은 관립 학교의 창립으로 이어진다. 그리고 이 무렵의 실

I. 일본의 교육이란

과 교육(조선 기술, 기직법) 및 예술 교육(음악, 무용)이 주로 신라 및 백제인들에 의하여 전수되었음도 특기할 만하다.

나라 시대(710~784)에 이르러서는 대학료(大學寮)와 국학이 설치되었다. 전자는 국도에 세워진 관설 학교이고, 후자는 지방 상층 계급의 자제 교육을 목적으로 한 학교였다.

다음으로 헤이안 시대(784 나가오카 천도, 794~1192)에는 궁정을 배경으로 귀족이 영화에 도취하여 중국의 박래 문화에 의존하고 있었다고는 하지만 각 방면에 있어서 국풍화의 경향이 생겼다. 헤이안 시대 초기에 히라가나와 가타카나의 '일본 문자'가 창작된 것은 특기할 만한 것으로서 일본 문화 및 교육 전개에 박차를 가하였다. 그리고 894년에는 견당사(遣唐使)가 폐지되었다. 견당사 폐지는 일본 교육 문화 사상 중대 사건이었으며, 그간 유학한 저명한 자의 개략적인 수효는 승도 61명, 속인 27명 총 88명이었다.

(2) 송문화의 수용과 중·근세 문화 시대의 교육

여기에는 가마쿠라〔鎌倉〕시대(1192~1333)를 비롯하여 '겐무〔建武〕의 중흥'(1334)을 거쳐 요시노〔吉

일본 교육의 이해

野〕시대(1336~1392), 무로마치〔室町〕시대(1392~1573), 아즈치·모모야마〔安土·桃山〕시대(1573~1603)까지가 포함된다. 시대적 특성으로는 계속되는 전란과 그 가운데 형성된 일본 문화 자각의 교육 시대라는 데 있다. 이러한 계기는 몽고군의 내습이 큰 충격이 되었고, 사상 공전의 국난을 극복하게 한 당시의 실권자 호조 도키무네〔北條時宗, 1251~1284〕는 '일본이 낳은 최대 인물의 하나'라고까지 극언할 정도이다.

송문화의 수용은 일송 무역의 성황을 이루었던 결과로 양국 간을 왕래하였던 선승(禪僧)이 이룩한 문화사적 의의는 매우 큰데, 차 종류의 수입 및 도자기 기술의 수입은 그 중에서도 으뜸 가는 것이었다.

계속하여 일본은 불교가 사상적 기조를 이루었으며, 오늘날 구미 사회에서 '젠〔禪〕'이라고 하면 일본 고유의 것인 양 착각되리만큼 유명해진 '선(禪)' 역시 에이사이〔榮西, 1141~1215〕에 의하여 이 무렵에 소개되었다. 선의 남성적 정신은 가마쿠라 시대의 정신과 일치하였고, 그 후 무사도의 중핵을 이루었다.

요시노 시대에 들어오면 무가와 서민을 대상으로 하던 중류 교육으로부터 서민을 주체로 하는 교육으로 옮겨 갔다. 그것은 『데이킨 오라이〔庭訓往來〕』의 출현으로 상징되었다. 이 책의 내용은 하급 관리의 편지를 모은 것인데, 중류 계급의 일상 생활에 필요한 어휘가 수록된 것이다. 이 책만으로 보통교육을 할 수 있게 구성되었다는 점에서 일본의 독자적인 교과서로서 매우 중요시되고 있다.

무로마치 시대(아즈치·모모야마 시대 포함)에 들어오면 하극상 시대이니만큼 민중의 입신 출세가 찬양되고 『오토기조시〔お伽草子〕』같은 책에는 인간 자각의 모습이라든가, 서민 계급 발흥의 움직임, 계급 타파의 시대적 성격이 묘사되어 있다. 이 시대에는 학문이 쇠퇴하고 불교가 모든 계급을 통하여 민심에 침투하여 일체의 사회 현상이 불교화되어 갔다. '아시카가 갓코〔足利學校〕'는 요시노 시대부터 에도〔江戶〕시대에 걸쳐 관동문교의 중심지일 뿐만 아니라, 때로는 일본 문화의 중심지가 된 느낌조차 있었다. 그리고 가정교육에서는 집의 보전(保全)이 가정교육의 근본 이념을 이루었다.

(3) 주자학의 영향과 에도 문화 시대의 교육

에도 시대(1603~1867)에는 주자학의 영향이 현저하여 유교주의적 교화가 철저하였다. 한편 천주교가 금지되고 쇄국 정책을 취하였다. 그러나 나가사

일본 교육의 이해

키〔長崎〕의 데지마만〔出島灣〕은 화란 상인이 출입할 수 있게 함으로써 해외 사정에 통할 수 있었다. 도쿠가와 이에야스〔德川家康〕는 무력에 의해서 정권을 장악하였으나 태평의 기조는 문교에 있다고 하여 교육에 치중하였고, 종래 고산승〔五山僧〕에 의하여 주자학을 중심으로 하여 지도되었던 일본의 사상계는 이로부터 완전히 주자학자에 의해서 지도되는 일대 전환이 보였다. 그리고 일본의 지도적 주자학자가 다름 아닌 퇴계학(退溪學)의 학통을 잇는 것이었음은 말할 것도 없다.

그런데 에도 시대의 제학파에 속하는 대부분의 학자는 관설인 막부 직할의 학교라든가 제번(藩)의 학교, 민가의 사숙에서 교육을 담당하고 있었다. 따라서 학자는 교육자이기도 하였다. 주자학파에는 후지와라노 세이카〔藤原惺窩〕, 하야시 라잔〔林羅山〕, 아라이 하쿠세키〔新井白石〕, 야마자키 안사이〔山崎闇齋〕 등이 있고, 양명학파에는 나카에 도주〔中江藤樹〕가 유명하고, 고학파(직접 공맹 정신을 받고자 하는 학파)에 있어서는 이토 진사이〔伊藤仁齋〕, 오규 소라이〔荻生徂來〕, 야마가 소코〔山鹿素行〕 등이 있어 각기 유파를 이루었다. 이 밖에 독립학파는 유교에만 집착하지 않고 도교, 불교, 신도(神道) 등을 비롯하여 경제학, 자연과학, 의학 등의 지식까지도 받아들여 독창적인 일가를 창도한 학자들의 총칭으로, 미우라 바이엔〔三浦梅園〕, 야마가타 반토〔山片蟠桃〕, 호아시 반리〔帆足萬里〕, 니노미야 손토쿠〔二宮尊德〕, 오하라 유가쿠〔大原幽學〕 등이 있으며, 미도학파〔水戶學派〕는『대일본사(大日本史)』편찬을 중심으로 모인 학자의 총칭으로, 도쿠가와 미쓰쿠니〔德川光國〕를 중심으로 슈 순스이〔朱舜水〕, 아사카 단파쿠〔安積澹泊〕, 구리야마 센포〔栗山潛鋒〕, 미야케 간란〔三宅觀瀾〕, 아오야마 셋사이〔靑山拙齋〕, 아이자와 세이시사이〔會澤正志齋〕, 후지타 도코〔藤田東湖〕 등이 유명하였다. 심학파(心學派)는 사숙을 열고 자설(自說)을 강의하였는데, 입문자는 고등전문교육을 바라는 자들로서 일반 민중의 교육기관은 아니었다. 이시다 바이간〔石田梅岩〕을 필두로 심학은 신·유·불 3교로부터 진리를 얻고 평이하게 설화하는 통속적인 도덕훈이었는데, 데지마 조안〔手島堵庵〕, 나카자와 도지〔中澤道二〕, 우에카와 기스이〔上河淇水〕 등으로 이어졌다. 끝으로 국학파(國學派)는 샤쿠 게이추〔釋契沖〕, 가와다 슌만〔河田春滿〕, 가모 마부치〔賀茂眞淵〕, 모토오리 노리나가〔本居宣長〕, 히라타 아쓰타네〔平田篤胤〕 등에 의하여 발전되었는데 이 시기 말엽에 이르러서는 학술성이 후퇴하고 주관적 신앙에 의한 독단적 결론에 빠져 이른바 고쿠가쿠신토〔國學

神道)가 되었다. 이것은 메이지 유신(明治維新) 이후 정치 이념에 기여하였지만 제2차 세계 대전의 패배로 해체되어 200여 년의 역사적 임무를 다하고 소멸하였다고 일본 학자들도 스스로 평하고 있다.

2. 구미 문화의 수용과 교육

다음은 구미 문화의 수용과 교육적 대응인데, 이것은 다음의 두 가지 시기로 나눌 수 있다.

(1) 서구 문화의 수용과 신토·분카(神道文化) 시대의 교육

이 시기는 1867년부터 1945년 패전에 이르기까지 약 80년간을 말한다.

1872년(메이지 5)에는 「학제(學制)」를 반포하고 교육의 근대화에 나섰는데 이는 프랑스 제도의 영향이 컸다. 규정 일체가 획일적이며 강제적인 것이 특징이었다. 또한, 1890년(메이지 23) 10월 30일 「교육에 관한 칙어」를 하사하였는데, 이것은 당시 혼돈 상태에 있던 국민 교육의 근본 방침에 명쾌한 단안을 내린 것이었다. 칙어 속에는 '국체의 정화

I. 일본의 교육이란

(精華)'라는 말이 명시되어 있었다.

칙어는 국가주의적 도덕을 제창하여 지나친 '구화 사상(歐化思想)'을 봉쇄하고 자성 자계를 촉구한 것이었다. 칙어의 출현은 국수 사상을 더욱 강조하게 하여 국체론의 발흥에 점화하였다. 칙어에 대한 해석 및 국체를 논한 저서도 많이 나왔다. 그러나 낙하산식의 도덕률에 의해서 사상이나 언론을 철저하게 통제한다는 것은 불가능하였다.

교육 사상으로는 페스탈로치의 개발주의, 헤르바르트학파의 품성 도야설, 베르게만의 사회적 교육설 등이 이입되어 크게 유행하였는데, 다이쇼〔大正〕시대에 있어서도 공민 교육의 사상(케르센슈타이너), 민주주의 교육 사상(듀이), 자유주의 교육 사상(루소), 인격적 교육학설(붓데), 아동 중심의 신교육법(몬테소리법, 드클로리법) 등이 소개되어 서구 교육 사상에 의존하는 경향은 여전하였다.

한편 외래 교육법에 힌트를 얻어 다년간의 경험을 살려 제창한 신교육설(8대 교육 주장)도 나왔는데, 히구치 조시〔樋口長市〕의 자학 교육론, 고노 기요마루〔河野淸丸〕의 자동 교육론, 데즈카 기시에〔手塚岸衛〕의 자유 교육론, 이나게 긴시치〔稻毛金七〕의 창조 교육론, 지바 메이키치〔千葉命吉〕의 일체충동개만족론(一切衝動皆滿足論), 오이카와 헤이지〔及川

平治)의 동적 교육론, 오바라 구니요시〔小原國芳〕의 전인 교육론, 가타가미 노부루〔片上伸〕의 문예 교육론이 그것이었다.

쇼와〔昭和〕 연대에 들어와서는 황국주의·군국주의의 교육 체제가 갖추어지고, 전쟁의 확대와 더불어 멸사 봉공의 소리가 높아졌다. 그래서 1943년 6월에는「학도 전시 동원 체제 확립 요강」에 의하여 학도들은 방위·생산·운수 등 각 방면에 동원되었고 1944년 1월에는「긴급 학도 근로 동원 방책 요강」이 나와 학생들은 1년간에 4개월을 표준으로 계속해서 근로 동원되어 교실이 학교 공장으로 전용되기에 이르렀다. 병학 일여(兵學一如), 군교 일치(軍敎一致)를 부르짖었고 학교의 국방 훈련은 더욱 본격화되었다. 그러나 패전의 기미는 점차 짙어지고 일본 본토가 공습을 받게 되었다. 1945년 3월에는「학동 집단 소개 강화 요강」이 시행되었다. 이리하여 일본의 교육은 마비되고 괴멸 상태에 이르렀다.

(2) 미국 문화의 수용과 민주 문화(民主文化) 시대의 교육

1945년 8월 14일에 일본은 포츠담 선언을 정식으로 수락하여 무조건 항복하였다. 문부성(文部省)은

I. **일본의 교육이란**

9월 15일에 점령군의 구체적인 지령을 기다리지 않고「신일본 건설의 교육 방침」을 공표하였다. 이것은 전쟁 종결의 조서에 의거하여 종래 교육에 있어서의 전시 체제를 일소하고 평화적인 문화 국가·도의 국가를 건설하는 데 필요한 문교 정책의 일환으로 나온 것이었다. 이 방침에 따라서 10월에는「전시 교육령」및 동 시행규칙이 폐지되었다. 그 후 연합국 군최고 사령관 총사령부는 일본 정부에 대하여 속속 문교 정책에 관한 지령을 내렸다.

1946년 3월 6일에는 스툿다아드를 단장으로 27명으로 구성된 미국 교육 사절단이 도래하여 체재 약 1개월 간의 임무를 완료하고 보고서를 총사령부에 제출, 4월 7일 귀국하였는데, 최고 사령부는 동일 보고서를 공표하고 최고 사령관의 성명을 발하여 일본의 신교육 제도에 중요한 지침이 되는 보고임을 밝혔다.

1946년 11월 3일, 일본 정부는「일본국헌법」을 공포하여 주권 재민, 국회 중심주의, 기본적 인권의 존중, 사법권 독립의 강화, 지방 자치의 육성, 참정권의 확충, 전쟁 포기 등의 특색을 보였다. 또「교육기본법」및「학교교육법」을 1946년 3월 31일에 공포하여 6-3-3-4 신학제와 9년(6·3) 의무제가 단행되기에 이르렀다.

일본 교육의 이해

　전후의 신교육은 듀이 및 킬패트릭의 민주주의 교육 철학이 중핵이 되고, 교육 심리학·교육 사회학 등 교육의 과학적 연구가 성황을 이루어, 커리큘럼 및 가이던스 등이 신교육에서의 중요 문제가 되었다.

　1951년 9월에 샌프란시스코에서 미국과 영국을 비롯한 49개국과의 사이에 강화 조약이 체결되고, 이어서 일미 안전 보장 조약이 맺어져, 그 후 재차 조약을 거듭하면서 금일에 이르고 있다. 이 강화 조약의 성립을 계기로 일본 교육도 자주 운영으로 발을 내딛게 되었다. 그간 일본 교육이 힘써 온 중요 과제로는 후기 중등교육의 확충 정비, 기술 혁신을 배경으로 하는 과학 기술 교육의 진흥, 대학 교육의 개혁 등이었다.

3. 현대 일본 교육의 사조와 전망

(1) 현대 일본 교육 사조

　전후 일본의 교육 철학을 이끌어 온 학자로 나는 다음의 다섯 사람을 꼽고 있다.

I. 일본의 교육이란

첫째는, 오사다 아라타〔長田新, 1887~1961〕이다.

그가 쓴 『교육 철학(教育哲學)』은 다음에 소개하는 호소야 쓰네오〔細谷恒夫〕의 『교육의 철학〔教育の哲學〕』과 함께 일본의 대표적 교육 철학서로 이노 마사토〔井野正人〕 등이 편집한 『교육의 철학〔教育の哲學〕』 책에서도 거론되고 있다. 여기서는 교육 철학의 과제 인식이라는 점이 돋보인다. 그런데 오사다가 유명한 이유 가운데 하나는 그가 평생을 페스탈로치 연구에 바쳤다는 것이다. 그의 유언이 스위스 정부에 의하여 받아들여져 그의 유골의 일부는 페스탈로치 묘 맞은편에 묻혀 있다.

둘째는, 호소야 쓰네오〔細谷恒夫, 1904~1970〕이다.

그는 『교육의 철학』(1962)의 부제를 '인간 형성의 기초 이론'이라고 하였다. 교육 철학의 방법론에 대하여 논술한 성과가 크게 주목되고 있는 것이다.

셋째는, 고야마 이와오〔高山岩男, 1905~〕이다.

그는 일본이 패전한 기막힌 사실을 딛고 일본인 형성의 철학을 주저인 『교육 철학(教育哲學)』(1978)으로 출간하였다. 나는 이 책의 내용이 매우 짜임새 있다고 판단하여 1980년 저자의 허락을 얻어 서울대학교 출판부에서 간행한 바 있다. 이 책은 교육이란

일본 교육의 이해

무엇인가를 비롯하여, 교육의 전제가 되는 인간관, 교육의 과제와 철학적 인간학, 장소적 논리와 호응의 원리, 교육의 장(가정·학원·사회)의 문제, 교육과 보수주의, 기술의 본질과 교육적 제문제, 문화의 본질과 교육적 제문제, 도덕교육의 제문제, 역사교육의 제문제, 정치교육의 제문제, 직업 윤리와 교육자 윤리, 교육애·권위·사도, 그리고 전인 교육과 평생 공부라는 내용으로 모두 14장으로 구성되어 있다. 이 책은 그도 언명하고 있듯이 그의 대학 선배인 오바라 구니요시〔小原國芳〕의 '전인 교육론'을 교육 철학적으로 정당화한 책이라 할 수 있다.

넷째는, 히라쓰카 마스노리〔平塚益德, 1907~1981〕이다.

히라쓰카는 나의 은사이신 벽계(碧溪) 이인기(李寅基, 1907~1987) 박사와 도쿄 제국대학교 교육학과 동기동창생이다. 그의 교육 철학은 『히라쓰카 마스노리 저작집〔平塚益德著作集〕』전 5권과 『히라쓰카 마스노리 강연집〔平塚益德講演集〕』전 3권을 통해서 엿볼 수 있다. 그가 쓴 『일본 교육의 진로 ― 도덕교육의 근본 문제〔日本の敎育の進路 ― 道德敎育の根本問題〕』는 그 중에서도 베스트셀러였다.

I. 일본의 교육이란

다섯째는, 무라이 미노루〔村井實, 1922~〕이다.

그 역시 많은 저서를 썼는데 교육 철학자로서 주목되는 책은 『요사(선함)의 구조〔善さの構造〕』(1978)이다. 삼각추형의 입체 구조로 볼 때 인간이 추구하는 것이 '요사'임을 밝혔다. 그리고 그것은 도덕, 학문, 예술, 경제, 정치, 종교와 관련되는 가치체인 선·진·미·이·권(정)·성(聖)에 관련된다며 상호 관련성을 말하였다. 이것은 다시『도덕교육의 논리〔道德教育の論理〕』(1981)에서도 재차 논의가 되었다.

(2) 일본 교육의 과제와 전망

현대 일본 교육이 당면하고 있는 몇 가시 과제 중에서도 으뜸 가는 것은, 집단 괴롭힘을 뜻하는 '이지메〔いじめ:괴롭힘〕'의 문제이다. 근래에 이르러 초등학교 및 중학교에서도 괴롭힘, 시달림을 참지 못하여 자살 사건이 여러 건 발생하고 있다. 우리 역시 최근에는 이 문제에 대한 대책에 부심하고 있는 것이 사실이다. 어쨌든 일본의 경우는 이 '이지메' 문제를 심각하게 받아들여, 얼마 전에 도쿄에서 스웨덴 전문 학자 등 구미 지역 인사를 초빙하여 제1회 '이지메 국제 세미나'(1996)를 개최하기도 하였다.

일본 교육의 이해

일본에는 우리가 배울 만한 선례가 몇 가지 있는데 다음과 같다.

첫째, 10만 명 유치 계획으로 추진 중인 유학생 교육의 치중, 둘째, 아시아 교육에 대한 학적 관심 증대 필요, 셋째, 세계 교육 고전 및 현대 교육 이론의 탐구가 현저하다는 점이다.

한 마디로 말해 배우기에 힘쓰는 호학(好學)의 전통은 일본 교육의 전망을 밝게 하는 원동력이라고 하겠다.

Ⅰ. 일본의 교육이란

참고 문헌

1) 한기언 『東洋思想과 敎育』 서울, 法文社, 1978
2) 한기언 『現代日本敎育哲學의 理解』 『日本學報』 第18輯, 韓國日本學會, 1987, pp. 259~287
3) 한기언 『韓國からみた日本の敎育』 『IDE ― 現代の高等敎育』(外國人の日本敎育觀) 260호, 東京, 民主敎育協會, 1985, pp. 5~11
4) 增田義郎 『純粹文化の條件 ― 日本文化は衝擊にどうたえたか』 東京, 講談社, 1967
5) 尾形裕康 『日本敎育通史』 東京, 早稻田大學出版部, 1960, 1969
6) 小林健三 『日本敎育の思想的系譜』 東京, 理想社, 1968
7) 仲新 『日本現代敎育史』 東京, 第一法規, 1969
8) 船山謙次 『戰後日本敎育論爭史』 東京, 東洋館出版社, 1965
9) 新堀通也 編 『日本の敎育』 東京, 有信堂, 1981
10) 野原明 『日本の敎育』 東京, 丸善株式會社, 1993

교육법

안기성

II. 교육법

1. 일본에서의 교육과 법의 관계

(1) 교육법의 의미

일본이 그들의 모든 교육제도에 대하여 법률주의를 채택하게 된 것은 1945년 제2차 세계 대전에서 패하고부터이다. 이는 일본의 정치 체제가 패전 후에야 비로소 주권 재민의 민주주의를 성립시킬 수 있었기 때문이었다. 교육법이 교육에서 중요시된 것도 바로 그러한 일본의 민주화와 깊은 관련이 있는 것이다.

그러나 일본의 교육법제의 역사는 100년을 훨씬 넘기고 있다. 이는 일본의 교육법제가 그와 같은 주권 재민의 민주적인 법이 되기까지는 파란 많은 역사적 경험을 거친 다음에 이루어진 것임을 의미하는 것이다. 그러므로 이를 이해하기 위하여 우선 교육법이 가지는 성격과 내용에 대하여 관찰할 필요가 있다.

일반적으로 법은 공법(公法)과 사법(私法)으로 나뉜다. 공법은 국가와 국민 사이를 규율하는 법을 가리킨다. 그러한 의미에서 보면 교육법은 교육행정에 관한 법이므로 교육과 관계하여 국가와 국민 사이를 규율하는 강행 규정의 공법적 성격을 가진다. 그럼에도 불구하고 공법의 성격을 가지는 교육법은 반드시 공법으로만 볼 수는 없는 경우가 있다. 그것은 교육법 자체가 매우 복잡 다단한 내용을 담고 있기 때문이다. 예를 들면 교육활동에 종사하는 많은 사람들은 노동법과도 관계되므로 이와 관계되는 교육법은 반드시 공법으로만 볼 수 없다. 또 학부모의 교육권과 관련되는 법원과 학교법인과 관련되는 사립학교법은 사법인 민법에 근거하고 있기 때문에 공법이라고 할 수 없다.

그런 의미에서 일본의 교육법은 공법으로서의 강행 규정의 성격을 가지는 한편, 강행성이 약하고 교육의 보급과 진흥을 조장하고 장려하는 비권력적인 사법적 성격을 가진 법이라고 할 수 있다. 그런 점에서 일본의 교육법은 강행성으로서의 공법과 비권력적인 사법의 두 성격을 함께 지닌 법제라고 할 수

II. 교육법

있다.

　오늘날 이처럼 교육이 법에 의해 강행되는 전통이 수립된 것은 근대 국가의 출현과 동시에 공교육이 성립되고부터이다. 근대 국가는 시민들의 교육 요구와 더불어 자신의 생존을 위하여 전 국민을 대상으로 교육을 전개하는 공교육체제를 정비하였다. 이 때부터 교육은 국가의 사무가 된 것이다. 교육법은 바로 그들의 교육 관리를 목표로 제정된 것이다. 교육법이 공법적인 성격을 가지고 국민을 규율하게 된 것은 결국은 그 계기가 공교육에서 출발한 것이기 때문이다. 일본의 교육법은 그러한 공교육 발달의 전형이라 할 수 있다. 일본의 교육법에 대한 관찰은 바로 그러한 공교육의 발달사를 이해하는 데도 도움이 된다.

(2) 교육법의 체계

　교육행정법규설(教育行政法規說)과 교육제도 독자법설(教育制度獨自法說) 등의 입장에 따라 교육법 체계를 달리 분류하고 있다. 교육행정법규설에서는 교육법제를 교육행정에 관한 법세라고 생각하고 이를 대체로 교육기본법규, 교육제도에 관한 법규, 교직원에 관한 법규, 교육행정에 관한 법규 등 네 가지로 분류하였고, 교육제도 독자법설에서는 '교육

일본 교육의 이해

제도는 특유한 법논리를 가진 법의 총체'라고 보고 이를 교육의 기본에 관한 법체계, 교육을 받을 권리 보장을 위한 경제적 측면의 법체계, 학교 교육제도에 관한 법체계, 학교 외 교육에 관한 법체계, 교육의 유지에 관한 법체계 등 다섯 가지로 대별하고, 그 중 교육의 유지에 관한 법체계는 다시 교육직원에 관한 법체계, 교육환경에 관한 법체계, 학술문화에 관한 법체계, 교육행정의 교육 조건 정비에 관한 법체계로 세분하고 있다.

우선 교육행정법규설에 따른 교육법의 분류를 소개하면 다음과 같다. 이 입장은 그 법체계를 헌법(憲法), 법률(法律), 정령(政令), 부령(府令), 성령(省令), 규칙(規則) 등으로 단계적으로 분류하고 있다. 이러한 법제들은 모두 중앙 정부의 법제로서, 그 중 정령, 부령, 성령 등은 모두 헌법과 법률의 위임에 따라 제정되는 행정상의 명령으로 내각이 정할 때는 정령이라고 하고 각 성(省)의 장인 대신(大臣)이 정할 때는 부령 또는 성령이라고 하며, 외국에 해당하는 행정 기관인 청(廳)이나 위원회(委員會) 등이 정할 때는 규칙이라고 한다. 그 밖에 고시(告示), 훈령(訓令), 통달(通達) 등의 법제가 있다. 그 중 고시는 각 성, 위원회, 청 등 행정 기관의 장관이 소관 사무에 관하여 일반 국민에게 알릴 필요

ⅠⅠ. 교육법

가 있는 경우에 발하는 것으로 이는 관보(官報)의 고시란(告示欄)에 게재하게 되며, 훈령과 통달은 동급의 명령으로 상급의 기관이 하급의 행정 기관에 발하는 것을 훈령이라고 하고, 행정 기관의 장관이 그 기관의 소관 사무에 관하여 각 소관과 직원에 대하여 시달하는 것을 통달이라고 한다.

· 교육기본법규 — 일본국헌법(전문, 9, 13, 19-21, 23-28, 89조), 교육기본법
· 교육제도에 관한 법규 — 학교교육법·동법시행규칙, 국립학교설치법, 사립학교법, 공립학교 설치조례, 학교설치기준, 공립의무교육제학교의 학급편제 및 교직원 정수의 표준에 관한 법률, 공립고등학교의 설치·적정배치 및 교직원 정수의 표준 등에 관한 법률, 학교관리규칙, 교과서 발행에 관한 임시조치법, 의무교육제학교 교과용 도서의 무상조치에 관한 법률, 의무교육제학교에서의 교육의 정치적 중립 확보에 관한 임시조치법, 이과교육진흥법, 산업교육진흥법, 학교도서관법, 벽지교육진흥법, 학교보건법 동법시행규칙, 학교급식법·학교급식실시기준, 일본학교안전회법·동법시행령, 일본육영회법, 사회교육법·공민관의 설치 및 운영에 관한 기준, 도서관법, 청년학급진흥법

일본 교육의 이해

· 교직원에 관한 법규 — 노동기준법, 국가공무원법, 국가공무원법·인사원규칙(14-17 정치적 행위의 제한 등)·지방공무원법·일반직 직원의 급여에 관한 법률·도도부현(都道府縣) 급여조례, 도도부현 교직원 정수(定數)조례, 교육공무원특례법, 교육직원면허법·동법시행규칙, 인재확보법, 교직원급여특별조치법, 산휴보조(産休補助)직원법, 육아휴업(休業)법
· 교육행정에 관한 법규 — 문부성설치법, 학교교육법, 지방자치법(2조 3항 6호, 213조 1항, 281조 2항 1호, 별표 제3, 4, 6), 지방교육행정의 조직 및 운영에 관한 법률, 지방재정법, 시정촌(市町村) 학교직원 급여부담법, 의무교육비 국고부담법, 의무교육제학교시설비 국고부담법, 공립양호(養護)학교정비 특별조치법
· 정령(政令) — 학교교육법시행령, 지방교육행정의 조직 및 운영에 관한 법률시행령, 국립학교설치법시행령 등
· 부령(府令), 성령(省令) — 학교교육법시행규칙, 사립학교법시행규칙, 대학설치기준, 고등학교설치기준, 유치원설치기준 등
· 위원회규칙 — 문화재보호위원회규칙 등
· 고시(告示) — 학교급식실시기준(문부성 고시), 교

II. 교육법

과용 도서 검정기준(문부성 고시) 등

그 밖에 교육법제에 포함되는 것은 일본 정부가 교육과 관련하여 외국과 맺은 조약(條約)이다. 그 법제로는 유네스코 활동에 관한 법률, 경제적·사회적 및 문화적 권리에 관한 국제 조약, 교원의 지위에 관한 권고, 결사의 자유 및 단결권의 보호에 관한 조약(ILO 제87호), 단결권 및 단체 교섭권에 관한 원칙의 적용에 관한 조약(ILO 제98호), 만국 저작권 조약, 일불(日佛) 협정 등이 있다.

그리고 교육의 지방자치제도와 관련된 법제로서 조례(條例), 규칙(規則), 교육위원회규칙, 인사위원회규칙, 공평위원회규칙 등이 있다. 조례라 함은 지방자치단위인 도도부현(都道府縣)과 시정촌(市町村)의 지방공공단체가 각각 법령이 허락하는 범위 안에서 자체의 사무에 관하여 제정하는 자치법으로 이는 그 구역 안에서만 효력을 가지는 법제이며, 규칙은 역시 같은 지방공공단체별로 법령이 허락하는 범위 안에서 그의 권한에 속하는 사무에 관하여 제정하는 자치법으로 이는 지방자치단체의 장이 그 안에 대하여 결제함으로써 효력이 발생되는 자치법의 하나이다. 또한 교육위원회규칙은 교육의 자치단위인 각 지역의 교육위원회가 법령과 조례가 허

일본 교육의 이해

락하는 범위 안에서 자신의 권한에 속하는 사무를 위하여 회의의 의결을 거쳐 제정하는 자치법을 말하며, 인사위원회규칙과 공평위원회규칙은 역시 도도부현과 지정 도시에서 구성되는 인사위원회와 인구 15만 미만의 시정촌에서 구성되는 공평위원회가 정하는 자치의 규칙을 말한다. 공평위원회는 직원의 급여와 근무 조건 등에 관한 조치의 요구나 불이익 처분에 대하여 이의가 있을 때 이를 심사하고 판정하는 그의 권한과 관련하여 규칙을 제정할 수 있으며, 인사위원회는 인사 행정에 관하여 조사하고 권고하는 권한과 직원의 경쟁 시험과 선발을 실시하는 그의 권한과 관련하여 규칙을 제정하게 되는 것이다.

· 조례(條例) —— 학교 교직원의 급여, 근무 시간, 휴일, 휴가 등에 관한 조례, 현립학교의 수업료 등에 관한 조례, 문화재보호조례, 학교의 공무재해보상에 관한 조례, 청소년보호조례 등
· 규칙(規則) —— 사립학교 교원의 면허장에 관한 규칙, 교육위원회의 소장에 관계되는 사항에 관한 수입 및 지출의 명령 등에 권한을 위임하는 규칙 등
· 교육위원회규칙 —— 교육위원회 회의규칙, 교육장(教育長)에 대한 권한 위임규칙, 학교관리규칙,

II. 교육법

공립학교의 통학구역 지정에 관한 규칙 등(이상 법령에 따라 제정된 규칙), 공립고등학교의 학칙, 교육위원회 공유재산 등의 관리규칙, 현 소유 체육용구 사용규칙 등(이상 교육위원회 전속 권한에 속하는 사항에 관해 제정된 규칙), 청소년보호조례 시행규칙, 체육관 등의 사용료조례 시행규칙 등(이상 조례의 위임에 따라 제정된 규칙), 교육직원 면허장에 관한 규칙 등(기관 위임 사무를 위해 제정된 규칙)
·인사위원회규칙, 공평위원회규칙 —— 학교 직원의 급여, 근무 시간 그 밖의 근무 조건에 관한 조례 실시에 관한 규칙, 직원의 여비에 관한 규칙, 직원의 통근수당 지급에 관한 규칙 등

그러나 교육제도 독자법설의 입장에서는 다음과 같이 분류하고 있다. 이 입장은 입법 권력이 교육을 직접 타율적으로 규율하는 것보다는 오히려 교육사회가 자율적으로 전개해 가는 편이 좋은 경우가 적지 않다고 보고, 관습법(慣習法)이나 조리법(條理法)을 보다 중시하며, 심지어는 성문법의 해석에 있어서도 이 관습법이나 조리법이 그 해석을 주도하여야 한다고 생각하고 있다. 특히 관습법과 조리법은 성문법이 아닌 불문법에 해당한다. 이 두 가지 종류의 교육법제는 문서에 의하지 않았으나 암묵적으로

일본 교육의 이해

법적인 효력을 가지게 된다. 그 중 관습법은 오랫동안 사회에서 행해져 온 관습이 일반에게 인정되어 법적인 구속력을 가지게 된 것을 말한다. 재판소의 판결이 되는 판례도 이 관습법에 포함되는 것으로 판례는 이후에 발생하는 동일한 문제를 해결하는 데 구속력을 가지게 된다. 그리고 조리법은 현 사회현상에 내재하는 본질에서 보아 그 이상 다른 것이 될 수 없다고 생각되는 것으로 성문법이나 관습법이 없을 경우에 이 조리법에 따라 문제에 접근하게 된다. 이렇게 관습법과 조리법을 중시하는 것은 교육이란 인격과 인격이 서로 대응하는 것을 기조로 하는 것이므로 교육의 모든 것을 성문법으로만 다스리기에는 어려움이 많을 뿐 아니라 반드시 바람직하지도 않다는 이유 때문이다. 이러한 관점에서 교육법을 분류하면 다음과 같다.

① 교육의 기본에 관한 법체계 —
  헌법, 교육기본법, 세계인권선언, 아동헌장
② 교육을 받을 권리보장을 위한 경제적 측면의 법체계 —
  아동복지법, 모자복지법(母子福祉法), 생활보호법 등의 사회복지관계 및 취학 곤란한 아동 및 학생에 관련된 취학 장려에 관한 국가의 원조에

II. 교육법

관한 법률, 맹아학교(盲啞學校)·농아학교(聾啞學校) 및 양호학교(養護學校)에 대한 취학 장려에 관한 법률, 의무교육제학교 교과용 도서의 무상에 관한 법률, 학교급식법, 일본육영회법, 일본건강회법 등

③ 학교교육제도에 관한 법체계 ―
학교교육법, 대학설치법, 단기대학설치기준법, 유치원설치기준, 학교도서관법, 교과용 도서 검정규칙, 산업교육진흥법, 학교보건법, 국민의 축일에 관한 법률 등

④ 학교 외 교육에 관한 법체계 ―
사회교육법, 도서관법, 박물관법, 청년학급진흥법, 스포츠진흥법, 소년법, 청소년보호육성조례, 소년원법 등

⑤ 교육의 유지에 관한 법체계 ―
가. 교직원에 관한 법체계
교육직원면허법, 노동기준법, 노동조합법, 교육공무원특례법, 국가공무원법, 지방공무원법, 인사원규칙, 의무교육제학교에서의 교육의 정치적 중립 확보에 관한 임시조치법, 도도부현 교직원 정수조례, 도도부현 급여조례, 의무교육제학교의 학교편제 및 교직원 정수의 표준에 관한 법률, 육아휴업법, ILO교사의 지위에 관한 권고 등(양성,

채용, 개인 및 집단의 권리를 명확히 할 필요가 있다)
나. 교육환경에 관한 법체계
교육환경 등에 관한 법률, 공해대책기본법, 대기오염법, 소음규제법 등
다. 학술문화에 관한 법체계
문화재보호법, 고도(古都)의 역사적 풍토보존에 관한 특별조치법 등
라. 교육행정의 교육조건정비에 관한 법체계
문부성설치법, 국립학교설치법, 사립학교법, 사학진흥재단법, 사학조성법, 벽지교육진흥법, 의무교육비 국고부담법, 의무교육제학교 시설비 국고부담법, 공립양호학교정비 특별조치법, 지방자치법, 지방재정법, 지방교부세법, 지방교육행정의 조직 및 운영에 관한 법률 등

⑥ 관습법 —
대학의 자치, 국립학교장의 학칙 제정권 등

⑦ 판례법 —
브라운 판결, 도쿄대학 포포로 사건, 공립대학 퇴학처분 청구사건, 전국 학력 테스트 저지사건 등

⑧ 조리법 —
헌법, 교육기본법 등 교육법제의 해석에 동원된 조리 등

Ⅱ. 교육법

2. 일본 교육법의 생성(生成)과 발달(發達)

(1) 교육법의 생성과정(生成過程)

일본이 근대적인 통일국가로서 법체제를 확립한 것은 1889년 역사상 처음으로 헌법을 제정한 때부터이다. 그러나 근대적인 교육법제가 처음으로 일본에서 생성된 것은 그보다 17년 전인 1872년, 즉 메이지 5년의 일이었다. 이 때 최초로 탄생한 근대적 교육법제는 '학제(學制)'였던 것이다.

그러한 섬에서 이 '학제'란 이름의 근대 교육법제는 도쿠가와(德川)의 봉건체제가 붕괴되고 천황제(天皇制) 국가체제로 재편되는 과도기에 탄생하게 된 법제인 것이다. 이 '학제'는 당시 아직 근대화가 진행되지 않고 그들이 의도했던 국가체제조차 정비되지 않은 근대화 초기의 일본 사회에 있어서는 현실적인 사회적 조건을 배려하지 않은 매우 지나친 이상안(理想案)이었다. 이 새로운 교육법제가 초기에 정착하지 못하고 많은 시행 착오를 경험해야 하였던 것도 그 때문이었다. 더구나 이 법제는 입신출세의 개인주의적 입장에서 교육제도를 구축하려

일본 교육의 이해

하였으므로 그들이 의도하였던 천황제 국가체제와는 걸맞지 않았다. 특히 이 법제는 프랑스의 학구제(學區制)를 모방하고 있었던 것이다. 일본의 전 지역을 8개의 대학구(大學區)로 나누고, 다시 각 대학구를 32개의 중학구(中學區)로 나누었으며, 또다시 각 중학구를 210개의 소학구(小學區)로 나누었다. 그리하여 소학, 중학, 대학으로 이어지는 학교계제(學校階梯)를 구축하여 단선제의 학교제도를 실현하려 하였다. 그리고 6세로부터 13세까지를 학령으로 정하고 그 해당자에게는 강하게 취학을 독려하였으며, 이 때의 소학교는 하등과 상등의 두 단계로 나누고 각각 수학년한을 4년으로 한 8년제로 16등급으로 편성되었으며, 진급은 시험을 통하여 인정하였다. 그리고 각 등급마다 교사 1명을 배치하는 것을 원칙으로 하고 있었으나 당시로는 20세 이상인 자로 교원자격을 인정하는 면허증을 가진 자는 극히 드물어 실현성이 없었다. 이 제도가 지나치게 이상적이었다고 하는 것은 바로 그 때문이다.

그리하여 1879년(메이지 12) 9월 이 '학제'는 전면 개정되어 '교육령'이 되었다. 여기서는 학구제가 폐지되고 지방행정단위인 구정촌(區町村)을 교육행정의 기초 단위로 하여 초등교육기관인 소학교의 설치를 구정촌의 의무로 하여 그 비용부담을 전담하

II. 교육법

게 하였다. 이를 위하여 정촌(町村)의 교육행정기관으로 학무위원을 설치하고 그 위원 또한 정촌에서 선출하게 하였으며, 이들이 지방장관의 감독하에 교원의 임명과 교칙(敎則)의 편성 등을 장리하도록 하였다. 따라서 일본에서는 이로써 일본의 지방교육행정의 자주성이 성립되었다고 보고 있다. 이는 교육법이 지방분권주의를 기조로 하고 있음을 말해주는 것이다. 아울러 이 법의 출현으로 학교제도에 크게 변화된 것은 없었으나 취학의무기간이 4년 이상으로 정해져 단축되었을 뿐 아니라 그 의무조차도 가정교육이나 사립학교에서 이습(履習)하는 것을 인정하게 되었다. 이러한 여러 가지 교육법의 정황은 교육에서의 자유가 비교적 확대된 것을 의미한다. 더구나 이 시기는 자유민권사상이 고양되어 있었고, 교육과 국가권력의 관계를 근본적으로 전환시켜 개인이나 지역 위주의 사회적 분위기가 형성되고 있던 때였다. 그 때문에 이 교육령을 가리켜 「자유교육령」이라고도 하였다.

그러나 이 교육령은 그 자유에 대한 반동으로 겨우 1년을 넘기고 개정되어야 하였다. 그것은 당시 일본의 급속한 발전을 바라는 정치집단이나 세력들에 있어서는 그러한 자유주의적 성향이 강한 교육법으로는 일본의 발전을 기대할 수 없다고 생각했

일본 교육의 이해

기 때문이었다. 그리하여 1880년(메이지 13) 12월 그 교육령이 개정되고 다시 중앙정부의 간섭주의와 독려방식을 강화하여 국가통제주의적 교육입법이 성행하게 되었다. 이 때부터 일본의 교육은 문부성 포달, 훈령 등 그 하위법들이 속속 제정되어 교육의 세부적인 사항까지 조직적으로 정비되고 지방의 교육행정까지도 일일이 법에 따라 획일적으로 통제하는 원리가 확립하게 되었다. 이 개정으로 학무위원은 지방장관이 임명하는 것으로 되었으며 학무위원의 직무 또한 대폭적으로 교육행정의 수장인 문부대신과 지방장관에게 흡수되어 지방교육행정의 획일화가 추진되었다. 이를테면 소학교교칙(小學校教則)은 문부대신이 정한 「소학교교칙강령」에 따라 지방장관이 편성하게 되고 교원도 학무위원의 신청으로 지방장관이 임명하게 된 것이다. 이 때 소학교는 초등, 중등, 고등의 3·3·2제로 편성되었고, 그 중 의무교육은 초등만을 요구하게 되었으며, 유교주의적 도덕교육이 중시되어 수신(修身) 교과가 주요 교과로 등장하였다. 그러므로 일반적으로 이 새로 바뀐 교육령을 가리켜 「개정교육령」이라고 부르게 되었다. 그러나 그와 같은 교육에 대한 국가통제의 강화에도 불구하고 이율 배반적으로 초등교육기관인 소학교의 경비는 여전히 설치자 부담의 원칙을 고

II. 교육법

수하여 지방의 공비에서 부담하고 있었다.

그러나 그 1880년의 개정교육령은 그로부터 5년 만인 1885년(메이지 18) 8월에 또다시 개정되어야 하였다. 이는 이 무렵 불어닥친 세계적인 경제적 공황이 일본에도 불어와 그들이 직면한 경제적인 궁핍과 재정의 위기를 극복하기 위하여 어쩔 수 없이 교육비마저도 절감할 필요가 있었기 때문이었다. 이른바 디프레션 정책의 일환으로 국고 절감을 위해 교육령이 다시 개정된 것이다. 이로써 학무위원제도가 폐지되고 지방교육행정은 일반 지방행정에 귀속하게 되었다.

그러나 이것 역시 오래 가지를 못하였다. 즉, 이 해 연말 처음으로 내각제(內閣制)의 성립을 본 일본은 새롭게 문상이 된 모리아리 레이〔森有禮〕를 통하여 이듬해인 1886년(메이지 19) 4월에 이 교육령을 폐지하고 칙령의 형식으로 소학교령, 제국대학령(帝國大學令), 중학교령, 사범학교령, 제학교통칙(諸學校通則) 등 학교 급별로 학교 중심의 교육법을 제정하였던 것이다. 일본의 교육사가들은 이로써 일본이 비로소 비교적 완비된 교육법 체계를 완성하게 되었다고 보고 있다. 이 때의 교육법 체계는 학교를 중심으로 한 학교법 체계란 점에서 교육법 제도에 새로운 기원을 세우게 된 것이다. 이 때부터

일본 교육의 이해

소학교는 심상과 고등으로 나뉘고 각각 4년의 과정을 이수하게 하였으며, 그 중 심상의 과정만을 의무교육으로 하였다. 그러나 그러한 의무조치에도 불구하고 학교 경비의 반 이상을 수익자 부담으로 하여 수업료의 징수를 강행하였으며, 교과서 제도 역시 검정제로 바꾸어 정부의 통제하에 두었다. 이로부터 덴노〔天皇〕를 국가의 핵심으로 하는 국체주의(國體主義) 체제에 의하여 국가의 교육통제가 전례없이 강화된 것이다. 사범학교체제가 충실화되고 교원학령 검정시험제도가 확립되어 교원양성제도가 엄격해진 것도 이 시기부터였다.

(2) 덴노〔天皇〕 중심의 절대군주제(絶對君主制) 교육법제 확립

1) 칙령제의 교육법체제 확립

그 후 1889년(메이지 22) 2월 일본은 역사상 처음으로 헌법을 제정·공포하였다. 일본은 이를 「대일본제국헌법(大日本帝國憲法)」이라고 하고 이를 기본으로 하여 본격적으로 모든 법체제를 확립해 가기 시작하였다. 그러므로 이 때부터 1913년(다이쇼 2)까지를 시대구분하여 '법체제 확립기'라고 한다. 일본의 교육법이 덴노의 명령에 따라 결정하는 칙령주의에 의해 제정되기 시작한 것도 이 시기였다.

Ⅱ. 교육법

　일본은 헌법제정에 이어 1890년(메이지 23) 10월 가부장적인 유교적 원리를 강조하는 '교육칙어(教育勅語)'를 발포하고, 교육입법의 칙령주의를 확립함으로써 국민이 교육입법에 참가하는 길을 차단하였다. 이 해 역시 일본 사상 처음으로 제국의회(帝國議會)란 이름의 국회가 개원되었음에도 불구하고 교육입법은 국회에 의하지 아니하고 덴노의 명령인 칙령에 따라 수행하는 칙령주의에 따르도록 조직되었다. 이 칙령주의는 당시의 헌법 제9조에 "덴노는 법률을 집행하기 위하여, 그리고 공공의 안녕질서를 보지(保持)하고 신민(臣民)의 행복을 증진하기 위하여, 필요한 명령을 발하거나 발하여야 한다. 단, 명령으로써 법령을 변경될 수는 없다"고 규정된 바에 근거하고 있었던 것이다. 혹자는 이를 가리켜 교육이 안녕질서와 관계되는 경찰행정의 차원에서 경영되었다고도 하고, 또는 덴노의 대권사항에 교육제도가 포함되었다고 기술하고 있다. 이 교육입법의 칙령주의는 일본이 제2차 대전에서 패배할 때까지 지속되었다.

　이 해 지방학사통칙(地方學事通則)이 제정되었으나 이는 다른 법률과의 관계로 법률로 제정되었고, 소학교령(小學校令)은 칙령에 의해 개정되었다. 이 개정에서 소학교의 목적이 법제화되었고, 이로써

일본 교육의 이해

시정촌(市町村)은 그에 속하는 '국가의 교육사무'를 관장하고 시정촌립(市町村立)의 소학교를 관리하도록 되었고, 그 시정촌장을 보조하기 위해 다시 학무위원이 설치되게 되었다. 여기서 학교조합이 설치되어 이 조합으로 하여금 심상소학교를 설치하게 하여 이로 하여금 학교경비를 부담하도록 하였으며, 이로써 학교기본재산제도 정비·확립되었다. 그 밖에도 이와 관련하여 시정촌소학교 교원퇴은료(敎員退隱料) 및 유족부조법(遺族扶助法, 1890, 메이지 23), 소학교교원검정 등에 관한 규칙(1891, 메이지 24), 시정촌립소학교 교원임용령(1895, 메이지28), 시정촌립소학교 교원 연공가봉 국고보조법(1898, 메이지31), 소학교교육비 국고보조법(1901, 메이지 34), 교육기금회계법(1901, 메이지34) 등의 교육관계법이 제정되었다. 그러나 이 시기에 비록 교육비에 대한 국고보조에 관계되는 법이 제정되기는 하였으나 실제로는 실시되지 못하였다.

2) 초등교육제도와 의무교육제도의 확립

1900년(메이지 33) 8월 소학교령은 다시 개정되고 그 하위법인 소학교령 시행규칙이 제정되어, 초등교육체제의 기본구조가 확립되기에 이르렀다. 이로써 잡다한 소학교 관련 준칙들이 통합되어 체계적

II. 교육법

으로 정비되게 되고 의무교육제도 또한 확립될 수 있게 되었다. 이 개정에서 심상소학교가 4년 과정으로 연장되었으며, 이를 의무로 하였다. 이 의무과정에 대한 제도는 보다 엄중해져 이 의무과정을 끝내지 않은 아동을 고용한 사람이 그 고용으로 취학을 방해하는 일이 없게 하였으며, 수업료를 징수하지 않는 것을 원칙으로 하는 무상제가 처음으로 법제화되었다.

1903년(메이지 36) 4월에는 소학교령이 일부 개정되어 검정교과서제도가 보다 강화되었고, 이로써 교과서에 대한 국가통제의 길을 보다 확대하였을 뿐 아니라 교과서의 국정화의 길을 열었다. 이 무렵 발단된 교과서와 관계된 오식 사건으로 여러 지역의 지방장관을 포함한 지방교육계의 상층부가 검거되는 등의 불상사가 있기도 하였다. 1907년(메이지 40) 3월에 이 소학교령은 다시 개정되었으며, 종래 4년이었던 심상소학교의 수업년한은 6년으로 연장되었고, 고등소학교의 수업년한은 2년 또는 3년으로 하였다.

3) 중등교육법제도와 교원양성제도의 확립

1872년(메이지 5) '학제'의 중학교와 사범학교에 관계되는 규정의 설정으로 중등교육법제와 교원양

일본 교육의 이해

성법제의 발단을 본 일본은, 1881년(메이지 14)에 중학교 교칙대강과 사범학교 교칙대강 등 관련법제를 마련하고, 다시 1886년(메이지 19)에 중학교령과 사범학교령을 제정·공포함으로써 점차 그 제도를 정비하여 오던 중, 1894년(메이지 27)에 종래 중등교육제도에서 고등중학교를 개편하여 전문학과를 교수하는 것을 목적으로 하는 고등학교를 설치하기 위하여 고등학교령을 제정·공포하였다. 이 고등학교는 전문학과를 교수하는 것 이외에 대학진학을 위한 예비학교 구실을 하는 예과(豫科)의 과정을 설치하도록 인정되어 있었다. 이 고등학교의 예과과정은 이후 대학에 설치된 예과와 맥을 같이하는 것으로 대학의 예과가 고등학교 교육의 형태를 띠게 된 것도 그 때문이었다. 그리고 1897년(메이지 30) 10월에는 교원양성제도인 사범학교령이 개정되어 종래의 사범학교가 사범학교, 고등사범학교, 여자고등사범학교로 나뉘어 여러 단계의 교원양성체제로 바뀌었다.

또한 1889년(메이지 32) 2월에는 중학교령이 또다시 개정되고 고등여학교령이 제정되어 남녀 모두를 위한 중등교육제도가 정비·확립되었다. 이 개정으로 중학교는 그의 목적이 고등의 보통교육에 있고, 고등여학교는 부덕의 함양에 있음을 명백하게 하였으며, 그 중 중학교의 수업년한은 5년으로 고등소학교 2년의 수료자에게 입학의 자격을 부여하였고 고등여학교는 4년을 원칙으로 하나 3년 또는 5년으로 융통성을 두었다. 이 때 실업학교령이 제정되어 실업학교제도 또한 정비되기에 이르렀으며 그 실업학교의 수업년한은 3년으로 하고 있었다. 특히 여기서 여성을 위한 중등교육법제가 마련되어 여성의 중등교육의 기초를 닦게 된 것은 주목할 만하다.

그리고 1903년(메이지 36)에는 전문학교령이 제정·공포되어 새로운 고등교육법제로 대두되기에 이르렀다. 또 1897년(메이지 30)의 사범학교령은 그로부터 10년째인 1907년(메이시 40) 사범학교규정으로 전면 개정되고 이로써 사범학교는 1부와 2부의 2부제로 분리하게 되어, 1부는 고등소학교 3년 수료자를 입학자격으로 하고 2부는 중학교와 고등여학교의 졸업자를 입학자격으로 하였다. 이 2부제의 설치는 이후 교원양성제도를 전문학교 수준으로 승격시키는 데 제도적인 기초가 되었다.

(3) 임시교육회의(臨時敎育會議)와 교육체제의 재편성

1914년(다이쇼 3)부터 1932년(쇼와 7)까지의 30여

일본 교육의 이해

년 간 일본에서는 자본주의가 번창하고 있었다. 그러나 제1차 세계 대전이 끝난 직후 불어닥친 경제공황 현상은 결과적으로 그렇게 번창하였던 자본주의의 모순을 드러내게 되어, 국민 간의 계급의 대립이 격화되었고, 자연 치안문제가 격화되어 심각한 정도를 더해 가고 있었다.

1) 초등교육체제의 정비

이러한 사회현상은 당시의 일본 정부로 하여금 초등교육체제를 재검토하지 않을 수 없게 만들었다. 따라서 이를 위하여 1917년(다이쇼 6) 9월 내각에 직속하는 자문기관인 임시교육회의가 성립되었다. 그리하여 이 회의는 수차에 걸친 협의 끝에 산업과 사회 변화에 걸맞는 교육제도에 대한 개혁의 필요성을 인정하고 답신(答申)을 통해 이를 정부에 건의하였다. 그 임시교육회의 답신에 따라 일본의 교육제도는 개혁되기 시작하였다.

그리하여 1918년(다이쇼 7) 3월 그 개혁의 일환으로 시정촌 의무교육비 국고부담법이 제정·공포되었다. 이는 의무교육단계의 학교에 종사하는 교사의 봉급 일부를 국비에서 부담하는 절차와 범위를 규정한 법제이다. 이 법이 나타나게 된 배경에는 의무교육비의 국고부담을 증액할 필요가 있음을 적극

II. 교육법

적으로 주장한 임시교육회의의 강한 의사가 있었기 때문이었다.

뿐만 아니라 역시 같은 회의의 답신에 따라 1919년(다이쇼 8)에는 교육행정기관인 문부성에 사회교육과가 신설되었고, 동 2월에는 소학교령이 개정되어 고등소학교를 설치하기 위한 시정촌의 조합(組合)이 신설되었다. 여기서 교과과정에도 변화가 생겨 이과, 지리, 국사 등의 교과가 중시되기에 이르렀으며, 고등소학교에서는 실무교육이 중시되었다. 1926년(다이쇼 15) 4월에는 유치원령과 그의 하위 법제인 시행규칙이 제정·공포되었다. 이는 종래 소학교제도의 일부로 다루어 오던 유아교육제도가 처음으로 독립되었음을 의미하는 것이다. 이 법제의 출현으로 유치원의 보모(保姆)도 그 자격증인 보모면허장(保姆免許狀)을 가져야 그 직에 임할 수가 있게 되었다. 그리고 임시교육회의의 답신에 따라 문부성에 설치된 사회교육과(社會敎育課)는 1929년(쇼와 4)부터 사회교육국(社會敎育局)으로 승격하게 되었다.

2) 고등·특수교육의 법체제 정비

1918년(다이쇼 7) 12월 초·중등교육체제가 어느 정도 정비되었다고 판단한 일본 정부는 시야를 고

일본 교육의 이해

등교육체제로 돌려 고등학교령과 대학령을 개정하고 그 정비에 나섰다. 이 개정으로 종래 대학입학 준비학교로서 대학예과(大學豫科) 구실을 하여 왔던 고등학교는 이 때부터 이 법제의 제1조에 규정된 바와 같이 '남자의 고등보통교육을 완성하는 것을 목적'으로 하는 완성교육기관으로서의 구실을 하게 되었다. 이 고등학교는 수업년한 7년으로 하였으며 중학교 4년 수료자가 입학하는 수업년한 3년의 고등과만을 설치하는 고등학교도 설립할 수 있게 하였다. 그리고 이 대학령의 개정으로 국립의 제국대학 이외에 공·사립의 종합대학은 물론 단과대학도 설치할 수 있게 되었다.

역시 유치원교육제도의 경우와 같이 특수교육도 종래는 소학교제도의 일부로 다루어져 왔으나 1923년(다이쇼 12) 8월에 이르러 맹아학교 및 농아학교령이 제정·공포되면서 완전히 독립된 체제를 갖추게 되었다. 그리하여 이 법에 따라 일본의 각 지방정부인 도부현(道府縣)은 의무적으로 그 지역에 특수학교인 맹아학교와 농아학교를 의무적으로 설립하도록 되었다.

(4) 절대군주제의 교육법제 붕괴(崩壞)

 1932년(쇼와 7) 이래 일본의 국내외 정세는 상해사변(上海事變), 5. 15 사건, 2. 26 사건, 중일사변, 태평양전쟁 도발 등 악화 일로의 길을 걸어 초국가주의(超國家主義)와 군국주의(軍國主義) 체제로 재편됨과 함께 전시체제로 정비되어야 하였다. 이러한 일련의 정세는 군부를 중심으로 하는 정치세력이 정치 권력을 장악함으로써 그들의 입김이 그 체제의 재편작업에 영향력을 행사하게 되었던 것이다. 이 재편 정비과정에서 그 동안 성립된 덴노를 핵심으로 하는 절대군주제의 교육법체제가 새로운 체제에 적응하기 위하여 붕괴되어야 하였고, 교육은 그 본래의 기능을 상실하고 그 군국주의의 시녀로서 기능을 하게 됨으로써 교육법 또한 그에 적응시키기 위해 새로운 교육법체제로 바뀌어야 하였다.

 이는 처음 초등학교체제의 성립에서 그 징조를 보이기 시작하였다. 그러면 교육법이 초등학교체제의 성립과 관련하여 그 체제가 어떻게 변해 갔는가에 대하여 알아보기로 하겠다.

1) 초등학교체제의 성립

 이 시기에 정치에 영향력을 행사하던 군부는 국체관념(國體觀念)에 의한 국민사상을 통일하기 위해

일본 교육의 이해

교학(教學)의 쇄신을 주창하기 시작하였다. 그들은 그 쇄신책의 일환으로 1932년(쇼와 7) 8월에 국민정신문화연구소를 설치하고, 이어 1935년(쇼와 10) 11월에는 교학쇄신평의회를 설치하였으며 이 평의회는 1937년(쇼와 12) 12월 다시 발전적으로 개편되어 교육심의회(教育審議會)가 되었고, 이로부터 4년간 교학쇄신책을 심의하여 그 쇄신책의 일환으로 재래의 초등교육기관인 소학교를 초등학교로 바꿀 것을 제의하는 답신을 내었다. 그 결과 1941년(쇼와 16) 3월에 초등학교령이 제정되어 공포되기에 이르렀다. 이 초등학교령의 출현으로 그 교과에 수신, 국어, 역사, 지리 등 교과를 통합한 국민과가 신설되었으며 연성주의적 교육이 강조되었다. 여기서 초등학교는 초등과와 고등과의 두 과정을 두고, 수업년한은 각각 6년과 2년으로 하여 총 8년을 의무교육기간으로 하였다. 이로써 학령기간과 취학기간이 일치하게 되었으며, 이로써 그 동안 의무기간을 과정주의(課程主義)에 근거하여 이끌어 오던 것을 연령주의(年齡主義)로 바꾸게 되었다.

그리고 1926년(다이쇼 15)에는 청년훈련소규칙에 따라 청년훈련소가 개설되었다. 이는 1893년(메이지 26) 근로소년의 교육과 관련된 제도로 존재해 오던 종래의 실업보습학교와 함께 정시제 보습교육 기능

II. 교육법

을 수행하게 되었음을 말해 주는 것이다. 그러나 이 두 제도는 1935년(쇼와 10) 청년학교령의 출현으로 통일되어 근로청소년의 교육기능을 수행하게 되었다. 이 청년학교령은 1939년(쇼와 14) 교육심의회의 답신에 따라 개정되어 학교 규모는 24학급으로 제한하고, 1학급당 아동 수는 각각 초등과 60명, 고등과 50명 이하로 하고, 19세 미만의 남자들에게는 이 청년학교의 취학을 의무화하였다. 이 학교에서는 주로 군사교육을 중심으로 하는 보습교육을 실시하였으며, 이는 국가총동원체제를 수립하기 위한 조치인 동시에 전시교육체제를 구축하기 위한 일련의 조치였다.

2) 전시체제하의 교육

1941년(쇼와 16) 10월 도조〔東條〕의 내각이 성립되고, 이어 동년 12월에는 일본의 하와이 진주만 기습공격으로 태평양전쟁이 발발되어 일본의 전역은 전시체제에 들어가지 않을 수 없었다. 따라서 이로부터 전 지역의 중등교육기관과 고등교육기관은 최소 6개월에서 최대 1년에 이르는 기간 동안 수업을 단축해야 하였고, 1944년(쇼와 19)부터는 대도시의 아동들이 집단 소개되어 안전지역으로 이주하기도 하였다. 그런 와중에도 교원양성제도는 중시되어

일본 교육의 이해

1943년(쇼와 18) 3월에는 사범학교령이 개정되어 사범학교가 전문학교 수준으로 승격되었으며, 이로써 그 수업년한은 본과가 3년이 되어 연장되었고, 공립이던 사범학교도 이 때부터 모두 관립으로 이전되어 국가가 직영하게 되었다. 이러한 일련의 조치들은 1943년(쇼와 18) 12월 각의(閣議)가 결정한 '교육에 관한 전시비상 조치방책'에 따른 것으로 청소년을 적극적으로 국방훈련과 근로에 동원하기 위하여 취해진 일련의 조치였다. 이러한 조치로 중학교는 수업년한이 4년이 되었으며, 또 의무교육을 8년제로 실시하려던 종래의 계획을 연기하였고, 고등교육에서는 이과계(理科系)를 확충하였으며, 대신 문과계(文科系)는 축소되었다. 그리고 학생의 징병을 연기해 주었던 학생 징병 연기제는 폐지되었을 뿐 아니라, 문과계 학생의 학도들은 징병으로 출전하게 하고 19세 이하 학생은 군수산업기관에 노동자로 동원하였다. 그리고 1945년(쇼와 20)에 들어서부터는 1년간 초등과 이외의 학교는 수업을 정지하도록 조치하고, 동 5월에는 전시교육령(戰時教育令)이 공포되어 초토화전에 대비하는 학도대(學徒隊)가 조직되는 등 교육기능은 완전히 정지되었던 것이다.

(5) 일본의 패전(敗戰)과 민주주의 교육법제로의 전환

　제2차 세계 대전에서 패한 일본은 1945년(쇼와 20) 8월 15일 미소영(美蘇英) 등 연합국에 무조건 항복하고, 군국주의를 배제하고 민주주의 체제를 확립하며 기본적인 인권을 존중하여야 한다는 포츠담 선언을 수락해야 하였다. 따라서 일본은 연합군의 주력부대인 미군에 의해 점령되어 포츠담 선언에 따른 점령군의 정책에 따라야 하였다. 그리하여 미 점령군은 그 점령정책의 일환으로 동년 10월 '일본 교육제도에 대한 관리정책'을 연합국 군최고사령관의 이름으로 발표하고, 연이어 '군국주의 및 극단적인 국가주의적 이데올로기 보급의 금지', '기본적 인권사상에 합치하는 여러 개념의 교수 및 실천의 확립' 등의 지령을 발표하여 이를 핵심으로 하는 교육개혁에 착수하고, 새로운 교육법제를 제정하는 등 신교육법제의 태동을 보게 하였다. 이 미군의 점령정책에 따라 교원 중 철저한 군국주의자나 초국가주의자들은 교직 부적격자로 지목되어 그 직에서 추방되고, 국가신도(國家神道)의 금지조치에 따라 신사참배가 중지되었으며, 국수주의 수단으로 이용되던 수신, 국사, 지리 등의 교과들은 더 이상 수업할 수 없게 되었다. 이러한 점령군의 점령정책에 따

일본 교육의 이해

라 1889년 이래 오랜 기간 성립시켜 온 덴노 중심 절대군주제의 교육법제와 전시교육체제는 근본적으로 해체되어 완전히 붕괴되고, 민주주의의 교육법제로 전환되기에 이른 것이다.

그리하여 미점령군은 1946년(쇼와 21) 3월 미국의 교육전문가로 구성된 교육사절단을 일본에 파견하여, 일본측 교육위원회와 제휴 협력하게 해 새로운 교육체제를 수립하기 위한 여러 가지 사항을 조사·검토하고 보고서를 작성·제출하게 하였다. 이들이 작성한 보고서는 이른바「미교육사절단보고서(美教育使節團報告書)」라고 하는 것으로서 일본의 교육 민주화를 위한 중요한 문서인 동시에 단서이기도 한 것이다. 이 보고서는 '민주정치하의 생활을 위한 교육제도는 개인의 가치와 존엄을 인정하는 것이 기본이 된다'고 선언하고, 이를 토대로 교육기회의 균등, 교사의 자유, 교육행정의 지방분권주의 등 여러 원리를 제시하였다. 그리하여 이 보고서는 중앙관청은 교수의 내용과 방법 또는 교과서에 대하여 규정해서는 안 된다고 권고하는 등 일본이 교육의 민주화를 위해 추구하여야 할 여러 가지 민주적 전통의 높은 이상을 제시해 주었다. 그러므로 이 문서가 제시한 여러 교육이상은 이후 강력한 군사권력의 미점령군에 의해 지지되어 강행됨으로써 일

II. 교육법

본에 새로운 교육법제도를 탄생하게 하였던 것이다.

그러면 이제부터 이렇게 해서 성립된 일본의 현행 교육법제의 내용에 대하여 그 대략을 살펴보기로 하겠다.

3. 교육법의 내용

(1) 교육기본법규

일본의 교육기본법규에는 앞에서도 기술한 바와 같이 「일본국헌법」과 「교육기본법」이 있다. 그 중 「일본국헌법」은 1946년 종래의 「대일본제국헌법」을 대신하여 새로 제정된 것으로, 그 가운데 교육과 관련되는 조항은 대체로 그의 전문(前文)과 제9조, 제13조, 제19-21조, 제23-28조, 제89조 등을 꼽고 있다. 그리고 「교육기본법」은 1947년 제정되었으며, 전문 11조로 짜여 있는 법제로 매우 간명하나 일본의 모든 교육을 지도하는 모든 기본 이념을 담고 있다. 그러면 그 헌법의 내용부터 알아보기로 하자.

「일본국헌법」은 그 전문에서 '일본은 항구적인 평화를 염원하고, 인간상호의 관계를 지배하는 숭

일본 교육의 이해

고한 이상을 깊게 자각함으로써 평화를 사랑하는 여러 국민의 공정(公正)과 신의(信義)를 신뢰하여 우리들의 안전과 생존을 보지하자고 결의하였다'고 선언하여 교육이 지향할 바를 직간접으로 시사하고, 전 규정을 통하여 일관적으로 주권 재민의 민주주의와 평화주의를 표방하고 기본적 인권의 보장, 법 앞에 평등, 정교분리, 삼권분리, 의원내각제, 지방분권 등에 관하여 명백히 하고 있다. 그리하여 제13조에서 '모든 국민은 개인으로서 존중된다'고 갈파하고, 제19조로부터 제21조에 이르는 조항에서 사상과 양심의 자유, 신교의 자유, 집회 결사의 자유를 명시하였으며, 제23조로부터 제28조에 이르는 조항에서 학문의 자유, 혼인의 자유와 권리, 생활권, 교육을 받을 권리, 근로권 등 인간의 기본권에 관하여 다루고 있으며, 제89조는 종교적인 목적을 위해 공금이나 고유재산의 사용을 금지하도록 규정하고 있다. 이러한 헌법의 조항들은 일본의 교육이 지향할 바에 대하여 방향을 제시해 주고 있는 것이다.

「교육기본법」은 역시 그 전문에서 '개인의 존엄을 중히 여겨, 진리와 평화를 희구하는 인간의 육성을 기함과 동시에 보편적이고 개성이 풍부한 문화를 창조할 목표로 교육을 보급, 철저하게 하지 않으

Ⅱ. 교육법

면 안 된다'고 규정하고 교육의 목적, 교육의 방침, 교육의 기회균등, 의무교육, 남녀공학, 학교교육, 사회교육, 정치교육, 종교교육, 교육행정 등 기본적인 사항에 관하여 규정하고 있다.

그 밖에 기본법에 관한 법제로는 국제연합 교육과학 문화기관 헌장, 유네스코 활동에 관한 법률 등이 있으나 이는 국제 간에 맺은 협약으로 일본 교육에 적지 않게 영향을 주는 구속력을 가지고 있다.

(2) 교육제도에 관한 법규

교육제도에 관계되는 법규에는 학교교육법·동법시행규칙, 국립학교설치법, 사립학교법, 공립학교 설치조례, 학교설치기준, 공립의무교육제학교의 학급편제 및 교직원 정수의 표준에 관한 법률, 공립고등학교의 설치·적정배치 및 교직원 정수의 표준 등에 관한 법률, 학교관리규칙, 교과서의 발행에 관한 임시조치법, 의무교육제학교 교과용 도서의 무상조치에 관한 법률, 의무교육제학교에서의 교육의 정치적 중립 확보에 관한 임시조치법, 이과교육진흥법, 산업교육진흥법, 학교도서관법, 벽지교육진흥법, 학교보건법·동법시행규칙, 학교급식법·학교급식실시기준, 일본학교안전회법·동법시행령, 일본육영회법, 사회교육법·공민관의 설치 및 운영에 관한 기준, 도서관법, 청년학급진흥법 등이 있다.

그 중 「학교교육법」은 9장 106조로 구성된 법률로 주로 교육기관인 학교에 관계되는 모든 사항에 관하여 규정하고 있다. 이보다 구체적으로 말하면, 제1장에는 총칙, 제2장에는 초등교육기관인 소학교, 제3장에는 중등의 전기교육기관인 중학교, 제4장에는 중등의 후기교육기관인 고등학교, 제5장에는 고등교육기관인 대학, 제5장의 2에는 전문학예교육기관인 고등전문학교, 제6장에는 특수교육기관에 관하여, 제7장에는 유아교육기관인 유치원, 제8장에는 잡칙 등에 관하여 규정하고 있다. 그리고 동 시행규칙은 전문 8장 79조로 된 법규로 학교의 설치와 폐지, 교장의 자격 등 보다 세부적인 사항을 규정하고 있다.

그리고 「국립학교설치법」은 국립학교는 문부대신의 소관에 속하는 학교로서 학교교육법이 규정하는 학교로 국가가 설치하는 학교를 말한다고 규정하고, 그 가운데 대학과 고등전문학교 이외의 국립학교는 이 법에 특별한 규정을 두거나 정령을 정하여 대학에 부속시켜 설치하도록 하고 있다.

「사립학교법」은 전문 59조로 된 법률로 학교법인이 설립하는 사립학교에 대한 교육행정에 관하여

II. 교육법

규정하고 있다. 즉, 소관청과 그의 권한, 보고서의 제출, 사립학교심의회, 수익사업, 사립학교 교육의 조성 등 그에 관한 행정에 대하여 구체적인 사항을 규정하고 있다.

「사회교육법」은 1949년에 최초로 제정된 법률로 전문 7장 57조 11부칙으로 구성되었으며, 이는 사회교육에 관한 국가와 지방공공단체의 임무를 분명히 하기 위하여 제정되었다. 이 법률은 사회교육주사 등의 전문직원을 비롯하여 사회교육 관계단체, 사회교육위원에 대하여 규정하고, 사회교육시설인 공민관(公民館)을 비롯하여 이 교육을 위한 학교시설의 이용과 여러 가지 통신교육에 관하여 규정하고 있다. 그 밖에 사회교육과 관계해서는 공민관의 설치 및 운영에 관한 기준, 도서관법, 청년학급진흥법 등이 있어 이를 보완하고 있다.

그 밖에 공립학교 설치조례, 학교설치기준, 공립의무교육제학교의 학급편제 및 교직원 정수의 표준에 관한 법률, 공립고등학교의 설치·적정배치 및 교직원 정수의 표준 등에 관한 법률, 학교관리규칙, 교과서의 발행에 관한 임시조치법, 의무교육제학교의 교과용 도서의 무상조치에 관한 법률, 의무교육제학교에서의 교육의 정치적 중립 확보에 관한 임시조치법, 이과교육진흥법, 산업교육진흥법, 학교

도서관법, 벽지교육진흥법, 학교보건법·동법시행규칙, 학교급식법·학교급식실시기준, 일본학교안전회법·동법시행령, 일본육영회법 등 교육제도에 관련되는 법규들에 관해서는 그 설명을 생략할 생각이다.

(3) 교직원에 관한 법규

교직원에 관한 법규에는 노동기준법, 국가공무원법, 국가공무원법·인사원규칙(14-17 정치적 행위의 제한 등)·지방공무원법·일반직 직원의 급여에 관한 법률·도도부현(都道府縣) 급여조례, 도도부현 교직원 정수(定數)조례, 교육공무원특례법, 교육직원면허법·동법시행규칙, 인재확보법, 교직원급여특별조치법, 산휴보조(産休補助)직원법, 육아휴업(休業)법 등이 있다.

그 가운데 「노동기준법」은 1947년 제정된 법률로 전문 13장 134조 3부칙으로 짜여졌으며, 이는 노동조합법, 노동관계조정법과 더불어 노동삼법(勞動三法)으로 불리우는 법률로, 그 규정 전부가 모든 국가공무원에게 적용되지는 않는다. 그러나 이 법률은 노동조건의 최저수준을 정해 놓음으로써 그 대부분은 지방공무원에게 적용하도록 되어 있다. 그 주요 내용으로는 노동계약, 임금, 노동시간과 휴게

II. 교육법

및 휴일과 유급휴가, 안전 및 위생, 연소자, 여자, 재해보상 등에 관하여 규정하고 있다.

한편 「국가공무원법」은 1947년 처음 제정된 법률로 일반 국가공무원에 관한 규칙을 정하는 법이나 국공립학교에 근무하는 교육직원들은 이 법률의 규정에 제한을 받게 된다. 이 법률은 국가의 중앙 인사행정기관인 인사원, 공무원의 직계, 시험 및 임면, 급여, 능률, 분한(分限), 징계, 보장, 벌칙, 직원단체 등 여러 사항들에 관하여 규정하고 있다. 이는 교육에 관계되는 기관에 종사하는 교육직원은 교육이라는 공적 업무에 종사하기 때문에 그들에 대하여 이 법률은 중요한 기능을 하고 있다. 그러나 국가공무원에 대한 구체적인 사항은 인사원규칙에 규정되어 있다.

이어 「인사원규칙 제14조 7항」은 1949년 제정된 규칙으로서 국가공무원법 제102조의 위임에 의해서 제정된 것이다. 이 규칙은 교육직에 종사하는 모든 교원을 포함한 모든 공무원에 대하여 정치적인 행위를 제한하는 법규로서 엄격하게 집행되는 법규이다.

「지방공무원법」은 1950년에 최초로 제성된 법률로 5장 61조 6부칙으로 짜여진 법률이다. 이는 지방공공단체의 인사기관과 지방공무원의 임용, 직제, 급여, 근무시간, 그 밖의 근무조건, 분한(分限)과 징

일본 교육의 이해

계, 복무, 연수 및 근무성적의 평정, 복지 및 이익의 보호 등에 관하여 규정하고 있다. 지방공무원의 자격으로 종사하는 교육직원에 대해서는 중요한 법률이 되고 있다. 그 밖에 '일반직 직원의 급여에 관한 법률'을 포함하여 「도도부현(都道府縣) 급여조례」, 「도도부현 교직원 정수(定數)조례」 등의 법률들이 이를 보완하고 있다. 그리고 지방공무원에 대한 구체적인 사항은 조례에 정해져 있다.

그리고 「교육공무원특례법」은 1949년 제정된 법률로 현재 전문 3장 33조 부칙으로 짜여진 교육공무원에 대하여 규정한 것이다. 이 법률은 국가공무원법과 지방공무원법에 대한 특례로서 제정된 법률로 교육공무원의 직무와 책임의 특수성에 비추어 일반공무원과는 차별하여 다루고 있다. 이 법률의 편제는 제1장의 총칙에 이어 제2장에서 임면, 분한, 징계 및 복무에 대하여 규정하고, 제3장은 연수, 제4장은 잡칙에 대하여 각각 규정하고 있으며, 그 내용은 교원의 채용과 승임은 경쟁시험에 의하지 아니하고 선고(選考)에 의하여야 한다는 것, 대학의 자치는 존중되어야 한다는 것, 교수회의는 교원인사에 대한 일정한 권한을 가져야 한다는 것, 교원은 수업에 지장이 없는 한 소속장의 승인을 얻어 근무장소를 떠나 연수를 받을 수 있다는 것, 교장과 교

II. 교육법

원의 정치적 행위의 제한, 사립학교 교원은 국가공무원에 준하는 취급을 받는다는 것, 그리고 직원단체의 조직에 관해서는 특례를 둔다는 것 등 구체적인 사항들에 관하여 규정하고 있다.

또한 「교육직원면허법」은 1949년 제정된 법률로 교육직원의 자격을 부여하는 면허에 관계되는 기준을 정하여 교육직원의 자질을 유지·향상시키려는 데 목적을 둔 법률이다. 이 법은 전문 5장 22조로 된 법률로 면허장, 면허장의 실효와 취급, 잡칙, 벌칙 등의 장을 설정하여 구체적으로 규정하고 있다. 이 법률은 교육직원의 면허장을 크게 나누어 보통면허장, 특별면허장, 임시면허장으로 구분하고 있으며, 그 중 보통면허장은 학교의 종류별로 교유(敎諭:교사)면허장과 양호교유(養護敎諭)면허장으로 구분하도록 하고, 다시 이를 나누어 전수(專修)면허장과 일종(一種)면허장, 그리고 이종(二種)면허장으로 구분하고 있다. 그러나 고등학교의 교유면허장만은 전수면허장과 일종면허장으로 구분하고 있다. 그리고 특별면허장은 학교의 종류별로 교유면허장만을 두었으며, 임시면허장은 학교 종류별로 조교유(助敎諭:조교사)면허장과 양호교유면허장을 두도록 하고 있다.

그리고 교육직원면허법의 하위법규인 동 시행규

칙은 전문 11장 76조로 짜여진 규칙으로서 학점의 취득방법, 과정, 교원양성기관의 지정, 면허인정강습, 학점취득시험, 교원자격 인정시험, 중학교 등의 교원특례, 특수교과의 면허장, 특별면허장, 잡칙 등에 관하여 보다 구체적으로 규정하고 있다.

그리고 그 밖에 교육직원에 관한 법률들인 인재확보법, 교직원급여 특별조치법, 산휴보조(産休補助)직원법, 육아휴업(休業)법 등에 관해서는 그 내용·설명을 줄이도록 하겠다.

(4) 교육행정에 관한 법규

교육행정에 관한 법규에는 국가행정조직법, 문부성설치법, 국립학교설치법, 학교교육법, 지방자치법(2조 3항 6호, 213조 1항, 281조 2항 1호, 별표 제3, 4, 6), 지방교육행정의 조직 및 운영에 관한 법률, 지방재정법, 시정촌(市町村)학교직원 급여부담법, 의무교육비 국고부담법, 의무교육제학교 시설비 국고부담법, 공립양호(養護)학교정비 특별조치법 등의 법규가 있다.

그 중「국가행정조직법」은 전문 20조로 구성된 법률로서, 일본의 최고 교육행정기관인 문부성을 설치하는 것은 물론 국가행정조직의 조직 및 운영에 관하여 기본적인 사항을 규정한 근거법으로 문

II. 교육법

부성설치법과 함께 교육행정의 기본이 되는 법률이다. 이 법은 국가의 행정기관은 내각의 통할하에 있어야 한다고 하고 그 행정기관의 조직은 법률에 의해서 정하나 부(府), 성(省), 위원회(委員會) 및 청(廳)으로 한다고 규정하고 있다.

그리고 문부성령 전문 3장 36조로 구성된 법률로 문부성의 기본 조직에 관하여 규정하고 있다. 이 법은 문부성에 초·중등교육국, 대학학술국, 사회교육국, 체육국, 관리국 등 5국을 두고 특히 관리국에는 교육시설부(教育施設部)를 두도록 하고 있으며, 그 밖에 문부대신 관할하의 국립학교를 비롯하여 일본 유네스코 국내위원회, 국립교육연구소, 국립과학박물관, 국립사회교육연구소, 위도관측소, 통계정리연구소, 국립유전학연구소, 국립학사원 등의 기관을 두도록 하고 있다. 또한 문부성의 외청으로는 문화청을 두도록 하고 있으며, 또 그의 부속기관으로는 국립박물관, 국립근대미술관, 국립서양미술관, 국립국어연구소, 국립문화재연구소, 일본예술원 등의 기관을 두도록 하고 있다.

「국립학교설치법」은 국립학교는 문부대신의 소관에 속하는 학교로서 학교교육법이 규정하는 학교로 국가가 설치하는 학교를 말한다고 규정하고, 그 가운데 대학과 고등전문학교 이외의 국립학교는 이

일본 교육의 이해

법에 특별한 규정을 두거나 정령을 정하여 대학에 부속시켜 설치하도록 하고 있다.

또「학교교육법」은 9장 106조로 구성된 법률로 주로 교육기관인 학교에 관계되는 모든 사항에 관하여 규정하고 있다. 이보다 구체적으로 말하면, 제1장에는 총칙, 제2장에는 초등교육기관인 소학교, 제3장에는 중등의 전기교육기관인 중학교, 제4장에는 중등의 후기교육기관인 고등학교, 제5장에는 고등교육기관인 대학, 제5장의 2에는 전문학예교육기관인 고등전문학교, 제6장에는 특수교육기관에 관하여, 제7장에는 유아교육기관인 유치원, 제8장에는 잡칙 등에 관하여 규정하고 있다.

그리고「지방자치법」은 지방자치단체인 지방공공단체는 법인으로 한다고 하고 법률이나 정령에 따라 보통 지방공공단체에 속하는 사무 이외에 구역 내의 행정사무로 국가의 사무에 속하지 않은 사항을 처리한다고 하고 있으며, 그 법 중 특히 제2조 3항 5호, 제213조 1항, 제281조 2항 1호, 별표 제3, 4, 6 등의 조항이 교육과 관련된 사항으로, 학교·연구소·시험장, 도서관·박물관·체육관·물품진열소·공연장·극장·음악당, 그 밖의 교육·학술·문화·권업에 관한 시설을 설치하거나 사용하는 권리를 규제하는 일과 그에 관계되는 사무를 본다고

II. 교육법

규정하고 있다.

그리고 「지방교육행정의 조직 및 운영에 관한 법률」, 「지방재정법」, 「시정촌(市町村)학교직원 급여부담법」, 「의무교육비 국고부담법」 등은 직간접으로 지방의 교육자치와 관련된 법률들이다. 그 가운데 「지방교육행정의 조직 및 운영에 관한 법률」은 지방의 교육자치단위인 교육위원회의 설치와 조직에 관하여 규정한 법률로서, 각 지방의 행정단위인 도도부현(都道府縣)이나 시정촌(市町村)에 교육위원회를 설치하도록 하여 각각 5명의 교육위원으로 구성하도록 하고, 정촌의 경우는 3명으로도 구성할 수 있게 하고 있다. 그리고 교육자치단위의 장인 교육장은 도도부현 교육위원회의 경우는 문부대신의 승인을 얻어 임명하게 되어 있고, 시정촌 교육위원회의 경우는 도도부현 위원회의 승인을 얻어 임명하도록 하고 있다. 이 법은 법률에 정해진 바에 따라 지방공공단체가 학교, 도서관, 공민관, 그 밖의 다른 교육기관을 설치하는 일 이외에 교육에 관한 전문적, 기술적 사항을 연구하거나 교육관계직원의 연수, 보건 또는 후생복리에 관한 시설이나 그 밖의 교육기관을 설치할 수가 있다고 규정하고 있다. 그리고 「지방재정법」은 의무교육직원의 급여와 은급(恩給) 및 의무교육의 교재 경비, 의무교육직원의 공제조합 장기급부의 경비, 의무교육건물의 건축 경비, 산업교육비 등에 관해서는 국가가 그 비용의 전부 또는 그 일부를 부담하도록 규정하고 있다.

그리고「의무교육제학교 시설비 국고부담법」은 의무교육의 무상 원칙에 따라 의무교육기관의 시설비를 국고로 부담하기 위해 제정된 법률이다. 이 법은 공립의 소학교, 중학교, 맹아학교와 농아학교의 소학부 및 중학부 등 여러 학교에 그 지출의 2분의 1을 국고로 부담하도록 하는 원칙을 정하고 있다. 물론 그 부담금에는 초·중등 의무교육 교육직원의 급료 및 은급, 보상에 필요한 비용 등이 포함되어 있다.

그리고「공립양호(養護)학교정비 특별조치법」또한 의무교육과 관계되는 법제로 이는 특히 공립양호학교에서 의무교육을 어떻게 실시할 것인가를 규정한 법제로, 양호학교의 의무교육단계에서 필요로 하는 시설과 교직원의 급여 등 여러 가지 비용들을 국고에서 지변하는 것에 관하여 규정하고 있다.

(5) 교육재판(敎育裁判)과 판례(判例)

원래 일본은 19세기 말 근대법제를 수용할 때부터 대륙법계의 성문주의적 입장을 견지해 와 실정법을 중시하였다. 그런 의미에서 일본에서는 관습

II. 교육법

법체계의 나라들이 중시하는 재판의 결과인 판례들에 대해서는 그다지 의미를 부여하지 않았다. 그러나 1945년 제2차 세계 대전에서 패배한 일본은 미국의 영향하에 새로운 교육법제를 성립시켰고 자연 판례가 중시되기 시작하였다. 일본은 성문법을 중시하는 실정주의의 법체계에도 불구하고 판례를 비롯하여 생활의 관습과 조리 등 불문법체계가 중시되기 시작한 것이다. 교육에서도 판례가 중시된 것은 이와 궤를 같이하는 것이다. 특히 판례나 관습 또는 조리들은 실정법을 해석하는 데 중요한 기능을 하게 되었다. 따라서 교육과 관계되는 재판의 예로서의 판례는 다음에 일어나는 같은 사건에 대하여 구속력을 가시게 될 뿐 아니라 실정법을 해석하는 데 크게 영향을 주게 되었다.

일본에서의 주요한 교육재판으로 다음과 같은 것이 있다. 즉,

1) 교육재판의 성립조건과 관계되는 재판
· 교육칙어 합헌청구사건 1953. 11. 17, 최고재(最高裁)
· 교장의 근무평정 의무부재확인 1960. 9. 8, 아키다〔秋田〕지재(地裁)
· 분교 폐지처분에 대한 소송 1971. 3. 21, 센다이〔仙

台〕지재

2) 교육법 기본원리에 관한 재판
· 대학자치사건 도쿄대학 포포로 사건 1963. 5. 12, 최고재
· 국립대학 교원징계 처분사건 1963. 6. 25, 인사원
· 의무교육 교과서비 국고부담사건 1964. 2. 26, 최고재
· 전국 학력 테스트 저지사건 1962. 9. 14, 구마모토〔熊本〕지재
· 교과서검정 불합격처분의 취소를 청구하는 소송, 이에나가〔家永〕교과서재판 1970. 7. 17, 도쿄 지재
· 대학자치사건 도호쿠〔東北〕대학사건 1971. 5. 28, 센다이〔仙台〕지재

3) 학교교육과 관계되는 재판
· 공립중학교 폐지처분취소 청구사건 1962. 7. 9, 모리오카〔盛岡〕지재
· 도덕교육강습회 저지사건 1962. 7. 18, 오사카〔大阪〕지재
· 사립대학 퇴학처분사건 1963. 11. 20, 도쿄 지재
· 공립대학 퇴학처분취소 청구사건 1954. 7. 30, 최고재

Ⅱ. 교육법

· 학교교육법위반 피고사건(남녀공학제 의무교육 반대사건) 1957. 9. 19, 최고재
· 사립고교 낙제판정의 무효 가처분사건 1972. 4. 28, 니가타〔新潟〕지재

4) 교직원 인사와 관계되는 재판
· 면허장 실효교원 실직사건 1964. 3. 3, 최고재
· 사쿠라오카〔旭丘〕중학교 원전입 징계처분 취소사건 1961. 4. 27, 최고재
· 숙직교원 실화(失火)책임사건 1957. 8. 20, 도쿄 지재
· 공립학교 교원의 전임처분 집행정지사건 고지〔高知〕지재
· 교원의 교외자주연수에 따른 임금감액사건 1971. 5. 10, 삿포로〔札幌〕지재
· 고용계약기한 해제 무효확인 봉급지불 청구사건 1952. 2. 22, 최고재
· 사가〔佐賀〕현 교조일제 휴가사건 1971. 3. 23, 최고재

이상의 사건과 관련된 재판 결과로서의 판례들은 오늘날의 교육법규들을 해석하는 데도 적지 않은 영향을 줄 뿐 아니라, 이후에 일어난 같거나 유사한

일본 교육의 이해

사건에 대하여서는 법률과 똑같은 구속력을 지니게 된다. 그런 의미에서 일본에서는 교육의 공정한 집행을 위해서 판례에 대하여서도 깊은 주의를 기울이지 않으면 안 되게 되어 있다.

III 인성교육

한기언

Ⅲ. 인성교육

 이 장에서는 일본의 인성교육, 즉 일본인 형성의 논리를 뜻하는 '일본인의 교육 철학'이 무엇인가에 대하여 살펴보려고 한다.

1. 일본인 이해의 길

(1) 베스트셀러 『일본인과 유태인』

 일본인은 그들 스스로도 그렇지만 외국인이 일본인을 어떻게 보고 있느냐에 대하여 대단히 민감하게 깊은 관심을 쏟는다. 그러기에 이자야 벤다산〔イザヤ・ベンダサン〕이라는 사람이 쓴 『일본인과 유태인(日本人とユダヤ人)』은 그 대비가 절묘했던 내용의 탁월성으로 인해 단연 인기를 끌어 베스트셀러가 되었다.
 표지에 적힌 짤막한 다음의 글은 이 책이 어떤 특색을 지니고 있는가를 잘 나타내고 있다고 하겠다.

일본 교육의 이해

　일본인과 유태인: 유태인과의 대비라는 독특한 관점에서 전개되는 뛰어난 일본인론, 사막 대 몬순(계절풍), 유목 대 농경, 방랑 대 정주, 일신교 대 다신교 등등 하는 식으로 흥미 진진한 대조, 일본의 역사와 현대의 세태에 관한 풍부한 학식과 깊은 통찰, 신선하고도 예리한 문제 제기와 그 전개, 절묘한 언표에 의해서 '일본' 및 '일본인'을 선명하게 묘파하였다.

　라고 해서, 이 글만 보아도 이 책 내용이 만만치 않음을 알 수 있다. 일본인은 안전과 자유와 물은 거저라고 생각하는 것 같지만 유태인은 그렇지 않다는 것이다. 유태인은 이 세 가지를 얻기 위해서는 비싼 댓가를 치르는 일조차 서슴지 않는다는 것이다. 이를테면 유태인은 먹는 비용은 줄이는 한이 있어도 몸의 안전을 위해서는 반드시 고급 호텔에 방을 잡는다고 한다. 물이 귀한 이스라엘에서는 일본인이 거저라고 물쓰듯이 쓰는 '물'은 많은 돈을 주고 사야만 하는 귀중품인 것이다. 나치스에 의한 유태인 학살의 악몽이 가시지 않는 유태인에게 있어 자유가 귀한 것임은 말할 필요도 없다.
　이 책은 독자인 일본인의 눈길과 호기심을 끄는 착상이 돋보이는 책이었다. 어떻게 보면 미국의 여

III. 인성교육

류 문화인류학자가 제2차 세계 대전 중에 써서 명저가 되었던 『국화와 칼(菊と刀)』보다도 더 많이 읽힌 책이라 하겠다. 그런 만큼 유태인이라고 소개된 저자인 이자야 벤다산에 대한 궁금증도 더할 수밖에 없었던 것이다. 벤다산은 그 후에도 한두 권 더 일본인론의 책을 썼다. 그러나 이상하게도 이자야 벤다산은 한 번도 제 모습을 세상에 드러내놓지 않고, 다만 일본에서 태어났다는 것과 지금은 외국에 나가 있다는 정도로 그 소재지조차 흐리고 있다. 그 결과 세인들은 점차 저자의 실재 여부에 대하여 의심의 눈길을 보내기 시작하였다. 마침내 도달한 결론은 이자야 벤다산은 실재 인물이 아니고 그 이름 자체도 일본어로 새겨서 읽어 보면 대단히 웃기는 이름이라는 것까지 알게 되었다. 남을 좀 우습게 보고 지저분한 정경을 연상케 하는 이름이기 때문에 여기에 그대로 옮기지는 않기로 하겠다. 아무튼 저자는 다름 아닌 야마모토 시치헤이(山本七平)일 것이라는 것이다. 이 점을 호소카와 류겐(細川隆元)은 그가 쓴 『전후 일본을 망쳐 놓은 학자·문화인(戰後日本をダメにした學者·文化人)』(1977)에서 폭로하였던 것이다. 이렇게 해서 이자야 벤다산이 다름 아닌 야마모토 시치헤이라는 것이 밝혀진 것은 『일본인과 유태인』(1971)이 나온 지 7년 후의 일이었다.

일본 교육의 이해

(2) 일본인의 자화상

일본인 자신이 쓴 일본인론 관계 서적은 그 수효가 대단히 많은데 크게 여섯 가지 유형으로 나눌 수 있다.

첫째는 자기 찬미형이다.

일본인 우수론의 고전이라고도 할 수 있는 이 책은 미야케 세쓰레이〔三宅雪嶺〕가 쓴 『진선미 일본인(眞善美日本人)』(1891)이다. 여기서는 일본인의 능력과 임무에 대해서 말하고 있는데, 학문적인 능력에 의한 아시아 연구를 개발하는 것이 '진'을 다하는 임무요, 경제의 경쟁력과 군비 확장에 의한 국제 정의를 확립하는 것이 '선'을 다하는 임무요, 일본인의 미적 특질인 '경묘(輕妙)'의 미의 발양이 '미'를 다하는 임무라고 하였다.

또 하가 야이치〔芳賀矢一〕는 『국민성 십론(國民性十論)』(1907)에서 자기 찬미적인 것 열 가지를 들었다. 그것은 ① 충군 애국 ② 조상을 숭상하고 가명을 존중함 ③ 현세적·실제적 ④ 초목을 사랑하고 자연을 즐김 ⑤ 낙천과 익살 ⑥ 담박 청초 ⑦ 섬세한 아름다움과 기교 ⑧ 청정 결백 ⑨ 예의 범절 ⑩ 온화 관서(溫和寬恕)이다.

둘째는 시시비비형이다.

이를테면 사노 마나부〔佐野學〕는 『일본 국민성의

III. 인성교육

연구(日本國民性の硏究)』(1992)에서는 장점만이 아니라 단점도 지적하고 있다. 복종·의리·비밀성·부조성(浮躁性)·몰독창성·천박 경부(淺薄輕浮)·허위·생명을 경시한다고 하였다.

셋째는 동포 멸시형이다.

그 중에서도 가와사키 이치로[川崎一郎]가 영문으로 쓴 『재패니즈 언마스크트』(1969)는 자기 민족을 너무 비하했다는 물의를 빚어 현직 아르헨티나 대사에서 파면당하였다. 그는 말하기를, 피그미족과 호텐토트족을 제외하고는 아마도 신체적인 매력이라는 점에서 가장 못한 것은 일본인일 것이라 했던 것이다.

넷째는 반골 자기 비판형이다.

이것은 세 번째 유형과는 또 다른 의미에서 비판적 입장을 취했는데, 다카하시 시키[高橋敷]가 쓴 『추악한 일본인』(1970)이 있다. 다카하시는 천문학자로서 남미 생활 8년간의 경험에 입각해서 이 책을 썼는데, 그는 일본인의 권위주의·서양 숭배·관료적 형식주의 등을 통렬히 비판하였다.

다섯째는 화사한 실천형이다.

아이다 유지[會田雄次]가 쓴 『일본인의 의식 구조』(1970) 및 『일본의 풍토와 문화』(1972)가 그것이다. 서양 중세사 전문인 저자가 일본 문화를 세계 문화 속에 위치시키면서, 전통적인 생활 방식을 재평가하고 있다. 이를테면, '체면'의 적극적인 긍정이라든가, '공사 혼합의 권장', 일본인끼리의 연대감, 공동 감각의 부활 및 '일본 로맨티시즘'을 제창하고 있다. 전통 심리를 소홀히 다루는 '진보적 문화인'에 대한 비판이 하나의 지주가 되고 있다. 그러나 체제측의 '기원절 부활론'이나 '기대되는 인간상'에도 비판적 입장을 취하고 있다.

여섯째는 수수한 내성형이다.

데즈카 도미오〔手塚富雄〕가 쓴 『말하지 않는 일본을 생각한다』(1972)는 책은, 앞서 거명한 바 있는 루스 베네딕트의 학설에 반발하여, 일본인의 내면에 있는 종교성을 다룬 것이다. 또 정신 의학의 입장에서 쓴 것으로 출간 직후부터 큰 반향을 불러일으킨 책이 도이 다케오〔土居健郞〕의 『아마에(응석)의 구조』(1971)이다. 도이는, 일본적 인정의 중심적인 감정으로서의 '아마에'를 타인으로부터 수동적으로 사랑을 받고 싶다는 감정으로 생각하여, 그것은 외국인에게서도 보이나 유독 일본에서 독특하게 발달한 것으로 간주하였다. 그러나 '아마에'에 대한 지나친 확대 해석은 일본적 성격 강조의 논점을 흐리게 만들었다는 평을 듣고 있다.

III. 인성교육

(3) 외국인이 본 일본 교육

외국인이 쓴 일본인론 관계 서적 또한 많다. 여기서는 관점을 아주 특수화해서 쓴 '외국인의 일본 교육관'에 관한 것을 소개해 보겠다.

실은 이에 대해서는 나 역시「한국에서 본 일본의 교육」이라 해서 중국, 태국, 말레이시아, 미국, 프랑스, 독일 등에서 본 일본 교육의 글과 함께 발표한 적이 있다.

내가 쓴 글의 요지만 몇 자 적어 보면 대략 다음과 같다.

크게 다섯 대목으로 나누어서, 일본의 부흥·번영과 '교육의 힘', 일본 교육의 기조(基調)에 관하여, 구제대 계통 내학교의 전제, 교내 폭력의 문제, 교육학적 제언을 하였다. 일본이 전후 폐허화한 잿더미 속에서 한국전쟁의 특수(特需) 경기 덕택이라고는 하지만, 단기간에 부흥할 수 있었고 오늘날과 같은 번영을 누리게 된 제1요인이라면 그것은 '교육의 힘' 덕택이라고 보았다. 사실 일본은 전쟁으로 모든 것이 파괴되었지만, 그러나 살아남은 사람들이 지녔던 지식과 기술 등 능력민은 그대로 있었던 것이다. 이것이 그 어려운 여건 속에서도 마침내 세계 선진국 대열에 낄 수 있게 하였다 하여 일본 교육의 역량을 좋게 평가했던 것이다.

2. 일본인의 심리

(1) 겉다르고 속다른 일본인

우리 나라 사람들이 흔히 하는 말이 일본인은 알다가도 잘 모르겠다는 것이다. 이것은 우리가 같은 한자 문화권, 유교 문화권, 불교 문화권에 있기에 일본인도 우리와 같을 것이라고 생각했는데, 실제 당하고 보면 그렇지가 않아서 하는 말일 것이다.

사실 그렇다. 일본인이 명분상 내세우는 말과 본심은 다르다. 그러기에 일본인이 자주 쓰는 말이 '다테마에〔タテマエ〕'와 '혼네〔ホンネ〕'이다. 다테마에라는 것은 명분을 뜻한다. 남이 들어서 과연 옳다, 그렇다고 번드레하게 명분을 내세우는 말이 '다테마에'이다. 그러나 속셈인 본심은 그렇지가 않다. 이 본심이 곧 '혼네'이다. 그러기에 장사하는 사람들이나 정치하는 사람들이 협상하는 경우에도 '하라게이〔腹藝〕'라는 것이 있다. '배의 예술'이란 무엇인가? 서로 상대방의 눈빛, 얼굴빛 등을 보아 가면서 고도의 계산을 컴퓨터식으로 재빨리 하는 것이다. 이러한 때에도 서로 오고 가는 말은 '다테마에'를 내세울 것이고, '혼네'인 본심은 따로 있는 셈이다. 이 두 마디 말은 어느 직장에서든, 즉 인간

III. 인성교육

관계가 있는 곳이라면 어디서든 일상적으로 행하여지고 있는 것이다. 그러기에 이에 관한 책도 버젓이 나와 있다. 인도 철학 전공인 마스하라 요시히코〔增原良彦〕가 쓴 『다테마에와 혼네』(1984)에서는 일본적 애매성에 대한 분석을 하고 있다.

'거짓말을 하는 것은 나쁜가?' 인간일 것 같으면, 아무리 절대적 기준이 강요된다고 하여도 그것을 완전히 지킬 수는 없다. 어딘가에서 파탄이 생긴다. 그래서 일본인은, 그와 같은 절대적 기준을 '다테마에'로서 내세우는 것이다. 거짓말을 하는 것은 나쁘지만, 그것은 다테마에이지, 때로는 어겨도 괜찮은 것이다. 그러나, 때로는 어겨도 괜찮다…고 하는 혼네는, 자기 자신 또는 자기 동료들을 옹호하는 경우에 말할 수 있는 것이지, 남이나 경쟁 상대에 대해서는 어디까지나 다테마에를 방패삼아 공격한다. 이런 데에, 다테마에와 혼네를 상황에 따라 구별해서 사용하는 효용이 있는 것이며, 동시에 다테마에와 혼네라는 것의 의심쩍은 면이 있는 것이다.

라고 저자는 말했던 것이다.
일본적 애매성이라고 하면 생각나는 것이, 1994년도 노벨문학상 수상자인 오에 겐자부로〔大江健三

郞]의 기념강연 제목이다. 이 제목은 다른 여덟 편의 글과 함께해서 출간한 『애매한 일본의 나』(1995)에서도 볼 수가 있다.

(2) 긴 자에게는 휘감겨라

일본인의 심리를 다룬 책 가운데서 내가 가장 재미있게 읽은 책은 미나미 히로시[南博]가 쓴 『일본인의 심리』(1953 초판, 1974: 25쇄 개정판)이다. 미나미는 1943년 미국 코넬대학교를 졸업한 사회심리학자인데, 전쟁 중 미국에 있다가 패전 후 귀국, 그로부터 수많은 저서와 함께 그의 이름이 널리 알려지게 되었다. 1981년 「요미우리 신문」에 소개된 글을 보니 정월 초하룻날에도 연구실에서 원고 쓰는 생활을 매년 해 오고 있다는 것이다. 이것으로 나는 그에 대한 수수께끼가 풀린 기분이 들었다. 이렇게 쉬지 않고 오직 연구에만 힘쓰고 원고 집필을 한다면, 책도 많이 나올 수밖에 없지 않겠는가.

그것은 그렇다 치고, 그가 보는 바 일본인의 심리에 대하여 알아보기로 하자.

그는 일본의 속담인 "긴 자에게는 휘감겨라, 굵은 자에게는 삼켜져라"는 것을 들어 일본인의 심리인 사대주의와 복종 정신을 설명하고 있는데, 이는 일본인의 자아에 관한 문제이기도 하다.

III. 인성교육

　일본인의 복종 정신은 역사적인 긴 내력이 있는 것으로서, 가까이는 메이지 정부 이래의 군대 생활에서 배양된 것으로 보고 있다. 그러기에 전후에 나온 문학 작품 가운데서도 군대 생활을 다룬 것은, 육군이건 해군이건 간에, 한결같이 상관의 강압과 구타, 이에 대한 사병들의 복종과 적응 문제가 주제로 되어 있는 것이다. 하루에도 평균 두 번씩 맞았다는 내용의 글도 있는 등 으레 매맞는 것으로 체념하게 된 군대 사회의 잔학 심리가 지적되고 있는 것이다. 이런 가운데서 싹터 온 것이 이른바 요령주의인 것이다. 이 요령을 잘 부린 자가 군대 사회에서는 좋은 사병으로 처신할 수 있었던 것이다. 그러나 힘에 대한 두려움에서 온 복종이요, 사대주의였기에 전쟁 말기에 있어서는 저항주의가 본색을 드러내기도 하였다는 것이다. 이를테면 일본의 초대형 전함이었던 '야마토〔大和〕'의 최후를 다룬 작품의 한 장면으로, 병학교출신 사관과 학병출신 사관 사이의 사생관 논쟁 역시 그 일단을 나타낸 것이라고 하겠다. 병학교출신은 "나라를 위하여, 군주를 위하여 죽는다. 그저 그래야 되지 않겠는가?"라고 한다. 그러나 학병출신 쪽은 "군국을 위하여 죽는다는 것은 알겠다. 그러나 그것이 도대체 무엇과 연결된다는 것인가?"라고 반문한다. 이렇게 해서 마침내는 주먹이 오가고, 난투극의 수라장이 되었다는 묘사인데, 이것은 군함 야마토가 오키나와로 승산없는 전투에 나가는 상황 속에서 전개된 장면을 나타낸 것이다.

미나미는 여러 사례를 든 가운데 일본인의 사대주의나 복종 정신 속에는 감추어진 자기 주장이 있다고 하였다. 그러나 이것을 너무 내세우면 본인이 큰 괴로움을 당하고 손해를 보는 까닭에 절대 자기 주장을 안 한다는 것이다. 그 본심은 이기주의라는 것이다. 일본인의 사대주의는 오늘날에 있어서도 강대국에 대해서 표면상 맞서지 않고, 반면 약자에 대하여 강압적인 태도를 취하는 데서 엿볼 수 있다고 하겠다.

(3) 일본인의 인간관계

일본인의 심리 이해에 있어서 매우 중요한 말은 '의리(義理)'이다.

의리라는 것은 인간으로서 취할 바 태도나 행동의 약속이라는 것이다. 의리는 부모와 자식, 부부, 동포, 친척, 친구, 상사, 부하 등 사이에서 여러 가지로 나타나는 인간관계이며, 이것은 옛부터 정해진 약속으로서 무조건 그대로 지켜지고 처신해야만 할 것으로 되어 있는 것이다.

Ⅲ. 인성교육

　부모와 자식 사이의 의리는, 가장인 아버지가 가족 전체 위에 군림해서 권한과 지도력을 행사하는 것이 마치 군대에서 상관이 취하는 그것과 다를 바 없다는 것이다. 이것이 일본 사회집단의 인간관계의 원형이 되어 있는 것이다. 그러기에 부모가 자녀에게 베푸는 어버이마음주의라든가 온정주의라는 것이 생기고 있는 것이다. 그러나 이것이 나쁘게 작용하면, 어버이마음주의라는 것은 손아랫사람은 어디까지나 내마음대로라는, 높은 데서 아래를 내려다보는, 얕잡아보는 심정도 내심 가지고 있다는 것이다.
　뿐만 아니라, "일본 지도자들의 어버이마음주의는 도리어, 자식에 해당되는 부하를 희생시키고도 꺼리지 않는 이상 심리를 낳고 있다"고 미나미는 말하고 있다.
　이 말을 뒷받침하는 예화로 '가미카제〔神風〕특공대'에 나오는 특공대 사령관인 다마이〔玉井〕중령이, 부하인 청년에 대해서 "부모가 자식을 생각하는, '귀여워서 죽겠다'는 식의 깊은 애정을 가지고서, 어떻게 해서든지 좋은 기회를 찾아내서, 그들을 훌륭하고 쓸모있게 해 주어야겠다고 생각하고 있었다"는 것이다. 결국 죽게 만드는 일인데, 이것이 어버이마음주의라니, 당시 청년들로서는 난처한 생각이었을 것이라는 주석이다.

일본인에게 있어 의리라는 것은 실은 사회와의 체면관계도 있는 것이라 본심과는 상반되는 일도 많았던 것이다. 그러기에 이럴 수도 저럴 수도 없는 처지의 인간관계를 다룬 문학작품이 많았고, 지금도 이 기본 심리는 그대로 현대물의 주조가 되고 있다.

일본인의 비합리주의, 정신주의, 부족주의에 공통된 무언가 석연치 않은, 이치만으로는 설명이 안 되는 애매성, 그것이 일본인의 심리인 것이다. 그 연유는 길고도 긴 것이라 하겠다.

3. 예의바른 일본인 기르기

(1) 예의교육의 원리

흔히 일본인은 대단히 상냥하고 예의바르다고 한다. 그것은 어디로부터 연유하는 것일까? 바로 '시쓰케〔躾:しつけ〕'의 결과라고 본다.

시쓰케란 무엇인가? 교양이요 예의 범절이다. '시쓰케'에 해당되는 한자는 '躾'인데 이것은 몸 신자인 '身'과 고울 미자인 '美'를 합쳐서 이루어진

III. 인성교육

일본한자이다. '몸을 아름답게 한다'는 것이니 '시쓰케'는 '검신(檢身)'이요 '예법'을 뜻하는 글자임을 알 수 있다. 사실 일본에서 '시쓰케'라는 말에 '몸을 아름답게 한다'는 躾라는 일본식 한자가 쓰여지게 된 것은 무로마치 시대(1392~1573) 이래로서, 무가 사회에서 시작되었으리라고 보고 있다. 야나기다 구니오〔柳田國男〕에 의하면, 이 일본식 한자가 사용케 되는 경우에는, 무가 사회에서의 교육을 의미한다거나 근대의 학교교육에서 볼 수 있듯이, 교육 과정을 짜서 '이렇게 하시오'라고 구체적이며 개별적으로 순서에 따라 지도한다는 것을 의미한다. '시골뜨기니까 시쓰케가 모자란다'는 표현이 사용될 때, 시쓰케는 이와 같은 시도교육을 의미하는 '躾'가 결여되어 있다는 것을 의미했다는 것이다.

그런데 오늘날 '시쓰케'라는 말은, "어린이들에게 일상생활에서의 행동양식이나 생활습관의 유형을 습득하게 하는 것, 말하자면 '예법'을 체득하게 하는 데 사용하는 것으로 한정되어 있다. 그러나 본래의 뜻은 좀더 광범위한 것이어서, 시쓰케 실, 시쓰케 봉공(가정부살이), 시쓰케 약속 등의 용어로서도 알 수 있듯이 '만들어 낸다', '교정·육성하는 것', 즉 사람의 성질을 교정해 주면서 한 사람 몫을 할 수 있는 사회인으로 키워 낸다는 뜻이었다. '시

일본 교육의 이해

쓰케루〔しつける〕'라는 것은 '가르친다'는 것과 아울러 널리 '교육 일반'을 지칭하는 말인데, '시쓰케'는 주로 서민적 감각이 느껴지는 용어로서, 각 직업 분야에서의 생활 기술을 체득시켜, 사회인으로서 입신하는 태도를 '자득하게 하는 과정'을 의미했던 것이다. 생활 기술의 체득이란, 단지 직업 기술 능력의 훈련만이 아니라 모든 사람들이 승인하는 교제·생활의 요령, 노동·교제·생활의 관점·윤리·신앙 등의 습득까지도 의미하였다. 또한 '소다테루〔そだてる:키우다, 육성하다〕'라는 용어와도 달라서, 일정한 목표를 향해서 적극적으로 어린이를 도야한다는 의식도 포함하고 있는 것같이 보고 있다.

그러면서도, '시쓰케루'는 달리 계획적으로 '오시에코무〔おしえこむ:주입식 교육〕'를 하는 것은 아니고 '남이 하는 것을 어깨 너머로 배워'(남이 하는 것을 본떠 배우는 것) 일상적 생활행동을 무의식중에 체득하게 하는 것이 그 본질이었다. 가업 등의 생활 기술의 습득을 보아도 실생활의 장에 일찍부터 참여하게 함으로써 실제 행동을 통해서 자득하게 하였다. 우선 시켜 보아 교정해 주며, 함께 일함으로써 잘못(결점)을 꾸짖는다. 이것이 근본적인 방법이며, '꾸짖는 것'은 징벌의 의미가 아니라, '가

Ⅲ. 인성교육

르치는' 수단의 하나로서, 야단맞지 않으려는 것이 어린이들의 노력목표가 된 것으로 보고 있다.

(2) 시쓰케의 내용

개인이 어렸을 때부터 자기 눈과 귀와 마음 등에 의해서 배우고 깨달아야 할 사항은 상당히 많았다. 유아의 '시쓰케'에 관여하는 것은 누구보다도 어머니였는데, 일반적으로 농가에서는 어머니가 논밭일에 바빴으므로 할머니나 할아버지의 영향이 컸다. 7, 8세 무렵까지의 어린이는 주로 조부모와 함께 지냄으로써, 일정한 관습을 습득하게 되었고, 집안일들도 어느 정도 익히게 되었으며, 노인들의 옛날 이야기라든가 민요, 말놀이, 옛부터 전해 온 말투, 세상 돌아가는 얘기 등을 통해서 생활 전승의 전통을 부지불식간에 습득하게 되었다. 그 이후는 점차 부모와 함께 일을 해 가는 가운데 가업을 익히게 되었던 것이다. 그러므로 개인의 시쓰케에 있어 개인의 성장에 따르는 모든 습관은 지극히 중요한 의의를 지니고 있었다.

지역차는 있으나 소년기(7-15세)의 어린이는 '어린이조'의 조직에 가입하여 연장자의 지도하에 단체훈련을 받는 일이 많았으며, 어린이조가 존재하지 않는 경우에도 이른바 '놀이친구'가 개인을 장래의 집단생활로 준비시키는 시쓰케의 기능을 이루고 있다는 것이다.

또한 집단생활로의 준비 훈련은, 청년기에 있어서 본격적으로 이루어졌고, 그 장(場)은 '젊은이조'나 청년단이었다. 개인은 심신 공히 대체로 한 사람 몫을 할 만한 나이가 되면 젊은이조에 가입하고, 정말 한 사람 몫을 하는 마을 사람이 되기 위한 훈련을 받았다. 성년(15-18세)으로부터 결혼해서 가장이 되는 자격을 얻기까지의 사이가 젊은이조 성원의 주체로 여겨진 것도 이 때문이었다. 특히 젊은이조 가입 당초에 조 가운데의 연상 동료로부터 엄격한 훈련을 받는 일도 많았다. 젊은이조의 성원들은 마을 교제·마을 사업·농업 그 밖의 생산 노동 등 온갖 협동 생활의 장면에서 일차 정규의 마을 사람으로서 행동하면서, 정말 한 사람 몫을 하는 마을 사람으로서의 실력과 태도를 습득하였던 것이다.

(3) 시쓰케의 방법

시쓰케는 일본인이면 남녀의 구별 없이 어려서부터 요구되어 온 교육 방법의 개념이다.

'마을의 기풍(村風)' 교육을 할 때도 우선 '보고 배우게(見習)' 하여 그 장(場)에 임해서 직접 실천하도록 하면서 결점을 교정하는 것이 일반적이었다.

III. 인성교육

교정의 방법은 직접 본인의 정의에 호소하고, 적합한 언행을 촉구하는 것이 특색으로서, 표정·제스처·질책·풍자·놀림과 욕설, 또는 이와 반대로 시인을 뜻하는 칭찬 등 짧은 어구, 여기에다 속담·수수께끼·옛날 이야기·얘깃거리 등 구승 문예가 수단으로 사용되었다. 그 가운데서도 '비웃는 것(조소)'은 본인의 노력을 촉진시키는 최상의 방법으로서, '남의 웃음거리가 되지 않는 것', '남 앞에 나서도 부끄럽지 않은 것'이 젊은이들의 목표였다.

따라서, 시쓰케는 개성을 강조한다기보다도 뭇사람들의 인정을 무엇보다도 중시하고 '남만큼 알 수 있는 것', '열 사람 수준급의 것'일 것이 요구되었다. 시쓰케의 목표는 개인에게, 집안 구성원으로서 공통된 행동양식을 자득시켜 공통된 생활의식을 체인(體認)시키고 집단생활에 적응하도록 하는 데 있었다.

시쓰케의 방법으로는 위에서 지적한 바와 같이 집단의 압력하에 개인을 두어, 집단의 행동양식에 맞도록 하는 것 이외에, 본래 개인이 소속된 혈연공동체의 지역사회와는 별개의 집난 속에 일시적으로 개인을 투입하여 거기서 수업하게 하는 일도 널리 행하여졌다. 이 경우가 보다 엄격한 시쓰케로 여겨졌다. 어린이나 직공 또는 상인의 생활 기술을 체득시키는 데 있어서 마침 부모 자신의 직업이 달라서 이 기술을 가지고 있지 않은 경우에 할 수 없이 어린이를 다른 곳에 '수업차 보내는 일'도 물론 있었다. 그러나 '귀여운 자식에게는 여행을 시켜라'라는 속담도 있듯이 '육친 간에는 단호하며 엄격한 시쓰케를 하기 어려우며, 아무래도 응석받이가 되게 하기가 쉽고 그래서는 정작 효과를 올리기가 어려운 것이니', '남의 (눈치)밥을 먹고' 고생하는 기회를 주는 편이 좋겠다는 생각이 일본에서는 예로부터 있었던 것이다. 직공이나 상인의 '도제 봉공'이라든가 예능인의 '문하생 수업', 자녀의 '식모살이(女中奉公)'라든가 '외지 돈벌이', '상류 가정 식모살이' 등 남의 밥을 먹으며 수업하는 관습의 근저에는 항상 위에 지적한 바와 같은 생각이 존재했던 것으로 보고 있다.

이렇듯 시쓰케는 남자와 여자 공히 요구되었던 것이며, 역시 여성에게 좀더 엄격하게 요구된 것도 사실이라고 하겠다. 그러기에 『여성의 시쓰케법』이라는 책도 나와 있듯이, 유독 강조되고 있음이 눈에 띈다.

이 책을 쓴 하마오 마코토〔浜尾實〕는 그 책 서문에서 말하기를, "일반적인 학교교육의 방침이 남자는 여자답게, 여자는 남자답게 키운다는 중성적인

Ⅲ. 인성교육

인간육성을 목표로 하고 있는 것같이 여겨집니다. 그래서 그런지 요즈음은 가정에서 행해지는 어린이들의 시쓰케까지도, 남자·여자의 성별을 무시한 엉거주춤한 것이 되어 버렸습니다. 남녀는 확실히 동권이지만, 그렇다고 해서 동질은 아닙니다. 여자인 경우에는 그 특성에 따라서 여자답게 키우는 것이야말로 정말 인간적인 시쓰케라고 봅니다."라고 해서, 『여성의 시쓰케법』이라는 책을 쓰게 된 동기를 밝혔다.

그는 시쓰케의 내용으로서 모두 100가지 사항을 들었고 이를 다시 크게 네 가지 제목으로 묶었다. 그 제목만 들면, (1)어린이를 '시쓰케' 하는 마음가짐, (2)아름다운 마음을 키움, (3)부드러운 마음씨를 키워 줌, (4)바른 마음씨를 키워 줌이다.

다시 한 번 시쓰케가 무엇인가를 교육방법의 측면에서 살펴볼 때 그것은 '기타에〔きたえ: 단련〕'와 관련되며 '아마에〔あまえ: 응석〕'와 대조적인 위치에 있는 개념이라고 하겠다.

조부모가 키우면 아무래도 부모가 키운 경우보다도 시쓰케가 덜하고 따라서 '기타에'가 모자란다고 생각한다. 따라서 '조부모 어린이는 서 푼 싸다'는 속담 역시 그것을 가리킨 말이다. 즉 부모의 시쓰케는 어린이의 '아마에'를 억제하는 역할을 한다는 말인데, 그러나 이러한 부모의 시쓰케만으로는 여전히 인간이 덜 단련되기에 성인이 되기 전에 '남들(타인들)' 사이에서 '기타에' 되어야 한다는 것이 일본인의 사고 방식인 것이다. 집안끼리만으로는 아무래도 단련이 모자란다는 것이다. 전전(戰前)의 일본 사회에서 '아마에'의 규제에 큰 역할을 한 것이, 어린이조 · 젊은이숙(宿) · 처녀숙(宿) · 시쓰케 봉공(식모살이) · 군대 생활 등의 체험이며, '간게이코〔寒稽古〕'니 '쇼게이코〔暑稽古〕'니 하여 추운 겨울이나 더운 여름을 택해서 하는 무술 훈련 역시 '기타에'와 '시쓰케'를 위한 구체적인 교육방법이었던 것이다. 전후(戰後) 이 시쓰케와 기타에가 약해져 가고 있는 것이 아닌가 하는 일본인 자신들의 우려의 소리도 있는 듯하나, 나는 예의바른 일본인 기르기의 관건이자 비밀이 여기에 있다고 본다.

4. 바람직한 인간상 논의

(1) 무사도와 사무라이

일본인이라고 하면, 우리는 지금도 그들이 한동안 크게 강조해 왔던 무사도 정신과 사무라이를 연

Ⅲ. 인성교육

상하게 된다. 그만큼 일본인의 이상상으로서의 '사무라이〔さむらい : 무사〕'라는 이미지는 강렬하기만 한 것이다.

사무라이를 지탱하는 정신이 다름 아닌 무사도(武士道)이다. 여기에 관련된 책 가운데서 두 권을 골라, 사무라이의 인간적 특성이 무엇인가를 살펴보기로 하겠다.

첫째로 니토베 이나조〔新渡戶稻造〕가 쓴 『무사도(武士道)』(1899)에 관해서 살펴본다.

니토베는 기독교 무교회파 지도자였던 우치무라 간조〔內村鑑三〕와 홋카이도 농학교 2회 졸업생이다. 도쿄여자대학교 초대총장, 국제연맹 사무총장도 지낸 국제통이다. 그가 쓴 『무사도』라는 책의 특색은 서양 사상, 특히 기독교 사상에 대한 깊은 조예를 배경으로 무사도의 특징이자 우수성을 설파한 데 있다. 증정 제10판 머리말에서, "나는 '효'에 관한 한 장을 넣지 못한 것을 유감으로 생각한다"고 하였는데, 그것은 일본인이 '효가 충과 아울러 중요한 것인데' 효에 대해서 몰라서가 아니라 도리어 이 덕에 관한 서양인의 감정을 몰라서라고 하였다. 그는 대외적으로는 일본인의 우수성을 알리는 글은 썼지만, 일본인 독자를 위한 글에서는 일본인의 부족함을 질타하는 내용으로 되어 있다는 것이 최근에 나온 연구 결과이다. 그는 미국 여성을 부인으로 맞이했는데, 어떻게 보면 그가 쓴 『무사도』라는 영문으로 낸 책은 평소 외국인인 자기 처에게 들려 주던 내용일런지도 모르겠다는 생각이 들게도 한다.

이 책에 담긴 주요 골자를 보면, 도덕체계로서의 무사도, 무사도의 연원, 의, 용·감위 견인(敢爲堅忍)의 정신, 인·측은의 마음, 예, 성, 명예, 충의, 무사의 교육 및 훈련, 극기, 자살 및 복수의 제도, 검·무사의 혼, 부인의 교육 및 지위, 무사도의 감화, 무사도는 아직도 살아 있겠는가, 무사도의 장래라는 17장으로 되어 있다. 이 장들의 제목만 보아도 '사무라이'의 인간적 특성이 어떤 것인가를 짐작할 수 있으리라고 본다.

둘째로 사가라 도오루〔相良亨〕가 쓴 『무사도』(1968)에 관해서 살펴본다.

이 책에서는 '사무라이'의 특성 다섯 가지를 지적하고 있어 이해하기에 편하다. 그 특성을 들면 다음과 같다.

1) 있는 그대로

무사는 어디까지나 사실에 살고 변명을 하지 않는다는 것이다. 있는 그대로를 존중하는 정신은 전국 시대에 현저하였는데 잘생기고 믿음직스러운 것을 무사의 이상으로 삼았다. 믿음직스럽다는 것은 문무 양도를 겸비한 자로서 문은 도의성과 인간적 매력을 말함이요, 무는 무략 무예로서 전투에 강하고 무략에 뛰어난 것을 말하였다. 이리하여 오로지 자기 자신을 엄격하게 연마해 가면서 있는 그대로의 자기로써 승부한다는 것이 있는 그대로를 좋다고 한 전국 시대 무장의 자세였다. 사실에 산다는 것은 모략에 넘어가지 않음을 뜻하는 것이요, 또 일본 무사 사회에서는 적까지도 사랑하라는 사고 방식은 생각지 않았으나 적까지도 공경하라는 사상은 형성되어 있었다. '자랑하지 않는 마음씨'는 무사의 본의이거니와 오만을 멀리하고 겸허로써 부앙 천지(俯仰天地)에 부끄리워하지 않는 지성에 산다는 것이 윤리의 근본이었다.

2) 이름과 창피

가마쿠라 무사(武士)는 이름을 소중히 여겼다. 그들에 있어서 이름을 추구하는 자세와 부끄러움을 아는 자세는 근본적으로 별개의 것이 아니었다.

3) 죽음의 각오

물론 무사라고 해도 생명에 대한 집착은 있는 것이다. 그러나 죽음의 각오에 항상 길들여져 있었기 때문에 무사가 한 번 들고 일어선다고 하면 그 때는 죽음이 각오되어 있어야 했다. 여기에 각오의 비장성이 있는데 가마쿠라 시대 이래로 무사가 불교에 깊은 관심을 보이고 선에 의한 수양을 쌓은 것은 이러한 연유에서였다. 이리하여 그들은 무사의 길이나 유교의 길이나 근본은 하나라고 보았다. 사욕을 떠나 사물에 집착하지 않는 것을 근본으로 삼았고, 또 '경(敬)'은 대비(對備)라고 보고, 무사도에서는 이것을 각오라고 하였던 것이다.

4) 조용한 강력성

자기를 이기는 자가 타인을 이길 수 있다는 사고방식을 승부의 대비(對備)로 보았다. 무언중에 타인을 위압하는 무사를 강력성이 있는 무사라고 불렀다. 조용한 강력성이다. 예의가 바른 것은 그가 무사로서 강력한 자라는 증거이요, 수다스러운 것을 꺼리고 과묵을 좋아하는 것은 과묵 속에 정신적 에너지의 내면적 충실 효과를 얻을 수 있는 것이요, 정신의 수렴이 이루어지기 때문이었을 것이다. 이리하여 무사의 말은 일도 양단 바로 급소를 찌르는 한 마디여야 했다. 무사가 한 번한 약속을 중시한 것 역시 무사의 모럴을 나타내는 것으로서 언행 불일치의 무사를 가장 경멸하였던 것이다.

5) 우뚝 선 독립

이는 독립정신을 강조한 것으로서, 대장부의 기상을 가르쳤고 그것은 자각을 전제로 한 도의적 인격의 소유자를 말하는 것으로서 도량 지기(度量志氣)·온적(溫籍)·풍도(風度)가 속성이었다. 무사가 홀로 산다는 정신은 메이지의 '독립의 정신'으로 나타났고, 이러한 독립의 기풍·정신의 고취자로는 후쿠자와 유키치〔福澤諭吉〕가 으뜸인데 그는 게이오 의숙(대학)〔慶應義塾大學〕의 건학정신을 '독립 자영'에 둔 것으로도 널리 알려져 있다.

지금도 일본인들은 인격적으로 뛰어난 훌륭한 사람을 칭송할 때 "고부시(옛 사무라이)와 같다"는 말을 쓴다. 마치 우리 나라에서 '선비'라는 말을 쓰듯이 말이다.

(2) 서민 철학에서 나온 심학적 인간상

그런데 일본인의 교육적 인간상을 이해하는 데 있어서 '무사도' 못지않게 중요한 의의를 가지는 것은, 서민층의 생활 철학으로부터 성립하여 마침내 무사 계급에까지 큰 영향을 끼친 일본 철학인 '심학(心學)'이라고 하겠다. 이 심학은 오늘날에 있어서도 살아 있는 사상으로서, 무사도 이상의 현대적 의의를 갖는 것으로 주목할 만하다.

일본 교육의 이해

이 심학은 약 250년 전에 이시다 바이간〔石田梅岩〕이 45세 때 교토에서 창도한 '평민을 위한 생활철학'을 말한다. 이것은 그의 체험과 사색으로부터 나온 철학이며, 처음에는 '상인도'의 가르침이었으나 그 후 발전하여 마침내 '사혼(士魂) 양성학(學)으로서의 심학'에까지 이르게 되었으니, 메이지 유신〔明治維新〕을 전후한 일본인의 철학은 '심학'이 주축을 이루었다고 감히 말할 수 있을 것이다.

그러면 이시다 바이간이 지향한 심학적 인간상의 특성은 무엇인가? 그것은 모두 여섯 가지로 요약된다.

첫째, 체험으로부터 배운다.

'바이간 심학'의 사상을 꿰뚫고 있는 하나의 굵은 줄기는, '스스로에 산다'는 것이었다. 스스로에 산다는 것은, 자기 생각만 한다거나 제멋대로 살아간다는 뜻이 아니라 자기를 살려간다, 신나고 후회 없는 하루하루를 보낸다는, 그러한 일생을 관철한다는 생각을 나타낸 말이다.

둘째, 스스로에 구한다.

그는 인간에게 공통되는 길, 사람이 사람답게 되는 길을 배우려고 하였다. 그는 누구를 스승으로 정하지 않고 여기저기 다니며 강석을 들었다. 신도·불교·유교 등 그 모든 것을 살려가면서, 그 어느

III. 인성교육

것에도 사로잡히지 않으려는 태도를 취했다. '심학'이라는 독자적인 이름으로 그의 가르침을 펴게 되는 것도 같은 태도에서 나온 것이라고 하겠다. 요는, 스스로에 살아가는 길은, 스스로에 문제를 갖고, 스스로에 구하여 고뇌와 정진 가운데 일체를 총합, 소화해 가는 데 있다. 이러한 태도는 곧 민주적 생활양식에 통하는 것이라고 하겠다.

셋째, 시류와 사고 방식

바이간은 시세라는 것에 휘둘리기 쉬운 이성, 즉 '시세는 이성'이라고 말할 수도 있는 존재방식을 역전시켜서, 이성을 일차 시세로부터 단절시키고 다시금 시세를 이끌기 위한 것이 되게 하려고 하였다.

넷째, 누구에게나의 가르침

스스로에 산다는 것이 이성적으로 산다는 것이라면, 사회의 구체적인 문제로서는 지성의 개방, 학문을 이수하는 기회를 널리 누구에게나 준다는 형태로 나타나야 할 것이다. 그러기에 바이간은 남녀 모두에게 강석을 개방했던 것이다.

다섯째, 세계 속의 자기

바이간은 나를 버린다는 것이 모든 것을 손에 넣는 길임을 어느 청년과의 문답에서 피력한 적이 있다.

"재산가가 될 생각이면, 몇십 정보의 논밭을 갖고

일본 교육의 이해

싶다거나, 몇백 정보의 산림을 가졌으면 하는 식으로 작은 재산가가 되기를 바라서는 안 된다. 작은 일본을 몇천 만으로 구획한 속의 작은 구획을 자기 것으로 삼아 봤자, 도저히 남이 부러워할 만한 재산가라고는 말할 수 없을 것이다. 될 수 있으면 일본 제일의 … 아니 그래도 적다. 세계 제일의 … 아니 그래도 아직 적다. 차라리 세계 전체를 내 손에 쥘 정도의 재산가가 되라"고 말했던 것이다. 세계 전체를 가진다는 것은 실은 아무것도 가지지 않는다는 것으로서 '나' 라는 것을 확대시킨 궁극적인 장면은 '나'를 없애 버린 장면과 같은 것이며 하나인 것이다.

여섯째, 자기 속의 세계

모든 것을 그 본성과 희망에 따라 살려가는 것이 천심이요, 천심을 몸에 지니는 수양을 이끄는 것이 심학의 가르침이다. 만물을 살려가려면, 파괴한다거나 반항하는 쪽에서 보지 말고, 생육해 가고 따뜻이 보살펴 주는 쪽에서 보는 안목을 키워 가는 것이 첫걸음인 것이다. '일이란 보기에 따르며 취하기에 따르는 것'이다. 어떠한 혼란 속에서도, 쓰레기와 먼지투성이인 흙 속에서도 싹터오르는 맑고 거룩한 싹을 키워 가고, 살릴 것은 살려서 남도 자기도 나날이 새롭게 하면서, 새로운 세계를 이룩해 가도록

Ⅲ. 인성교육

노력하라는 것이 그의 가르침이다. 자기의 사고 방식·생활 방식 속에 만물을 살려가는 것이니, 조화된 커다란 세계를 건축하기 위하여 자재를 선택해 가는 안목을 키우는 일이 중요하다고 바이간은 가르쳤다.

이상으로 심학적 인간상의 특성을 여섯 가지로 나누어 살펴보았는데, 여기서 불현듯이 생각나는 일이 있다. 1969년에 나는 하버드 연경학사 연구기금으로 일본 히로시마대학교 객원교수로 가 있었다. 그 때 동양교육사강좌의 사토 세이타〔佐藤淸太〕교수가 준 책이 그가 쓴 『심학과 사회교육』(1967)이었다. 이것은 심학이 오늘날도 살아 있음을 알게 하는 일례라 하겠다.

(3) 현대적 일본인상

기대되는 인간상이 공식적으로 논의된 것은 1965년의 일이다. 이것은 전후 사상적 혼란과 더불어 교육적 인간상이 모호해졌다고 느낀 일본 문부성이 1965년 1월 문부대신의 자문에 응하기 위하여 교육심의회 특별위원회가 기초한 『기대되는 인간상』을 발표한 것을 가리켜 하는 말이다. 이것을 계기로 하여 현대적 일본인상 논쟁이 전개되었는데, 그 후 더 이상의 공식화한 일본인상 얘기는 없다.

5. 일본인 인성교육의 특성

(1) 시원스럽게

 일본인 인성교육의 이념으로 나는 '이키〔粹〕'라는 말을 쓰고 있는데, 여기서는 지면관계도 있고 해서 모두 생략하고, 요약하여 세 마디로 표현하기로 하겠다.

 그 첫째가 '시원스럽게'이다. '하키하키토〔ハキハキと〕'라는 말이 그것이다. 일본인은 어려서부터 대답 하나만 하더라도 '하이(네)'라고 분명하게 큰 소리로 '시원스럽게' 대답하도록 교육받아 왔다. 우물쭈물하고, 대답하는 소리가 힘없고 불분명하면 가정교육에서는 몇 번이고 되풀이해서라도 '하이!(네)'라고 옳게 대답하도록 바로잡아 주는 것이다.

(2) 원기 발랄하게

 '피치피치토〔ピチピチと〕'라는 것이 '원기 발랄하게'라는 뜻을 나타내는 일본말이다. 축 늘어진 자태나 걸음걸이를 그들은 제일 싫어한다. 폭포를 거슬러 뛰어오르는 잉어의 자태를 그린 그림을 우리는 자주 보게 되는데, 이렇듯 그들은 원기 발랄한 '피치피치토'를 좋아한다. 그러기에 지금도 오월 단

오절이 되면, 남자 아이가 있는 집에서는 긴 장대에 잉어 모양의 '고이 노보리〔鯉幟〕'라는 것을 달아 바람에 시원스럽게 펄럭이게 한다. 잉어와 같이 원기 발랄하게 남자답게 자랄 것을 기원하는 풍습인 것이다.

(3) 반듯하게

이것은 일본어로는 '기친토〔キチンと〕'라고 한다. 정리 정돈을 강조하는 데서 나온 말이다. 반듯하게 해야 한다는 것이다. 사실 그들은 현관에서 신발 벗는 일 하나만 하여도 '반듯하게' 벗어 놓는다. 가정 교육에서 '시쓰케'가 제대로 되어 있으므로 남의 집에 가거나, 다른 공공장소, 학교는 물론이거니와 어느 곳에 가든지, 사람이 많건 적건 관계 없이, 신발은 으레껏 '반듯하게' 벗어 놓는다. 그것도 신발 끝이 나갈 때 신기 편하도록 앞을 향하게 벗어 놓는 것이다. 이것은 매우 작은 생활 습관 같으나 일본인의 인성교육 중 좋은 예의 하나라고 본다.

일본을 연구해 본 사람들은 누구나 느꼈겠지만, 기차 안에서 음식을 먹거나 해서 쓰레기가 생기면, 차에서 내리기 전에 정리 정돈하여 그것을 비닐 봉투에 넣어서 차칸 뒤에 있는 쓰레기통에 반드시 갖다 놓는다. 그렇기 때문에 차 안은 언제나 깨끗하

일본 교육의 이해

다. 정리 정돈을 잘하고, 물건 하나를 놓더라도 반듯하게 놓는다. '기친토'라는 것이 그들의 생활 원리의 하나가 되어 있음을 알게 하는 것이다.

　이상 나는 '일본의 인성교육'이라는 이 장에서 크게 세 가지 점을 살펴보았다. 그것은 일본인 인성교육의 이념으로서의 '이키'와 교육적 인간상으로서의 '사무라이'와 심학적 인간상, 그리고 교육 과정의 원리로서의 '시쓰케'이다. 이는 한국의 경우, 교육 이념으로서의 '멋'과 교육적 인간상으로서의 '선비', 그리고 교육 과정의 원리로서의 '참하게'와 대비될 성질의 것이라 하겠다.

Ⅲ. 인성교육

참고 문헌

1) 한기언, "日本人形成の論理新釋", 『日本學報』第5輯, 서울: 韓國日本學會, 1977, pp. 93～126
2) 한기언, "韓國日本教育哲學の比較", 『日本比較教育學會紀要』第9號, 東京: 日本比較教育學會, 1983
3) 한기언, "韓國からみた日本の教育", 『IDE - 現代の高等教育』260號, 東京: 民主教育協會, 1985, pp. 5～11
4) 上揭誌, 『外國人の日本教育觀』(特輯) pp. 5～66
5) イザヤ ベンダサン, 『日本人とユダヤ人』, 東京: 角川書店, 1971
6) 南博, 『日本人の心理』, 東京: 岩波書店, 1953, 1974
7) 相良亨, 『武士道』, 東京: 塙書房, 1968
8) 石川謙, 『心學 - 江戸の庶民哲學』, 東京: 日本經濟新聞社, 1964
9) 大江健三郎, 『あいまいな日本の私』, 東京: 岩波書店, 1995
10) 한기언, 『韓國教育哲學의 構造』, 서울: 乙酉文化社, 1977

유아교육

정금자

Ⅳ. 유아교육

1. 유아교육의 여명

일본에는, 예로부터 부모와 자식 간에 사랑하는 마음으로 자식을 기른다는 애육(愛育)의 전통이 있다. 그것들은 예컨대 부모와 함께하는 신사 참배라든가 '753의 축하'(남자 아이는 3살과 5살, 여자 아이는 3살과 7살 되는 해의 11월 15일에 고운 옷을 입혀, 그 고장 수호신에게 참배시키는 일), '셋쿠〔節句〕' 등의 여러 행사, 그리고 지방에 전해 내려오는 동요, 민요 등으로 오늘날에도 쉽게 볼 수 있다. 만요슈〔萬葉集〕에 있는 야마노에노 오쿠라〔山上憶良〕의 노래에, "금화나 은화나 보석 그 어느 것도 자식보다 귀하진 못하다"라는 가사가 있다. 이처럼 예로부터 자식이 보석〔子寶〕이라고 하는 사상이 배어 있다. 그러나 또 반면에, 경제적인 이유로 어린이를 유기하거나, 매매(賣買)하거나, 심지어 죽이는 일이 행해지는 경우도 있다. 어른 중심, 가문 중심의 사상이 다른 한편에 도사리고 있는 것이다. 어린이를 보물시하는 한편 유기하거나 죽이는 모순된 두 측면은, 가문의 대를 잇는 존재로서의 유아, 즉 전통적인 유교 사상이 그 중심을 관류한다.

근세 이후로 유아교육에 관하여 체계적이고 진보적인 관심이 나타나게 된 것은 도쿠가와〔德川〕시대 이후였다. 그것은 나카에 도주〔中江藤樹〕나 가이바라 에키켄〔貝原益軒〕의 저서 『화속동자훈(和俗童子訓)』(1710)에서 볼 수 있다. 이는 유교 사상을 배경으로 한 가정에서의 예의(禮義) 중심의 교육론으로서 충·효가풍이 그 중심이 된다.

사토 노부히로〔佐藤信淵〕의 저서 『수통비록(垂統秘錄)』(1849)에 의하면, 유아를 집단시설에서 보육해야 한다고 쓰고 있다. 이것은 그의 독자적인 보육시설을 전개한 것으로, 가난한 농민들이 영·유아를 맡긴 후에도 안심하고 일할 수 있도록 하는 공공 보육시설을 제창한 것이다. 이러한 당시의 구상은 실현에까지 이르지는 못하였으나 주목할 만한 선구적인 보육사상이다.

일본은 1868년의 메이지 유신〔明治維新〕에 의하여

IV. 유아교육

근대화로의 제일보를 내딛게 되었는데, 그 해 8월에 학제가 발포되었다. 이 학제에 교육기관으로서 유치소학(幼稚小學)이라는 명칭이 사용되었다. 그러나, 조문에 유치소학을 기술한 것뿐이었고 그 뒤에는 그것을 구체화하는 아무런 지침이 명시되지 않은 채 끝나 버리고 말았다. 그 후 기독교 선교사, 카톨릭 신부 및 수녀들이 사회복지사업에 힘을 기울여 나가는 가운데 메이지 초기에는 유치원과 유사한 여러 가지 보육시설이 생겨나게 되었다.

2. 유치원의 출현과 발전

일본에서 최초로 생긴 유치원은 1876년(메이지 9) 11월 16일 개원한 도쿄여자 사범대학(현재의 お茶の水女子大學) 부속유치원으로서, 당시 문부성이 인가·설립한 공립유치원이었다. 이 최초의 유치원을 처음 건의한 사람은 나카무라 마사나오〔中村正直〕였고, 문부성 관료 다나카 후지마로〔田中不二麿〕는 이 사업의 실행추진자였다. 당시 이 유치원에는 만 3세 이상 만 6세 이하의 유아가 입학하였으며, 연령별로 학급을 편성하였고 보육시간은 4시

간이었다. 그러나 8개월 후 유치원 규칙이 재정비되고, 교육내용도 프뢰벨의 '은물(恩物)'을 중심으로 편성되었다. 이는 약 4년간 계속되다가 1881년(메이지 14) 6월에 정식으로 보육에 관한 교육과정이 개정·편성되었다. 그 후 1898년에 유치원 교육제도 전반에 관한 건의서가 제출되어, 1899년 유치원 보육 및 설비 규정(문부성령 제14호)에 관한 법규가 제정되었고, 이후 유치원은 계속적인 발전을 하는 계기를 만들었다. 이 규정은 3~5세 유아를 보육하며, 보육시간은 하루 5시간, 보모 1인당 담당하는 유아 수는 40명 이내, 유치원 정원은 100명 이내로 하였다. 그러다가 1912년(메이지 45)경에는 사설 유치원이 생겨나고 그 수도 부쩍 늘었다. 보육의 방법도 프뢰벨의 은물 중심에서 탈피하여, 인성 및 정신 발달을 촉진한다는 의도에서, 어린이의 자발적 활동을 허용·권장하기에 이르렀다. 즉, 유아의 자발적 활동을 강조하는 이른바 새로운 형태의 몬테소리의 자유주의적인 보육방식이 행하여졌다.

1926년(다이쇼 15)에는 일본 역사상 처음으로 독립된 유치원령 및 유치원 시행규칙을 제정하였다. 이 법령은 세부적으로는 노동자 및 영세민을 위하여 아침부터 저녁까지 보육하는 간이 유치원 설치를 권장하는 규정을 두고, 3세 이하의 유아도 입학

IV. 유아교육

할 수 있도록 허용하였다. 그러나 당시 탁아소 관계자들의 충분한 동의를 얻지 못하여, 간이 유치원은 그다지 발달하지 못하였다. 한편, 서구적이고 귀족적인 분위기의 유치원은 도시에서 계속 크게 발달하였다(정금자, 1991).

이러한 초기의 발생적 움직임을 벗어나 본격적인 유치원의 근대화는 제2차 세계 대전 후 1947년(쇼와 22) 3월 교육기본법 및 학교교육법이 공포됨으로써 시작되었다. 이 때 두드러진 현상으로는 유치원의 목적이 가정교육의 보완 기능에서 학교교육의 일환으로 전향되었으며, 가르치는 사람도 보모가 아니라 교사(일본은 교유(敎諭)라고 함), 준교사(助敎諭)의 지위로 발전되었다는 점이다. 1948년(쇼와 23) 2월에 문부성은 교육과정 문서라고 볼 수 있는「보육요령」을 간행하였고, 1956년에는 유치원과 초등학교 교육이 상호 일관성이 있어야 한다는 소위 연계성이 강조된「유치원 교육요령」이 간행되었다. 그리고 1964년(쇼와 39)에는 7년 계획으로 공·사립유치원 약 3,000개소의 신설과, 인구 1만 명의 지역에는 유치원을 하나씩(표준 규모 4학급) 설치할 것을 주내용으로 하는「유치원 교육의 진흥에 관한 계획」을 내놓았다. 이는 4, 5세 유아부터 초등학교 1, 2학년까지를 같은 교육기관에서 일관되게 교육하는 이른바 유아학교(幼兒學校)의 시도로서, 정부가 유아교육을 중시하고 조기교육의 연구에 적극적인 자세를 취한 것이었다.

현재 일본에서는 「유치원 교육요령」이라는 유아교육과정 문서를 기준으로 유치원교육이 시행되고 있다. 이것은 일본 유치원 교육과정의 내용, 방법, 평가 등 편성과 운영 전반에 관한 구체적 사항들이 수록된 법적 문서이다. 일본의 유치원 교육과정은 학교교육법 시행규칙(1946년 문부성령 제11호) 제75조 및 제76조에 입각해서 존재하는데, 최근 1990년에 교육과정 요령을 대폭 개정·고시하여 1991년 이래 시행하고 있는 중이다(정금자, 1995).

3. 보육소의 출현과 발전

일본의 보육소는 미국의 유아원(day care center)이나 우리 나라의 어린이집에 해당, 또는 그에 유사한 유아교육시설이다. 보육소가 처음 시작되었을 때 그것은 공공보육소, 또는 어린이집으로 불렸다. 일본 최초의 보육소는 1870년에 아카자와 아츠도미〔赤澤鐘美〕와 그의 부인에 의한 것이었

Ⅳ. 유아교육

다(らいぶらり, 世界の幼兒敎育, 1983). 그 후 1894년에 다이니폰〔大日本〕방적회사에서 취업모의 아기를 돌보기 위한 보육소가 생겨났고, 1899년에는 미국 선교단의 도움으로 미스 덴톤(Miss Denton)이 도쿄의 빈민가에 사립 후타바〔二葉〕유치원을 열었다. 이름은 유치원이지만, 목적은 빈민 어린이를 위한 것으로, 간이유치원에 더 가까운 성격의 시설이었다(정금자, 1991). 이 기관은 현재에도 여전히 존재하고 있다.

메이지 시대에서 다이쇼 시대에 걸쳐, 민간 독지가에 의하여 보육소가 점점 속출하게 되었다. 1918년 이후에는 공립보육소가 생기기 시작하여 제2차 대전 후에는 급진적으로 그 수가 늘어나고 내용도 충실해져 갔다. 당시 보육소의 수요는 급격하게 늘었으나, 실제로는 정부의 힘이 미약하여 보육사업은 대부분 민간의 힘에 의지하는 실정이었다. 1947년(쇼와 22)에 제정된「아동복지법」에 의하여, 보육소는 비로소 법률이 정하는 아동복지시설의 하나로 인정받게 되었고 1948년 11월에는 일본보육학회까지 조직되었다. 이 학회의 제1회 대회는 11월 21일 도쿄여자 고등사범학교 부속유치원에서 개최되었으며 연구발표도 행하여졌다. 또한 후생성(厚生省)은 1950년(쇼와 25)「보육소 운영요령」을 제정하여 기본적인 운영방침을 제시하였고 1952년에는 「보육지침」이 고시·간행되었다. 그리고 보육자의 질적 향상을 꾀하는 전문지로서 1953년에는 「보육의 벗」이라는 월간지가 창간되었는데 이 잡지는 현재까지도 꾸준한 성장을 계속하고 있다.

'일본보육협회'가 1961년 사단법인으로 발족하여 이듬해인 1962년에 정부의 인가를 받았다. 이 시기는 "어린이의 방과 후, 어떻게 할 것인가?"라는 주제로, 시 당국에서 학교에 다니는 아동의 오후 생활지도를 위한 학동보육소를 설치해 줄 것을 요청하는 연구발표와 그 주장 및 운동이 적극적으로 추진되었다. 이는 뒤에 학동보육(學童保育)이 시작되는 계기가 되었다.

1965년 후생성은 「보육소 보육 지침」을 간행하였고, 이후 유아교육은 크게 성행하게 되었으며 보육에 관한 다양한 연구 및 실천 관련 문헌이 다수 출판·보급되었다.

후생성은 1967년 「보육소 긴급 5개년 계획」을 세워 보육소를 증설하였으나, 수요에 미치지 못하자 1975년에 「제2차 보육소 긴급정비 5개년 계획」을 수립하여 보육을 요하는 아동의 수요에 대응하였다. 오늘날 현재는 직장에 다니는 여성의 수가 급격히 증가하여 더 많은 보육시간의 연장, 야간보육, 시설

충족 및 운영에 관한 욕구와 과제들이 제기되고 있는 가운데 보육소는 여전히 발전·운영되고 있다.

4. 유아교육의 내용

(1) 유치원의 교육과정

일본의 학교교육법 제77조에는 유치원의 교육목적을 "유치원은 유아를 보육하고 적당한 환경을 주어, 그 심신의 발달을 조장한다."고 제시하고 있으며, 78조에는 "유치원은 전조의 목적을 실현하기 위하여, 다음 각호에 게재한 목표달성에 노력해야 한다. ① 건강하며 안전하고 행복한 생활을 위해 필요한 일상의 습관을 기르고, 신체 제기능의 조화적 발달을 도모한다. ② 원내에서 집단 생활을 경험시키고, 즐겨 이에 참가하는 태도와 협동·자주 및 자율의 정신을 싹트게 한다. ③ 신변의 사회 생활 및 사상에 대한 바른 이해와 태도를 싹트게 한다. ④ 언어 사용을 바르게 인도하고, 동화·그림책 등에 대한 흥미를 기른다. ⑤ 음악, 유희, 그림과 기타 방법에 의하여 창의적 표현에 대한 흥미를 기른다."라고 되어 있다. 또한 일본의 유치원 교육과정은 그 목표 및 내용을 건강, 인간관계, 표현, 언어, 환경 등 5개 영역으로 제시하고 있다.

유치원 교육과정의 목표에서, 유치원은 유아기가 평생에 걸친 인간 형성의 기초를 함양하는 시기인 점에 입각하여, 유치원교육의 기본에 기초를 두고 전개되는 유치원 생활을 통하여, 유치원교육의 목표달성에 힘쓰지 않으면 안 된다고 규정하고 있다. 또한 이 5개 영역의 구체적인 목표와 그 실천내용의 골격을 좀더 구체적으로 들고 있는데, 이것들을 정리하면 다음과 같다. 먼저, 건강 영역은 ① 건강하며 안전하고 행복한 생활을 위한 기본적인 생활 습관 태도를 길러서 건전한 심신의 기초를 배양하도록 하며 ② 남에 대한 애정이나 신뢰감을 기르고 자립과 협동의 태도 및 도덕성의 싹을 배양하도록 하고 ③ 자연과 신변 사물에 대한 흥미와 관심을 길러서, 그것들에 대한 풍부한 감성과 사고력의 싹을 배양하도록 하며 ④ 일상 생활 가운데 언어에 대한 흥미와 관심을 길러서, 즐겨 이야기하거나 듣거나 하는 태도와 언어에 대한 감각을 기르도록 하고 ⑤ 다양한 체험을 통하여 풍부한 감성을 길러, 창조성을 풍부하게 하도록 한다는 것을 기본 성격으로 제시하고 있는 것이다. 이 다섯 가지 목표는 다시 활동 영역을 구성하고 있으며, 그것의 세부적인 구체적

Ⅳ. 유아교육

인 목표는 다음과 같다. 즉 건강 영역의 구체적인 목표는 ① 밝고 자유롭게 행동하여 충실감을 맛보게 하고 ② 자기 몸을 충분히 움직이고 스스로 운동하게 하며 ③ 건강하고 안전한 생활에 필요한 습관과 태도를 체득하게 한다 라고 상세화하고 있다.

건강 영역의 지도 내용으로는 ① 선생님이나 친구들과 접촉하여 안정감을 가지고 행동하며 ② 여러 가지 놀이를 하는 가운데 충분히 몸을 움직일 수 있는 능력을 기르고 ③ 스스로 집 밖으로 나가서 놀며 ④ 형형색색의 활동을 즐기고 즐겁게 어울리게 하고 ⑤ 건강한 생활의 '리듬'을 몸에 붙이며 ⑥ 몸 주위를 청결히게 하고 옷 입기, 옷 벗기, 식사, 배설 등 생활에 필요한 활동을 자기 스스로 하게 하고 ⑦ 유치원에서의 생활 방식을 알고 자기들 스스로 생활의 장소를 정리하며 ⑧ 자기 자신의 건강에 관심을 갖고, 병의 예방 등에 필요한 활동을 스스로 행하고 ⑨ 위험한 장소, 위험한 놀이 방법, 재해 시의 행동 방법 등을 알고 안전에 조심하여 행동할 수 있게 하는 것들을 제시하고 있다.

인간관계 영역에서는 모두 사람과 사람 간의 원만한 인간관계를 유지하면서 일상 생활을 안정되고 의미있게 영위할 수 있는 토대를 함양하려는 데 중심 의도를 두고 있다.

일본 교육의 이해

인간관계 영역의 목표는 ① 유치원 생활을 즐기고 자기 힘으로 행동하는 것에 충실감을 느끼게 하며 ② 스스로 나서서 친근한 사람들과 상종하고, 애정과 신뢰감을 가지며 ③ 사회 생활에 있어서의 바람직한 일상 생활 습관과 태도를 체득하게 하는 것 등을 제시하고 있다.

이 인간관계 영역의 내용으로는 ① 즐거운 마음으로 기꺼이 등원하고 선생님이나 친구들과 다정하게 지내며 ② 자기 스스로 생각하고 행동하며 ③ 자기 스스로 할 수 있는 것은 자기 스스로 하며 ④ 친구와 적극적으로 어울리고 기쁨과 슬픔을 서로 공감하게 하고 ⑤ 자기가 생각한 것을 상대에게 전하고 상대가 생각하고 있는 것을 깨닫게 하며 ⑥ 친구와 함께 놀이나 일을 진행시키는 즐거움을 알고 ⑦ 친구들과 어울리며 말해서는 안 될 것이나, 해서는 안 될 것이 있다는 것을 깨닫게 하며 ⑧ 친구들과 즐겁게 생활하는 가운데 규칙의 소중함을 깨닫고 ⑨ 공동의 놀이 기구나 도구를 소중히 하고 다른 어린이와 함께 쓰며 ⑩ 자기 자신의 생활에 관계가 깊은 여러 사람들과 친근하게 지내도록 하는 것 등으로서, 기본적으로 도덕성과 일상 생활 습관 교육이 강조되고 있다.

언어 영역은 유아교육에서 의미가 매우 큰데, 이

IV. 유아교육

영역에서는 언어 기능 그 자체의 교육과, 언어를 통한 여타의 교육, 즉 생활 및 타영역의 교육, 그리고 언어를 통한 인지발달까지를 의도하고 있다. 언어 영역의 목표는 ① 자신의 마음을 말(언어)로 표현하여, 서로 의사를 전달하고 기쁨을 맛보게 하고 ② 남의 말이나 이야기를 잘 듣고, 자기가 경험한 일과 생각했던 것을 이야기하게 하며 ③ 일상 생활에 필요한 말을 알 수 있게 하고, 동시에 그림책이나 이야기 따위에 친근해지고, 상상력을 풍부하게 하는 것 등을 다루고 있다.

언어 영역의 내용에서는 ① 선생님과 친구들의 말이나 이야기에 흥미와 관심을 가지고 친근감을 갖고 듣거나 이야기하며 ② 한 일, 본 일, 들은 일, 느낀 것 등을 자기 나름대로의 말로 표현하게 하고 ③ 하고 싶은 것, 해 주었으면 하는 것을 말로 표현하거나, 모르는 것을 물어 보거나 할 수 있게 하며 ④ 남의 이야기를 주의하여 듣고, 상대가 알아듣도록 이야기하게 하고 ⑤ 생활 속에서 필요한 말을 알고 쓰며 ⑥ 친근감을 가지고 일상의 인사를 하며 ⑦ 생활 속에서 말의 즐거움이나 아름다움을 깨닫게 하고 ⑧ 여러 가지 체험을 통하여 이미지나 자신의 말을 좀더 풍부하게 하며 ⑨ 그림책과 옛날 이야기 따위에 친근감을 갖고, 흥미를 가지고 듣고 상상하는

일본 교육의 이해

즐거움을 맛보게 하며 ⑩ 일상 생활에 필요한 간단한 표지와 문자 따위에 관심을 갖게 한다는 것 등으로 편성하고 있다.

환경 영역에서는 자연이나 사회의 사상(事象) 등 가까운 주변의 환경에 적극적으로 관계하는 힘을 길러서 적용하는 태도를 기르는 것을 기본 성격으로 한다. 이 영역의 구체적인 목표로는 ① 신변 가까운 환경에 친숙하게 하고 자연과 접촉하는 가운데, 여러 가지 사상에 흥미나 관심을 가지게 하며 ② 가까운 환경에 자기 스스로 접촉하고, 그것을 생활에 관련지으며 소중히 하게 하며 ③ 신변의 사상을 보고 생각하고 다루는 가운데, 사물의 성질이나 수량 등에 대한 감각을 풍부하게 한다는 것 등을 들고 있다.

환경 영역의 내용으로는 ① 자연과 접촉하여 생활하면서 그 크기, 아름다움, 이상함 등을 깨닫게 하고 ② 계절에 따라 자연과 인간의 생활에 변화가 있다는 것을 알게 하며 ③ 주변의 자연 사상에 관심을 가지고 수용하여 놀이하게 하고 ④ 주변의 동식물에 친밀감을 가지고 접하여, 돌보아 주고 소중히 하게 하며 ⑤ 주변의 물건을 소중히 하고 ⑥ 물건을 사용하여 생각하고, 시험하고 하는 등의 놀이를 하게 하며 ⑦ 놀이 도구나 용구의 생김새에 관하여 관

Ⅳ. 유아교육

심을 가지게 하며 ⑧ 일상 생활 중에서 수량이나 도형에 흥미와 관심을 가지게 하며 ⑨ 생활과 관계가 깊은 정보나 시설 등에 관심을 가지게 하고 ⑩ 유치원 안팎으로 여러 행사를 할 때 국기에 대하여 친근감을 가지게 하는 것 등을 제시하고 있다.

표현 영역에서는 감수성, 표현의 의도, 창의성을 기르는 것과 의도하는 것을 기본 성격으로 정하고 있다. 이 영역의 목표는 ① 여러 가지 물건의 아름다움을 접하여 풍부한 감성을 갖게 하고 ② 느낀 것이나 생각한 것을 여러 가지 방법으로 표현하게 하며 ③ 생활에서의 이미지를 풍부하게 하고, 여러 가지 표현을 즐기도록 하는 것을 들고 있다.

표현 영역의 내용에는 ① 생활 속에서 여러 가지 소리, 색, 모양, 느낌이나 움직임 따위를 깨닫고 즐기게 하며 ② 생활에서 아름다운 것이나 감동적인 사건 등에 접하여 그 이미지를 풍부하게 하고 ③ 여러 가지 사건에서, 감동한 것을 서로가 전하고 듣는 즐거움을 맛보게 하며 ④ 느낀 것, 생각한 것 따위를 소리나 행동으로 표현하고 자유롭게 쓰고 만들게 하며 ⑤ 여러 가지 소재에 접근하고 궁리하며 놀게 하고 ⑥ 음악에 친근케 하여 노래를 부르거나 간단한 리듬 악기를 사용하여 즐거움을 맛보게 하며 ⑦ 쓰거나 만들기를 즐겨 놀이에 이용하거나 장식하거나 하게 하고 ⑧ 자기가 표현하고자 하는 이미지를 행동이나 말 따위로 나타내고, 연극 놀이를 하여 즐거움을 맛보게 하는 것 등으로 구성하고 있다.

(2) 보육소의 교육과정

1947년 제정된 아동복지법 제1조에 의하면, "모든 국민은, 아동의 심신 모두가 건강하게 태어나고 육성되도록 노력하여야 한다. 모든 아동은 똑같이 그 생활을 보장받고, 애호받아야 한다."라고 하여, 아동복지를 보장하기 위한 기본적 권리를 규정하고 있다. 동법 제2조에는 "국가 및 지방공공단체는 아동의 보호자와 더불어, 심신이 모두 건강하도록 아동을 육성할 책임을 진다."라고 하여, 보호자뿐만 아니라 국가와 지방공공단체도 건강한 아동을 육성해야 한다는 책임을 규정하고 있다. 이는 아동복지를 보장하기 위한 원리이며, 이 원리는 아동에 관한 모든 법령을 시행할 때 항상 존중되고 반드시 유념해야만 할 기본 사항으로 규정하고 있다. 이러한 원리에 근거한 보육소는 보호자가 노동에 종사하거나, 또는 질병에 걸린 탓으로 가정에서 충분하게 보육하기 어려운 아동, 즉 보육 여건이 결여된 아동에 대하여 보호자를 대신하여 일반 가정과 같은 보육을 실천하도록 하는 것을 목적으로 하는 아동보호

IV. 유아교육

및 교육시설이다. 따라서, 보육소는 학교나 유치원처럼 보호자를 대신하여 아동을 보육하는 것을 목적으로 하는 것이며, 당연히 여기에 입소한 아동의 심신을 건전하게 발달시켜야 할 역할을 다할 것을 규정하고 있다.

보육소 프로그램은 기본적으로 목표와 내용으로 구성되어 있다. 목표는 보육에 관한 것을 보다 구체적으로 정한 것으로서, 이것은 유아가 보육소에서 안정된 생활과 충실한 활동이 가능하도록 하기 위해서, 보모가 행하지 않으면 안 되는 사항과 유아의 자발적, 주체적인 활동이 가능하도록 보모가 원조함으로써 심정, 의욕, 태도 등을 어린이의 몸에 익히게 하는 것으로 정하고 있다. 내용은 이러한 목표를 달성하기 위하여, 유아의 상황에 따라 보모가 적절히 취하여야 할 기초적인 사항과 보모가 도와야 할 사항들을 유아의 발달 측면에서 제시하고 있다. 이 내용 가운데는, 유아가 보육소에서 안정된 생활을 하도록 하기 위하여 필요한 기초적인 사항, 즉 생명의 보호와 유지 그리고 정서에 관계되는 사항들을 각각 규정하고 있다. 이 중에서 특히 3세 이상의 각 연령의 내용에서는, 이것들을 기초적인 사항으로서 규정하고 있다. 이러한 내용들은 유아의 발달 측면에서, 심신의 건강에 관한 영역인 '건강',

사람과의 관계인 '인간관계', 주변 환경과의 관계에 관한 영역인 '환경', 언어 획득에 관한 영역인 '언어', 감성과 표현에 관한 영역인 '표현' 등의 5개 영역에 걸쳐 제시하고 있다. 그러나, 이 5개 영역은 3세 미만아에 대하여는 그 발달의 특성으로 보아 각각의 영역을 명확하게 구분짓는 것이 곤란하므로 각 영역을 고려하면서 기초적 사항과 상호 관련되도록 유의하여 전개할 것을 규정하고 있다. 또한 보육은 구체적으로 유아의 활동을 통하여 전개되어야 하므로, 그 활동은 하나의 영역으로 구분할 것이 아니라, 영역 간에 상호 관련을 가지게 하면서 통합적으로 전개하도록 의도하고 있다. 보육 내용에서는 연령의 구분에 대하여 6개월 미만아, 6개월에서 1세 3개월 미만아, 1세 3개월에서 2세 미만아로 구분하고 있고, 2세에서 6세까지는 각각 1년마다 설정하도록 규정하고 있다.

5. 교사교육

(1) 유치원교사 양성기관

유치원교사 양성기관으로는 「교육교원면허법」의

Ⅳ. 유아교육

규정에 의하여 인정된 대학과 단기대학(2년제) 및 문부대신이 지정한 지정 유치원교사 양성기관이 있다. 유치원 면허는 1급 및 2급으로 유치원교사 면허를 취득할 수 있게 하고 있다. 이러한 면허를 취득한 사람은 유치원교사로 취업을 하게 되는데, 이들은 대부분 단기대학 및 지정 교사양성기관 출신으로서, 교사의 약 95%를 차지하고 있고, 4년제 대학은 아주 적은 수에 지나지 않는 실정이다.

유치원교사 양성기관의 교육과정은 「교육직원면허법」에 의하여, 유치원교사 면허취득에 필요한 수업과목과 이수단위를 이수하도록 정하고 있다. 또한 동 「교육직원면허법」에서는 현직 교육에 의하여 상급면허를 취득하는 방법으로서, 대학에 입학하여 단위를 취득하는 방식, 대학의 청강생이나, 공개강좌를 이수하는 방식, 교사양성과정 인정대학의 통신교육에 의한 방식, 대학 또는 도도부현(都道府縣) 교육위원회 및 지사가 실시하는 면허인정 강좌방식, 문부대신이 대학에 위촉하여 행하는 단위이수 시험에 의한 방식 등 여러 방식으로 상급면허를 취득할 수 있도록 규정하고 있다. 유치원의 경우는 사실상 2급 보통면허 소유자가 압도적으로 많기 때문에, 상급면허를 취득하기 위한 현직 교육의 방식이 상당히 많이 활용되고 있다. 이러한 상급면허를 취

일본 교육의 이해

득하기 위한 현직 교육 외에도 유치원교사의 자질이나 지도기술을 향상시키기 위한 각종 강습회나 연수회가 활발하게 운영·이용되고 있다. 그 가운데 교육행정기관이 주관하는, 유치원 원장이나 교사를 대상으로 행하는 현직 교육으로는, 문부성 주최로 매년 실시하는 유치원교육 지도자강좌, 유치원 실기강습회, 교직원대상 중앙연수강좌, 유치원 교육과정 도도부현 연구회 및 유치원교육 연구발표회 등이 대표적이다. 이 밖에도 각 도도부현 교육위원회가 독자적으로 계획하여 실시하는 각종 연구집회나 강습회도 많다. 민간 연수에는 일본보육학회를 비롯하여 일본사립유치원협회 등 각종 보육단체가 개최하는 연구발표회, 강습회, 동아리 활동 등이 활발히 이루어지고 있으며, 이것들은 모두 유치원교사의 자질 향상에 크게 공헌하고 있다.

(2) 보모의 양성

「아동복지법시행령」 제13조에 의하면, 보모(保母)는 아동복지시설에서 아동 보육에 종사하는 여자로 규정되어 있고, 후생대신(우리 나라의 보건 복지부 장관)의 지정을 받아 보모를 양성하는 학교와, 그와 동등한 기타 시설(보모 양성소)을 졸업하도록 규정하고 있다. 또, 도도부현 지사가 실시하는 보모자

Ⅳ. 유아교육

격시험에 합격하는 등, 일정한 자격을 취득하도록 규정하고 있다. 아동복지법시행령 부칙 제22조에 의하면, 1977년 3월부터 아동복지시설에서 아동의 보육에 종사하는 남자에게도 보모와 같은 방법으로 보모에 준하는 자격을 부여할 수 있게 규정하고 있다. 도도부현 지사가 행하는 보모자격시험은 매년 1회 이상 실시되는데, 복지·심리·보건·실기 등 8과목의 시험에 모두 합격해야 보모자격이 부여된다. 보육소 보모의 출산, 사고, 신병 등으로 인하여, 장기간에 걸친 휴가를 필요로 할 경우에 대비하여, 해당 보육소 아동의 보육이 소홀하거나 결여되지 않도록 산휴 대체 보모를 두는 제도가 이미 1962년부터 실시되고 있다.

6. 유아교육의 행·재정

(1) 유치원교육의 행·재정

유치원은 국가 수준에서는 문부성, 도도부현의 수준에서는 공립의 경우 교육위원회, 사립은 지사에 의해 주관·운영되고 있다. 또한 시정촌(市町村)의 수준에서는 공립유치원의 경우 교육위원회가 행·재정을 관장·수행하고 있다. 공립유치원에 대해서는, 교육위원회에서 교육위원회 규칙이 정하는 바에 의하여 산하 유치원을 감독한다. 사립유치원에 대해서는 특별히 법령이 정하는 바에 따라 사립학교의 자립성을 중시하는 것을 원칙으로 하되, "사립학교가 관계 법규를 위반할 때, 동 법규에 입각한 관할 기관의 명령에 위반될 때, 6개월 이상 수업을 진행하지 않았을 때 등에는 폐쇄를 명한다."는 지사의 권한을 규정하고 있다.

유치원을 설치할 수 있는 자는 국가, 도도부현, 시정촌과 더불어 학교법인, 종교법인, 개인으로 정하고 있다. 사립유치원을 설치할 수 있는 자는「학교법인」이어야 한다는 것을 원칙으로 하고, 유치원의 설치와 폐지의 인가에 대하여 공립은 도도부현 교육위원회, 사립은 지사가 행하게 하고 있다. 지사가 사립유치원의 설치와 폐지를 인가하는 데에는「사립학교법」에 의거하여, 사립학교심의회의 의견을 수렴하도록 하고 있다. 문부성은 유치원을 설치하는 데 필요한 최저의 기준을「유치원설치기준」으로 정하고 있다. 유치원을 설치하고자 하는 사람이나 기관은 관계 기준에 의거하여 시설·설비나 편제를 갖추고, 동 기준의 정신에 충실하도록 노력하며, 교육수준의 향상을 도모하도록 촉구하고 있다.

Ⅳ. 유아교육

유치원설치기준에 의하면, 학급당 유아의 정원 규모는 40명 이하를 원칙으로 하고, 학급의 편제는 같은 연령의 유아를 원칙으로 한다고 정하고 있다.

다음으로 건물, 즉 원사(園舍)는 단층 건물을 원칙으로 하되, 대도시로 토지 구입이 곤란하다든지 특별한 사정이 있어서 원사를 2층 이상으로 할 경우는, 원사가 불에 강한 구조라야 하며 비상 계단 등을 설치하여야 하고, 보육실·유희실·화장실이 2층에 있어야 하며 유아가 유치원에서 생활하는 데 지장이 있다든지 해서는 안 되도록 규정하고 있다. 그러나, 그러한 설비가 없는 기존 건물에서는 모든 교실을 1층에 두도록 정하고 있다. 이것은 화재가 발생하였을 경우 아동의 안전에 대비하기 위한 규정이다.

유치원은 원장, 원감(일본은 교두(敎頭)라고 함), 교사(敎諭)를 두도록 하고 있다. 단 유치원의 규모가 1학급으로 그 규모가 소규모일 경우라든지 그 밖의 특별한 사정이 있을 때에는 원감을 두지 않아도 되도록 정하고 있다. 교사에 대해서는 각 학급마다 적어도 1명의 전임교사를 두어야 한다. 단 벽지에 소재한다든지 하는 특별한 이유로 교사를 두지 못할 부득이한 사정이 있는 경우에는, 학급 수의 1/3의 범위 내에서 준교사 또는 강사로 대치할 수 있게 하고 있다. 또한, 유치원에는 유아의 양호를 담당하는 양호교사 또는 양호 준교사, 사무직원을 가능한 한 두도록 하고 있다. 그리고 원장의 경우 전임이 아니고 초등학교 등 겸직인 경우에는 한 사람의 여분의 교사, 준교사, 강사를 두는 것을 원칙으로 하고 있다(유치원설치기준 제5, 6조).

교사는 교육면허법에 의해 정해진 유치원교사 1급, 또는 2급 보통면허를 취득한 사람으로 정하고 있다. 원장은 교사 1급 면허(이것은 반드시 유치원교사 면허에 한정되지 않음)를 가지고, 5년 이상 교직(유치원직에 한정되지 않음)에 종사한 사람을 임명할 수 있게 하고 있다. 사립유치원의 원장에 대해서는 다음 사항의 경우 예외가 인정되고 있다. 즉, 학교교육법 시행규칙 제9조에 의하면, "사립학교의 설치자는 …… 특별한 사정이 있을 때, 5년 이상 교육에 관한 직 또는 교육, 학술에 관한 업무에 종사하여, 교육에 관한 높은 식견을 가진 사람을 교장으로서 채용할 수 있다."고 규정하고 있다. 그러나 이 규정은 어디까지나 특별한 경우의 예외적인 것이며, 기본적으로 원장이 되려는 사람은 교육 전문가인 교사로서 교육에 관한 감독과 지도가 가능하여야 하며 교육에 관한 식견을 갖춘 자이어야 한다고 정하고 있다.

Ⅳ. 유아교육

원감은 원장을 도와 원무를 담당하고, 필요에 따라서는 교사와 같이 직접 유아의 교육을 담당한다. 원감이 되려는 사람은 유치원 1급 보통면허를 가지고 5년 이상 교육직에 근무하여야 한다.

교사에 대해서는, 교육기본법 제6조에서 교사는 "전체의 봉사자이어야 하며, 자기의 사명을 자각하고, 그 직책을 수행하는 데 노력하여야 한다."고 규정하고 있다.

그러나 사립유치원의 교사에 대해서는 법률이 정한 특별한 규정이 없다. 사립이 가지는 자주성과 공영성의 원리 그리고 교육기본법에 입각해서 볼 때, 사립유치원의 설치자는 교사가 연수를 충실하게 하도록 지도하여야 한다.

학교교육법 제5조에는 유치원의 운영과 비용에 관하여 언급하고 있다. 즉 "학교 설치자는 설치한 학교를 관리하며, 법령에 특별히 정한 경우를 제외하고는 학교의 경비를 부담한다."는 원칙을 규정하였다. 따라서, 국립유치원의 경비는 국가가, 시정촌립유치원의 경비는 시정촌이, 사립유치원의 경비는 학교법인 등 그 설치자가 각각 부담하는 것으로 되어 있다. 그러나, 유치원은 유아의 교육을 위탁한 보호자로부터 필요한 수업료를 징수할 수 있다고 규정하고 있고, 그래서 많은 공·사립유치원에서는 학부모로부터 상당한 수업료를 받아 필요 경비에 충당하고 있다.

교육 일수와 교육 시수에 대해서 유치원은 '학년제'를 취하고 있다. 대부분의 유아는 2년간 유치원에 다닌다. 1학년은 4월 1일부터 다음해 3월 31일로 되어 있다. 따라서 유치원 입학은 매년 4월이며, 다음 3월에, 각 학년의 과정 수료 또는 졸업을 하게 된다. 학년 도중에 새롭게 입학하는 것은 인정되지 않는다. 학교교육법 시행규칙에 의하면, 수업 일수는 특별한 사정이 없는 한 연 39주로 하여야 한다고 되어 있다. 또한 유치원에 들어온 유아는 자기 자신의 건강과 안전을 스스로 지키기가 사실상 어려우므로, 유치원에서는 다른 초·중등학교보다 보건과 안전을 위해 충분한 배려를 하여야 한다.

(2) 보육소의 행·재정

아동복지법 제45조는 아동복지시설의 최저 기준을 후생성령으로 규정하고 있다. 이것은 아동복지시설이 일정한 기준을 유지하도록 하여, 입소 아동의 복지를 확실하게 보장하기 위한 것이다.

보육소는, 설치 시 및 그 후에 있어서도 항상 아동복지시설 최저 기준령이 정하는 설비와 운영의 기준에 합당하지 않으면 안 된다고 후생성령 제32

Ⅳ. 유아교육

조에서 제36조까지에 걸쳐 구체적으로 규정하고 있다. 아동복지법 제49조 2항에서 제56조 3항에 걸쳐 보육소의 설치·운영과 재원은 공비 부담 및 보조 등의 규정에 의해 적용된다고 하고 있다. 그 내용은, 보육소 건물 등의 설비에 필요한 정비비(整備費)와 보육소를 운영하는 데 필요한 조치비(措置費) 등의 두 가지 경비로 대별된다. 정비비는, 시정촌이 설치한 보육소에 대해서는 국가가 1/2, 도도부현이 1/4(아동복지법 제52조, 제54조)을 부담하고, 사회복지법인 등에 대해서는 법인 등이 1/4, 국가가 1/2, 도도부현이 1/4의 비용을 부담하는 경비를 말한다. 또한 소치비는, 시정촌이 아동을 보육소에 입소 조치한 경우에 그 보육을 행하기 위하니 최저 기쥰의 유지를 요하는 비용에 대해서, 보호자로부터 징수한 액을 공제한 잔여 금액에 대해 국가가 1/2, 도도부현이 1/4, 시정촌이 1/4의 비율로 각각 부담한다(아동복지법 제50조, 제51조, 제53조, 제55조).

보육소는 보육 여건이 결여된 아동을 입소시키기 위한 아동복지시설이다. 이는 어떤 가정의 아동이든지 무조건 입소 조치할 수 있는 시설이 이니라는 것이다. 시정촌은 정령(政令)과 조례(條例)에서 정하는 기준에 따라 보육 여건이 결여되어 있다고 판단되는 아동에 대해 보육소에 입소시키고, 보육할 필요 조치를 채택하는 것이다(아동복지법 제24조). 이를 위하여 시정촌은 항상 관하 전반의 세대에 대하여 보육이 결핍된 아동의 상황을 파악하고, 그 정도가 높은 아동부터 순차적으로 입소시켜야 하는데, 입소의 순서는 공평하고 적절한 방법을 선택하여야 한다. 보육소에 여유가 있는 경우에는, 입소 조치 아동 이외에 이른바 사적(私的)인 절차를 밟은 사적 계약아도 입소를 할 수가 있다. 그러나, 현실적으로 보육소의 입소 조치는 대개 보호자의 신청에 의해 이루어지고 있는 것이 일반적이다.

보육소의 설치 및 인가(認可)는 아동복지법 제35조에 의하여, 시정촌이 사전에 도도부현 지사에게 신청서를 제출하고, 그 외의 사람에 대해서는 도도부현 지사의 인가를 얻어 보육소 등의 아동복지시설을 설치할 수 있도록 규정하고 있다. 또한 아동복지법 제56조 2항에 의하면 보육소를 신설할 경우에는 원칙적으로 사회복지법인에 한한다. 아동복지법 시행규칙 제37조는, 시정촌이 보육소를 설치할 때에는 도도부현 지사에게 새롭게 필요한 사항을 제출해야 한다고 규정하고 있다. 보육소의 인가 등은 각 도도부현 및 각 지정 도시가 행정지도를 해야 한다는 통지(通知) 사항이 있다. 이러한 통지에는 보육소 설치 인가 방침이 제시되어 있는데, 항목으로

Ⅳ. 유아교육

서 보육소 설치의 위치, 정원, 요(要)조치아동의 수, 직원, 설치 및 경영의 주체 등이 규정되어 있다. 실제로 보육소가 인가되기 위해서는 이러한 통지의 각 요건들이 충족되어야 한다.

보육관계 행정조직 및 업무는 다음과 같다. 보육소에 관계되는 행정은 국가·도도부현·시정촌 등이 각각 분담하여 실시하고 있다. 이들 공공단체는, 아동복지행정 가운데 보육소에 관계되는 행정에 대하여 기획·입안, 보조금 등의 예산 편성과 집행, 지도 감독 등의 업무를 담당하고 있다. 또한, 보육소는 일반 시정촌에 설치되어 있는 아동복지시설로시, 복지 사무와 아동위원 등의 면에서 관계되는 여타의 실질적인 업무 담당기관과 직접 관계가 있는 경우도 많다. 즉, 국가에서는 복지행정을 담당하고 있고, 보육소에 관계되는 행정은 모자(母子)복지과가 중심이 되어 담당하고 있다. 역시 아동보호 조치비예산의 책정 및 집행과 동시에 감사지도에 관한 것 등은 기획과가 분담하고, 아동복지시설의 위생관리, 급식 등에 관한 것은 모자위생과가 분담하고 있다.

도도부현에서는 민생부, 후생부, 민생노동부, 생활복지부 등을 민생관리부국 안에 있는 아동가정과, 부인아동과, 모자복지과, 청소년부인과 등의 아동복지 주관부가 모든 관련 행정을 담당한다.

시정촌에서는 후생과, 민생과, 보육과, 복지과 등의 아동복지에 관한 행정의 일환으로서 보육소에 관한 행정을 담당하고 있다. 대도시 가운데는 민생부의 주관부가 그 상부조직으로서 되어 있는 곳이라든가, 보육소에 관한 행정을 주관하는 보육과 등을 담당하고 있는 곳도 있는데, 여기에서 대체로 보육소의 설치, 운영, 아동의 입소 조치 업무 등을 담당하고 있다. 이 업무 가운데 복지사무소가 있는 시정촌에서는, 입소 조치의 권한을 복지사무소에 위임하는 경우도 많다.

7. 요약

일본은 1868년의 메이지 유신에 의하여 근대화로의 제일보를 내딛게 되었으며, 그 해 8월에 교육기관으로 유치소학(幼稚小學)이라는 명칭이 사용되었다. 그 후 기독교 선교사, 카톨릭 신부 및 수녀들이 사회복지사업에 힘을 기울여 나가는 가운데 메이지 초기에는 유치원과 유사한 여러 가지 보육시설이 생겨나게 되었다.

IV. 유아교육

현재 유아교육기관으로는 유치원과 보육소가 있다. 유치원은 문부성에서, 보육소는 후생성에서 주관·운영되는 이원화 체계이다. 최초로 생긴 유치원은 1876년 11월 16일 개원한 도쿄여자 사범대학 부속유치원으로 문부성이 인가·설립한 공립유치원이다. 그 당시의 교육내용은 프뢰벨의 은물을 중심으로 편성되었으나 점차 유아의 자발적 활동을 강조하는 새로운 형태의 몬테소리의 자유주의적인 보육방식이 행하여지게 되었다. 또한 최초의 보육소는 1870년에 출현하였으며, 1894년에 다이니폰 방적회사에서 취업모의 아기를 돌보기 위한 보육소가 생겨났다. 메이지에서 다이쇼 시대에 걸쳐, 민간 독지가에 의한 보육소가 출현하였다. 1918년 이후에는 공립보육소가 생기기 시작하였으며 제2차 대전 후에 급진적으로 그 수가 늘어나고 내용도 충실해져 갔다. 1947년에 제정된 아동복지법에 의하여 보육소는 법률이 정하는 아동복지시설의 하나로 인정을 받게 되었다. 유치원은 학교교육법 제77조와 78조에 유치원의 교육목적과 교육목표가 제시되어 있으며, 보육소는 아동복지법에 의하여 아동복지를 보장하기 위한 기본적 권리를 규정하고 있다. 교육과정은 유치원과 보육소 모두 건강, 인간관계, 표현, 언어, 환경 등 5개 영역을 제시하고 있다.

일본 교육의 이해

　유치원교사 양성기관으로는 교육교원면허법의 규정에 의하여 인정된 대학과 단기대학 및 문부대신이 지정한 지정 유치원교사 양성기관이 있다. 유치원교사 면허는 1급과 2급으로 구분되어 있다. 그리고 보모의 양성은 후생대신의 지정을 받아 보모를 양성하는 학교나, 그와 동등한 기타 시설을 졸업하도록 규정하고 있다.

　유치원은 국가 수준에서는 문부성, 도도부현의 수준에서는 공립의 경우 교육위원회, 사립은 지사에 의해 주관·운영되고 있다. 또한 시정촌의 수준에서는 공립유치원의 경우 교육위원회가 행·재정을 관장·수행하고 있으며, 사립유치원에 대해서는 특별히 법령이 정하는 바에 따라 사립학교의 자립성을 중시하는 것을 원칙으로 하고 있다. 보육소는 아동복지법에 의거하여 운영되며 후생성령으로 기준을 규정하고 있다.

　일본의 유아교육기관은 유치원과 보육소로 양분되어 있는데 하루빨리 일원화되어 보다 더 체계적으로 운영되고 관리되어야 하는 것이 시급한 과제라고 하겠다.

IV. 유아교육

참고 문헌

1) 정금자, 1991, 일본 유아교육의 역사적 발전과정, 『전환기의 한국교육』, 독지각
2) ＿＿, 1995, 한일 유치원 교육과정 비교연구(상), 한국일본학회, 일본학보 제34집
3) ＿＿, 1995, 한일 유치원 교육과정 비교연구(중), 한국일본학회, 일본학보 제35집
4) 伊藤和衛, 1979, 敎育課程の目標管理, 東京：明治圖書
5) 岩崎次男, 1979, 近代幼兒敎育史, 東京：明治圖書
6) 紫田義松・伊勝忠彦, 1983, 戰後敎育課程の硏究, (岡津守彦, 敎育課程事典, 東京；小學館)
7) 岡田正章・川野邊敏, 1983, 世界の幼兒敎育 2 日本, 日本らいぶらり
8) 森上史朗, 1984, 兒童中心主義の保育, 東京：敎育出版
9) 戶健夫, 1988, 日本の幼兒保育(上)(下), 東京：青木書店
10) 田中未來, 1989, 新幼稚園敎育要領の內容と解說, 東京：明治圖書
11) 田中未來, 1989, 幼稚園敎育はどう變わるのか, 東京：明治圖書

12) 日本幼年教育研究會, 1989, 新幼稚園教育要領の內容と解說, 東京：明治圖書
13) 長尾彰夫, 1989, 新カリキユラム論, 東京：有斐閣雙書
14) 文部省, 1989, 幼稚園教育指導書, 東京：凸版印刷株式會社
15) 田中未來・久保いと, 1989, 現代保育の基礎理論と展開, 東京：川島書店
16) 松井公南, 1990, 新幼稚園教育要領とピアジェ理論, 東京：明治圖書
17) 莊司雅子, 1990, 幼兒教育思想, 東京：玉川大學出版部
18) 奧井智久, 1991, 環境, 東京：三晃書房
19) 花篤實, 山田直行, 岡一夫, 1991, 表現：繪畵製作・造形, 東京：三晃書房
20) 文部省, 1991, 幼稚園要領, 東京：フレベル館
21) 福島縣敎育委員會, 1991, 幼稚園敎育指導資料：敎育課程編成の手引, 福島縣：大盛堂印刷所
22) 福島縣敎育委員會, 1991, 指導計劃作成のために, 福島縣：大盛堂印刷所
23) 西久保禮造, 1991, 幼稚園の敎育課程, 東京：ぎょうせい
24) 千羽喜代子, 1993, 乳幼兒保育學, 東京：福村出版

Ⅳ. 유아교육

25) 日本兒童福祉協會, 1993, 保育所手引, 厚生省兒童家庭局母子福祉課監修, 東京
26) 西頭三雄兒・久世妙子, 1994, 東京：福村出版
27) 田中未來, 1994, 保育研究の視點と方法, 東京：川島書店

가정교육

황순희

V. 가정교육

가정 · 학교 · 사회

일본의 대학에서 학생들을 가르치고 연구 생활을 하면서 나는 가끔 일본인들의 일상적인 생활 태도에 내심 놀랄 때가 많다. 예를 들면, 일본 사람들이 사회의 규칙을 잘 지키는 것, 또는 그들이 하나의 집단 속에서 다른 사람들과 조화를 이루면서 개인과 집단의 상호성을 중시하는 것을 주위에서 접하는 경우이다. 이러한 일본 사람들의 행위는 단순히 그들이 성인이 되어서 형성된 것이 아니며, 그들의 어린 시절 아동기 때부터 가정 속에서 사회화를 통하여 형성된 것이라는 생각이 든다. 그렇다면, 일본인들의 가정교육은 어떠한 것이 중점적으로 행해지는가? 일본인들은 가정 속에서 자녀들이

일본 교육의 이해

주로 어떠한 행동 특성을 획득하면서 성장하여 사회 생활을 하도록 가르치는가?

일본인들이 일상 생활에서 사회의 규칙을 지키는 것에 관하여 비근한 예를 들어 보도록 하겠다. 내가 거주하고 있는 쓰쿠바시〔筑波市〕는 쓰쿠바 연구학원 도시라고도 한다. 원래는 농업 인구가 중심을 이루는 행정 구역인 촌(村)을 통합하여 시(市)를 설립하고, 대학과 각종 연구소를 유치하였다. 그래서 거주 지역에 있어서 농업 종사자가 거주하는 지역과, 대학 혹은 연구소에 근무하는 사람들이 거주하는 아파트 단지, 주택가가 어느 정도 분리되어 있다.

사회의 규범을 지키는 것에 관한 비근한 예는 공무원들이 거주하는 아파트 단지에서 관찰된 일이다. 가정의 쓰레기를 처리하는 문제에 있어서 사람들이 쓰레기를 버리면 시에서 이것을 회수해 가는데, 쓰레기를 분리해서 버리고 회수해 간다고 하는 규칙이 있다. 쓰레기 중에서도 타는 쓰레기는 매주 월요일, 수요일, 금요일에, 타지 않는 쓰레기는 매주 화요일에 버리도록 되어 있다. 그리고 재활용이 가능한 쓰레기는 둘째 넷째 목요일에 버리는데, 이것도 빈 병과 빈 깡통, 헌 신문지, 헌 옷을 따로 분리해서 버린다. 빈 병과 빈 깡통은 각각 지정된 비닐에 담아서 버리며 헌 신문지와 헌 옷 등은 각각

V. 가정교육

끈으로 묶어서 버리게 된다. 이러한 쓰레기도 지정된 날 오전 6시 정도부터 8시까지 지정된 시간에 버리도록 한다.

이 곳 사람들은 이러한 규칙을 너무도 당연하고 철저하게 지키고 있다. 또한 쓰레기를 회수해 간 다음에는 그 날의 당번인 사람이 쓰레기 채집장을 깨끗하게 청소해 놓는다. 결국 쓰레기 채집장은 쓰레기를 버리지 않는 날과 다름없이 깨끗한 상태를 유지하게 된다. 이러한 일은 아파트 단지뿐 아니라, 주택가나 농업 종사자가 거주하는 지역에서도 볼 수 있는 일이다. 비록 정도의 차이는 있다고 할지라도, 일본 어느 지역에서나 쉽게 볼 수 있는 일이라고 여겨진다.

가정교육은, 가족이 소속된 사회 속에서 가족구성원이 원만한 사회 생활을 누릴 수 있도록 사회적인 존재로 만들어 가는 총체적인 작업이다. 어린이는 가족과의 상호 작용을 통해 신체상의 발달뿐 아니라, 사회적인 역할을 획득하며, 사회적인 존재로서 자신이 누구인가 라고 하는 사회적인 아이덴티티를 획득하며 퍼스낼리티를 형성해 간다. 이렇게 사회적·집단적 생활 속에서 사회적 존재로서, 사회의 문화를 내면화하여 신체에 획득해 가는 과정을 사회화(socialization)라고 한다. 에밀 듀르게임

일본 교육의 이해

(Emile Durkheim)은 그의 저서 『교육과 사회학』에서 다음과 같이 말하고 있다. 즉, "교육은 아직 사회생활면에 있어서 성숙하지 않은 세대에 대하여 성인 세대가 행하는 작용이다. 교육은 전체로서의 정치 사회, 또는 어린이에게 예정되어 있는 특수한 환경이 어린이에 대하여 요구하고 있는 육체적, 지적 및 도덕적 상태를 어린이에게 형성·발달시키는 것을 목적으로 한다." 더 간결하게 말하면 "교육은 젊은 세대에 대한 일종의 사회화이다."

가정교육에서 부모는 자녀에게 그들이 사회 생활을 하는 데 요구되는 가치관, 사고 방식, 행동 양식의 총체로서의 문화를 습득시키는 사회화의 에이전트(대행자) 역할을 한다. 이러한 사회화는 가정의 일상 생활을 통하여 부모가 자녀에게 의도적·의식적으로 가르치며 주입시키는 경우가 많다. 그러나 또한 가정 생활에 있어서의 사회화 과정은 무의도적·무의식적으로 자녀의 신체에 주입되는 경우도 있다. 그래서 결과적으로 자녀들은 사회 생활 속에서 그들이 처한 상황에 스스로가 의식하지 않고서도 그들의 신체에 획득된 행동 양식에 따라 자연스럽게 행함으로써 적절하게 대처하게 되는 것이다.

피에르 브르듀(Pierre Bourdiea)는 개인이 사회화의 과정을 통하여 신체에 획득하고 무의식적으로

V. 가정교육

실천하는 습관적 행동 양식을 하비투스(habitus)라고 칭하였다. 하비투스는 개개인 행위자의 실천과 심적인 표상의 생성 원리로서, 그들이 직면한 상황에 적절하게 대처해 가는 심리적, 신체적인 대처양식의 총체이다. 이것은 개인의 과거의 경험이 축적되고 통합되며 재형성된 것으로, 현재 상황에 무의식적으로 작용할 뿐 아니라, 미래에 일어날 일을 인지, 평가, 사고하며, 그러한 상황에서의 행동을 규제해 가는 데에 기본이 된다. 개인은 그들의 가족 속에서 사회화를 통하여 특정한 스타일의 하비투스를 획득하고, 나아가서 그들의 하비투스를 가지고 사회의 다른 구성원들과 상호 작용을 하며 사회 생활을 이루어 간다.

그러나, 가정에서의 사회화는 반드시 부모가 자녀에게 일방적으로 시키는 것은 아니다. 부모 역시 자녀와 상호 작용을 하면서 그 속에서 행위를 새롭게 해석하고 의미를 부여하면서 변화해 간다. 즉, 부모는 자녀를 사회화시켜 가는 동시에 피드백에 의해서 자기 자신도 사회화되어 가는 것이다. 이렇게 부모와 자녀 간의 공시적(共時的, synchronique) 사회화를 통하여, 그들은 각자의 하비투스 스타일을 보강, 강화해 가거나 변용해 간다.

특정한 사회에 있어서 가정교육의 내용, 즉 사회

일본 교육의 이해

화의 내용과 사회화의 방식을 시대별로 고찰하는 것은 의미있는 작업이라고 생각된다. 왜냐 하면 가족 집단은 사회를 구성하는 기본적인 단위이기 때문에, 가족의 사회화의 내용과 그 방식은 가족이 처한 사회 그 자체의 구조와 문화의 양식에 의해서 규정되기 때문이다. 한 사회의 역사적인 맥락 속에서 가정교육의 내용과 의미가 부여되는 동시에 이것에 의해서 사회의 구조와 문화는 영향받기 때문이다. 그러므로, 가족에게 사회화의 내용과 방식은 사회의 변동과 불가분의 관계에 놓여 있는 것이다. 따라서 가정교육은 사회 전체의 정치·경제·문화의 움직임과 깊이 관련되며, 학교교육·사회교육과 함께 연루되어 전체 사회의 변동에 따라 그 행방이 변화되어 간다.

이렇게 가정·학교·사회를 총체적으로 보는 관점에서 가정교육을 고찰해 보는데, 우선 제1장에서는, 일본 가정교육의 역사적 변천을 살펴보고자 한다. 그런 후에 제2장에서는 오늘날의 일본 가정교육의 특성을 국제적으로 비교함으로써 명백히 하고자 한다. 그리고, 제3장에서는 학력 사회로 불리는 일본의 사회 속에서, 교육 문제와 문화적 활동을 중심으로, 문화적 재생산의 장소로서의 가정의 교육력을 확인하고자 한다.

V. 가정교육

　이상 일본 가정교육에 관한 분석을 통하여, 독자들이 일본의 가정교육에 관한 지식을 넓혀 가고, 나아가서 한국 가정교육의 독자성과 공통성을 비교하는 데 도움이 되기를 바란다.

제1장 가정교육의 역사적 변천

일본인들은 아동이나 청년들의 사회적 행위를 가정교육 측면에서 판단할 때에 시쓰케〔しつけ,躾〕라는 용어를 자주 사용한다. 일본인들은 아동이나 청년들이 예의 범절을 지키지 않거나, 사회의 규칙을 지키지 않을 때, 가정에서 아동이나 청년에 대한 시쓰케가 잘 되지 못했다고 판단한다. 시쓰케라는 용어는 민속학적으로 보면, 볏모를 논에 심어 잘 자라도록 하는 것을 말한다. 이것이 변용되어, 시쓰케는 어린이의 성질을 교정하고 고쳐서 독립된 사회인으로 만들어 가는 것을 의미하게 되었다. 사회화의 에이전트로서 부모가 자녀들의 사회 생활을 위해 훈육하는 시쓰케 행위는, 그들이 살아가는 시대의 시쓰케 사상에 의존하여 구체적으로 이루어지고 있으며, 또한 그들의 행위는 시대의 시쓰케 사상에 의해서 정당화된다.

이러한 시대의 시쓰케 사상은, 해당 사회의 구성원들이 생각하고 있는 아동관, 발달관 등의 사회의식에 기초하여, 어린이를 사회 체제에 적응시키기 위해서 자생적으로 형성된 측면이 있다. 뿐만 아니라, 시쓰케 사상은 위정자들이 사회 구성원들을 지배하기 위한 권력 지배의 장치로서 민중 교화의 목적에서 형성된 측면이 있다.

그러면, 다음으로 일본의 근대화 이전의 전통적인 시쓰케 사상이 무엇인지를 살펴보도록 하겠다. 그리고 이것과 비교하여 일본 현대의 시쓰케 사상을 살펴보도록 하겠다.

제1절 일본의 전통적 시쓰케 사상

일본의 근대화를 메이지〔明治〕시대로 설정한다면, 여기에서 말하는 일본의 전통적 시쓰케 사상은 메이지 시대 이전까지의 사상을 논의하게 된다. 일본의 전통적인 시쓰케 사상은 크게 자발성의 원리와 훈육성의 원리라고 하는 두 가지 원리가 구체적인 형태로 제도화되어 있다. 일본의 교육

V. 가정교육

사회학자인 시바노 쇼잔〔柴野昌山〕은 일본의 전통적인 시쓰케가 어린이를 폭력적으로 취급하거나 위협하거나 해서 주입시키고 가르치는 것이 아니라, 어린이를 자연스럽게 받아들이고 수용함과 동시에, 세파 속에서 다른 사람들과 살아갈 수 있도록 엄격하게 가르친다는, 모순적인 방향을 집합적으로 통합하는 메카니즘의 작용으로써 이해될 수 있다고 하였다.

먼저, 자발성의 원리에서 본다면, 일본의 전통적 시쓰케 사상의 특징은 어린이를 자연의 질서에 따라서 가르친다고 하는 것이다. 바꿔 말하면, 어린이가 자연의 원리에 따라 성장 발전하고, 적절한 연령이 되어 자발적으로 학습하게 될 때에 가르친다는 것이다. 따라서 그들은 어린이를 '자연의 자녀', '신(神)의 자녀'로 여기며, 자연의 법칙 속에 인간 성장의 기본을 생각하고 있는 것이다. 여기에서 일본인들이 '신(神)의 자녀'라고 말할 때의 신은 특정한 종교에서 숭상되는 존재가 아니라, 만물에 깃든 정령과도 같은 의미로서 사용한다. 어린이의 양육이 식물의 재배에 자주 비유되는 연유가 여기에 있다.

어린이는 7세가 될 때까지 그들의 연령에 맞는 적절한 놀이를 즐기면서 자유롭고 구김살없이 양육된다. 그러나, 그 이상의 연령이 되면 어린이에게 엄격한 시쓰케가 부여된다. 이것은 일본인들의 전통적인 아동관이 성선설을 기반으로 하고 있기 때문에, 어린이를 채찍이나 벌로 다스리지 않고 자연의 질서에 따르게 한다는 것이다. 또한 전통적인 아동관은 환경 우위설을 강조하게 되는데, 이것은 어린이가 처한 환경에 의해서 좋은 습관 혹은 나쁜 습관을 형성하게 된다는 것이다. 따라서, 부모는 어린이에게 적절한 시쓰케를 행하여 올바른 습관을 형성하도록 해야 한다는 것이다.

둘째로, 전통적인 시쓰케 사상에서의 훈육성의 원리를 보면, 어린이가 특정한 예의 범절의 시쓰케를 습득할 때에 그것의 가타〔型〕, 즉 올바른 형태를 주입시키는 것을 중요시한다. 시쓰케에 있어서 올바른 형태를 어린이의 신체에 주입시킴으로써, 그것에 따르는 마음가짐이나 정신까지도 주입된다는 것이다. 예를 들어 어린이가 어른을 대할 때에 바른 인사법을 몸에 지니게 함으로써, 어른을 공경하는 마음 자세까지도 저절로 표현되도록 한다는 것이다. 또한 이러한 방법은 단순히 올바른 인사법이라고 하는 외면적인 형태의 습득이 아니라, 그것을 습득하는 과정에 있어서 어린이가 자기 자신을 수양한다는 데에 중요성이 강조된다.

V. 가정교육

 이러한 자발성의 원리와 훈육성의 원리에 기초한 일본의 전통적 시쓰케 사상은, 어린이를 전통적 사회에서 사회화시켜 독립적인 인간으로 성장하게 한다. 구체적으로는 어린이가 속한 촌락 공동체에 적절한 사회인이 되는 것이며, 그 결과 촌락 공동체는 존속·유지된다. 따라서 전통적인 시쓰케 사상을 어린이에게 부여하는 방식이 지역공동체 안에서 제도화되어 있다. 여기에는 시쓰케 교육이 어린이 개인에게 부여되는 경우와 어린이들의 집단 속에서 행해지는 경우가 있다.

 먼저 어린이 개인에게 시쓰케가 부여되는 경우를 살펴보도록 하자. 어린이는 8세가 되면 자신의 가정에서 가사일을 돕고, 심부름을 하며, 가업의 견습을 시작하게 된다. 뿐만 아니라, 어린이는 지역공동체 내의 다른 가정 속에서 시쓰케를 받기도 한다. 지역사회 내의 부모들 사이에 '시쓰케야쿠소쿠〔しつけ約束〕'를 하여, 다른 집의 어린이를 맡아 시쓰케를 하여 독립된 생활을 할 수 있도록 하게 하거나, 또는 '시쓰케 봉공〔しつけ奉公〕'이라고 하여 다른 집의 어린이를 양자 형식을 취하여 고용하면서 시쓰케를 시키는 것이다. 이 때 여자 어린이는 주로 다른 사람의 집에서 아이 보기, 화롯불 지피기 등 가사일을 하면서 시쓰케를 받게 된다. 또한 남자 어린이는 직

일본 교육의 이해

인이나 상인이 되고자 하는 경우, 각각의 직업에 적합한 다른 사람의 집에서 봉사를 하며 시쓰케를 받아 직업인으로서의 기술과 정신을 연마하게 된다.

다음으로, 어린이가 집단 속에서 시쓰케를 받게 되는 경우를 살펴보도록 하자. 어린이가 자신의 가정이나 다른 사람의 가정 속에서 성인에 의해 시쓰케를 받아 사회화해 가는 데는 한계가 있다고 하겠다. 이것을 보완하는 것으로서, 어린이의 또래 집단을 들 수 있다. 어린이는 자신의 연령과 비슷한 동아리에 참가하여 그 속에서 상호 작용을 하면서 사회인으로 성장해 간다. 이것을 '동아리의 시쓰케'라고 한다. 일본의 각 지역공동체에는 이러한 동아리의 시쓰케를 제도화한 것이 존재하였다. 즉, 어린이도 지역공동체 내의 '고도모구미〔子供組〕'에 가입하게 된다. 그리고 성인식을 거행한 후, 그들은 남자 어린이는 15세, 여자 어린이는 13세에 고도모구미를 탈퇴하여 각각 와카모노구미〔若者組〕, 무스메구미〔娘組〕에 가입하게 된다. 이러한 집단 속에서 그들은 서로 배우며, 지역사회 공동의 일을 행하면서 문화를 체득하고 결혼 상대를 선택하여 사회적으로 완전한 성인이 되어 간다.

이렇게 집단 속에서 시쓰케를 해 가는 데 있어서 주목할 만한 점은, 어린이에게 어떠한 방법으로 시

V. 가정교육

쓰케를 행하는가 하는 것이다. 그것은 어린이가 자신의 생각과 행동으로 인하여 집단의 다른 사람들로부터 비웃음과 놀림을 받지 않도록 하게 하는 방법이다. 어린이는 집단 내의 구성원으로부터 조소를 받음으로써 수치심을 느끼게 되고, 동아리로부터 소외당할지 모른다는 공포심을 느끼게 된다. 그러므로, 어린이는 집단의 구성원들로부터 인정받을 수 있는 사회적인 행위로 자신을 변화시켜 간다. 이러한 '비웃음의 교육'은 어린이에게 집단의 문화를 신체화하게 할 뿐 아니라, 집단의 공동체 의식을 체득하여 조직의 구성원으로서의 아이덴티티를 확립하도록 촉진시킨다. 이러한 시쓰케의 방법을 통하여 어린이는 지역공동체의 사회 구조와 문화를 계승·유지해 가는 선량한 사회인으로 성장해 간다.

이상으로 일본의 전통적인 시쓰케 사상의 원리, 시쓰케의 양식과 그 방법에 관하여 살펴보았다. 이러한 특징을 가진 전통적인 시쓰케 사상이 출현하고 개개인의 사회화 과정에 침투·정당화될 수 있었던 사회적인 배경에는, 당시 사회의 구조적 특징이 존재하였다. 가부장적 가족 제도, 전통주의적 사회 의식, 권위주의적인 사회화 통제 양식은 전통적인 시쓰케 이데올로기를 탄생시켰고, 이러한 이데올로기는 구체적으로 개개인의 사회화 작업을 통하여, 결과적으로 사회의 구조적 특성을 재생산하였다고 볼 수 있겠다.

제2절 일본의 현대 시쓰케 사상

현대 일본의 가정교육에 관하여 일본의 연구자들은 '시쓰케 상실의 시대' 또는 '시쓰케 부재의 시대'라고 말하는 경우가 많다.

과거 전통주의 사회 속에서는 사회화의 에이전트로서의 부모, 조부모가 사회의 당연화된 가치 규범을 시쓰케를 통하여 어린이에게 주입시켰다. 그러나 현대는 사회적 행위를 선택할 수 있는 가치관이 다양화되어 있는 가운데, 부모는 어린이에게 어떠한 가치 체계를 선택하여 어떻게 시쓰케를 해야 할지 몰라 불안해하고 있다는 것이다.

시바노〔柴野〕는 현대 시쓰케 사상의 특징으로, 시쓰케의 특정한 형태, 즉 가타〔型〕의 상실을 들고 있다. 과거의 전통적인 시쓰케의 패턴은, 어린이에게 엄격한 훈련을 통하여 이유와 논리의 설명이 필요 없는 특정의 정통한 형태를 그들에게 주입시켰다. 그러나 현대에는 부모가 특정한 가치관을 선택하여

V. 가정교육

가르치려고 하면, 어린이에게 그 가치관의 정당성 뿐만 아니라 그것을 주입시키려고 하는 이유와 논리를 설명하고 설득해야 한다는 것이다.

이렇게 시쓰케에 있어서 가타의 상실을 초래하는 사회적인 배경에는, 현대의 핵가족 제도, 어린이의 발달 단계에 따른 사회화 통제의 발달주의적 아동관, 시쓰케 이데올로기의 다양화 등이 존재하고 있다. 제2차 세계 대전 이후, 일본의 가부장제 가족제도가 폐지되고, 부부를 중심으로 한 가족제도가 성립되었다. 그 이후 가정에 있어서 어린이의 시쓰케는 주로 어머니에 의해서 이루어져 왔다. 또한 핵가족 세대의 증가 속에서 어머니는 어린이에 대한 시쓰케 행위의 준거집단(reference group)을 긴밀한 관계를 갖는 친구, 남편, 교사 등 동시대의 사람들에게 의존하며, 육아 지침서, 육아 잡지, 라디오·텔레비전 등 육아에 관한 지식·정보 매체에 의존하게 되었다. 그러나 이러한 지식·정보의 집대성으로서 시쓰케 이데올로기는 다양한 가치관, 학설에 기반을 두고 있다. 따라서 어머니가 어린이에게 시쓰케를 행할 때, 어머니 자신의 시쓰케 행위의 기준을 설정하기가 어렵고, 시쓰케 행위의 일관성을 유지하기가 어렵게 된다.

실제 현대 일본의 가정교육에 있어서 어린이의

일본 교육의 이해

시쓰케가 차지하는 비중이 감소되는 문제, 어린이의 시쓰케를 가정에서부터 학교로 전가하여 학교가 담당해 주기를 기대하는 문제, 자녀가 부모에게 폭력을 휘두르는 가정 내 폭력의 문제 등 심각한 문제들이 잔재해 있다. 이러한 가정교육의 문제를 핵가족 제도, 시쓰케 이데올로기의 다양성, 시쓰케 패턴의 상실 등의 요인만으로 해석할 수 없으며, 그 이외의 사회 구조적인 요인을 찾아야 할 것이다.

이러한 일본의 가정교육 문제를 발생시키는 구조적 요인으로 일본 사회의 '학력주의'를 들 수 있겠다. 일본의 교육체제는 메이지 시대인 1872년 학교제도를 설립한 이후 현재에 이르기까지, 일본의 근대화 수립 및 경제 대국으로 발전해 가기 위한 국가 정책 속에서, 가족체제와 밀접하게 관련을 맺고, 가정에 있어서 사회화를 통한 어린이의 가치관 및 사고 방식의 형성에 커다란 영향을 미쳤다.

일본의 교육사회학자인 야마무라 겐메이〔山村賢明〕는 학교제도를 부국 강병(富國强兵), 식산 흥업(殖産興業)이라는 국가적 목표를 실현하기 위한 중요한 수단으로서 천황의 이름으로 제정하였다고 하였다. 그리고, 문부성은 1877년 공적인 학교교육과 동일한 내용의 교육을 가정에서도 행하도록 하는 규정을 제정하였다.

V. 가정교육

또한, 가정과 학교와의 관계는 가정이 학교의 목표를 달성하기 위하여 봉사해야만 하는 관계였었다. 뿐만 아니라, 가정 쪽에서도 학교에 대하여 자발적으로 봉사를 하였다. 왜냐 하면, 어린이는 사회적 계층의 하층에 속한다고 할지라도 학교교육을 받고 학력을 획득하여 사회에 나왔을 때 사회적 계층의 상승 이동을 할 수 있기 때문이다. 가정 쪽에서 보면, 학교는 실제로 개인의 입신 출세의 수단이었던 것이다.

국가는 1886년 제국대학을 설립하였고, 1887년 관료임용제도를 창설한 후, 제국대학 졸업자에게는 고급 관료의 임용 시험을 면제해 주었다. 제국대학 졸업이라는 학력은 임용 후의 승진과 승급에 커다란 영향을 미쳤다. 또한 제국대학 이외의 대학과 고등교육기관도 각각에 적절한 특권이 부여되었다. 이것으로 국가 관료의 임용제도와 학교제도가 직접적으로 연결되었다.

뿐만 아니라, 관료나 전문직 세계 이외의 민간 기업도 학력을 중요시하며, 특정한 학력 소지자에게 관리직으로의 승진과 승급의 특권을 부여하였다. 따라서 학력은 개인의 사회적인 지위와 위신을 평가하는 지표가 되었던 것이다.

아마노 이쿠오〔天野郁夫〕는 『학력의 사회사』, 『일

일본 교육의 이해

본의 교육 시스템』의 저서를 통하여, 입학 시험에서의 '시험 지옥'은 이미 1900년대부터 시작되었다고 하였다. 또한 1920년대에 들어서면서, 학력은 개인의 사회적 지위와 위신의 지표로 확립되었다고 하였다. 이러한 학력주의의 구조 속에서 입시 경쟁은 제2차 세계 대전 이후에도 계속하여 과열되어 현재에 이르고 있다.

이러한 가운데, 부모는 가정에서 어린이의 장래에 사회적인 상승 이동을 기대하며 학교교육에 대한 강한 동기를 가지고 어린이를 교육하였다. 어린이들 또한 부모의 기대와 자신의 장래를 위해서 열심히 공부하였다. 즉 바꿔 말하면, 가정에서 부모는 어린이에게 사회화를 통하여 목표를 향해 근면하게 노력하는 가치관과 자세를 형성하게 하였다.

그러나 1990년대 오늘날에 있어서 근면과 노력은 어린이가 체득해야 할 가치관과 자세로 더 이상 높이 평가되지 않으며, 부모와 어린이는 가치관의 혼란을 가져오게 되었다. 왜냐 하면, 일본에서 근면과 노력의 보상으로 획득한 고학력의 자격이, 더 이상 개인의 사회적 상승 이동에 특권적인 효과를 가져오지 못하게 되었기 때문이다. 여기에는 대학·단기대학을 포함한 고등교육 진학률이 1994년 43.3%로, 대학 졸업의 학력이 과거와 달리 평균 이상의

V. 가정교육

특별한 사회적인 지위, 위신, 권력을 부여해 주지 않는다는 것이다. 더구나 대학·단기대학 진학자에, 고등전문학교 4년제, 전수학교 전문과정 진학자를 포함하면, 고등교육으로의 진학률이 1994년 62.4%에 달하여, 18세 인구의 6할 이상이 고등교육을 받게 되는 것이다. 이러한 현실 속에서 고등교육 수료의 학력은 사회적 상승 이동의 티켓이 되지 못하고, 결국 가정 속에서 부모가 자녀에게 주입시키려는 근면과 노력의 가치관은 어린이에게 특별한 의미가 없게 되었다. 부모 또한 자신들에게는 당연했던 이러한 가치관에 의문을 갖게 되었다. 가족의 가치관의 혼란은 시쓰케의 혼란을 초래하며, 가정교육의 문제를 일으키는 첫째 요인이 되었다.

둘째로, 입시 경쟁의 과열화 속에서 일본의 대부분의 부모와 어린이는 그들이 기꺼이 원하지 않는다고 할지라도 '시험 지옥'에 가담하게 된다. 많은 어린이들이 중학교 단계에서 수험 준비 교육을 받아 고등학교, 대학교 입학 시험을 치르게 된다. 그러나, 중학교와 고등학교가 함께 병설된 6년제 사립 중학교의 경우에는 입학 시험의 난이도가 높기 때문에 이러한 중학교를 지망하는 어린이는 초등학교 3,4학년 시기부터 입시 준비를 위한 철저한 교육을 받는 경우가 많다.

일본 교육의 이해

1994년 고등학교 진학률이 95.7%가 되었다는 사실은, 중학생들 거의 대부분이 수험 경쟁에 가담되어 입시 준비를 하고 있다는 것을 말해 준다. 뿐만 아니라, 고등학교는 편차치에 의해 학교의 순위가 계층화되어 있기 때문에, 편차치 서열의 상층 고등학교에 진학하기 위해서는, 이러한 고등학교에 합격자를 많이 배출하는 중학교에 진학하는 것이 유리하다는 생각이 일반적이다. 따라서 부모는 어린이에게 학교의 교과목을 가르치는 학원이나, 통신 교육, 가정 교사를 통하여 학교 공부를 보충하게 한다. 1993년 문부성 통계에 의하면 중학생의 59.5%, 초등학생의 23.6%가 학원에 다니고 있다. 또한, 도쿄도〔東京都〕의 생활 문화국이 제작한 「도쿄도 어린이 기본 조사 보고서(제6회)」에 따르면, 1993년에 학교 공부를 위해 학원에 다니는 어린이가 초등학교 3학년 33.6%, 초등학교 5학년 48.3%, 중학교 2학년 56.9%에 이르고 있다. 특히, 초등학교 5학년 남자 어린이의 경우는 전체 대상자의 52.9%가 학원에 다니면서 중학교 입시를 대비하고 있는 것이다. 그리고 이러한 학원 이용은 점차 저연령화해 가는 경향이 있다고 지적하고 있다.

결국, 일본의 수험 입시 준비의 저연령화, 입시의 과열 경쟁이 가정교육에 어떤 문제를 초래하는가?

V. 가정교육

먼저 가정교육에 있어서 시쓰케의 비중이 감소하게 된다. 가정은 어린이의 입학 시험 준비라는 현실하에 학교교육의 연장선으로서의 수험 경쟁의 부담을 크게 안게 되었다. 부모는 경제적인 면에서 학교교육 이외에 자녀의 학원 등에 투자하는 비용이 1994년 『국민생활백서』에 따르면, 가정 소비비의 25.4%를 지출하는 부담을 안고 있다는 것이다. 뿐만 아니라 부모는 정신적인 면에서도 자녀의 상급 학교 진학 입학 시험에 큰 부담을 안고 있다. 따라서, 어린이에 대한 커다란 관심사는 숫자로써 쉽게 나타나게 된다. 그것은 어린이의 성적이며, 그 성적은 전국 평균의 어느 정도 수준인지, 그래서 희망하는 학교에 입학할 수 있는지의 가능성에 있다고 해도 과언이 아니다. 이렇게 함으로써, 부모는 가정에 있어서 어린이의 진학 문제, 입시에 중점을 두고 시쓰케의 문제를 부차적인 것으로 돌리게 된다는 것이다.

또한 부모와 어린이는 초등학교 시기부터 시작하여 고등학교에 이르기까지 계속적으로 수험 준비적인 학교교육과 과열된 입시 경쟁을 치르면서, 교육에 대한 흥미와 교육열이 냉각되고 무력감을 느끼게 된다. 왜냐 하면, 명문 상급 학교를 목표로 어린이들이 공부한다고 할지라도, 명문 중학교, 고등학교, 대학교의 입학자 수는 한정되어 있기 때문이

일본 교육의 이해

다. 이러한 학교에 입학할 수 있는 어린이는 전체적으로 볼 때 일정한 소수에 불과하다는 것이다. 비록 어린이가 이러한 학교에 진학하려는 동기를 강하게 갖지 않는다고 하더라도, 상급 학교로의 진학을 희망하는 한, 입시 경쟁 사회에서 빠져나갈 수는 없는 것이다. 결국 어린이들은 그들의 교육에 대한 동기유발을 가열하는 동시에 냉각시키는 학력주의의 더블바인드(Double Bind)적인 구조 속에서, 점차 무기력한 존재가 된다. 이러한 면에서는 부모 역시 동일하다는 것이다.

지금까지 현대 일본의 가정교육, 시쓰케의 문제에 관하여 살펴보았다. 일본 연구자들은 현대 일본 가정의 시쓰케 상황을 '시쓰케 상실의 시대'라고 하면서 위기 의식을 느끼고 있다. 그러나 과연 일본의 가정에 있어서 시쓰케는 상실되고, 가정의 교육력은 약화되었는가? 이에 대한 대답은, 그렇지 않다고 생각한다. 물론, 일본의 전통적인 시쓰케 사상이 사라지고, 현대 시쓰케 이데올로기가 다양화되고 혼돈 상태에 있다는 것을 인정한다. 그러나 다음의 두 가지 사실은 현재 일본의 가정에서도 존재하고 있다. 즉 첫째는, 현재의 일본의 가정교육, 시쓰케 행위는 일본의 전통적인 시쓰케 사상을 잠재적으로 재생산한다는 것이다. 이것은 일본의 가정교육을

V. 가정교육

한국과 미국의 국제 비교 조사를 통하여 분석하고자 한다. 둘째는, 현대 일본의 가정에 있어서 가정의 교육력은 사회화의 무의식적·무의도적인 과정을 통하여 어린이에게 강하게 작용하고 있다는 것이다. 여기에서는 부모의 문화적 계층을 중심으로, 부모와 자녀의 학업 생활에 관한 가치와 행위의 하비투스를 분석함으로써, 문화적 재생산을 이루어 가는 가정의 교육력을 살펴보고자 한다.

제2장 일본의 전통적 시쓰케 사상의 잠재적 재생산

일본의 내부에서 시대적인 변천에 따른 가정의 시쓰케를 보면, 일본의 전통적 시쓰케 사상은 사라진 것처럼 보이는 경우가 많다. 메이지 초기의 개화 계몽주의, 중기의 내셔널리즘, 후기의 국수주의 속에서, 시쓰케의 패턴은 가타〔型〕의 잔존을 보이나, 시쓰케 사상은 '지위·역할' 본위였다. 아동관 역시 일방적으로 교육받아야 하는 대상으로서 여겨졌다. 그 후 다이쇼기〔大正期〕의 자유주의 속에서 개인 본위의 시쓰케 패턴과 아동중심주의의 시쓰케 사상이 유입되었다. 그리고 제2차 세계 대전 이후, 시쓰케의 가타가 상실되고, 어린이의 인권이 확인되며, 어린이 스스로가 발달하면서 학습하는 생활의 주체자라고 하는 아동관으로 바뀌어 왔다.

그러나 일본의 가정교육에 대해 국제 간의 비교 조사를 통해서 나타난 결과를 살펴보면, 반드시 일본의 전통적 시쓰케 사상이 사라진 것만은 아니며 엄연히 존재한다는 것을 발견할 수가 있다.

전통적 시쓰케 사상은 민중 교화의 측면에서 본다면, 유교적 전통주의를 기반으로 하는 무사(武士) 계급의 지배 계급 체제 유지를 위한 이데올로기 장치였던 것이다. 오늘날의 일본 가정에 있어서 잠재적으로 재생산되어 온 전통적 시쓰케 사상의 특성으로 다음의 두 가지를 들 수 있겠다. 첫째는 일본적 집단주의이며, 둘째는 어린이를 자연의 법칙에 따라 가르친다고 하는 자연 본위의 시쓰케이다.

먼저, 일본적 집단주의에 관하여 살펴보자. 일본적 집단주의는 서구의 크리스트교적 전통에 있어서 자율적인 개인을 단위로 하며, 사회적인 계약과 법의 관념이 중시되는 것과 대조적으로, 일명 '부드러운 집단주의'라고도 한다. 여기에는 첫째로, 개인이 자기 자신을 집단에서 일체화시켜 자신의 생각과

V. 가정교육

행위의 기준을 집단에서 추구하여 그 속에서 안정을 얻게 된다. 둘째로, 개인은 소속 집단의 조화를 중시하는데, 집단 속의 타인에게 폐가 되지 않고 집단이 잘 유지될 수 있도록 자신의 생각과 행위를 억제, 조정해 간다. 셋째로, 개인은 법이나 계약을 중시해서 행동하기보다는 자신이 소속된 집단 내에서 형성된 암묵적인 약속, 사회적인 규칙, 규범을 중시하여 행동해 간다. 넷째로, 집단 간의 경쟁은 집단 내부를 결속시키며 개인의 업적 달성은 집단에 공헌함으로써 평가된다. 이러한 일본적인 집단주의에 적합한 개인의 사고와 행동은 개개인의 가정에서의 시쓰케 속에서 나타나고, 그 속에서 어린이는 이러한 행동 규범을 몸에 익히게 된다.

둘째로, 어린이의 자연 본위의 시쓰케 사상은 오늘날의 가정 속에서 이루어진다. 이것은 서구 크리스트교의 전통 속에서 어린이의 초기 단계에 엄격한 시쓰케를 행하여 선천적인 나쁜 성향을 바로잡아야 한다는 것과 대조적인 것이다. 그래서 일본의 자연 본위는 어린이가 가정에서 7세가 될 때까지의 초기 단계에서는 그들을 엄격하게 다루지 않는다는 것이다.

이상의 두 가지 점을 국제 비교 조사의 결과 속에서 확인해 보도록 하자. 다음에서 사용하는 통계 결

일본 교육의 이해

과는 일본의 총무청 청소년 대책 본부가 1995년 발행한 「어린이와 가족에 관한 국제 비교 조사 보고서」에서 발췌한 것이다. 이 조사는, 일본, 미국, 한국을 대상국으로 하여 0세부터 15세까지의 어린이를 가진 부모를 대상으로 하였다. 조사 실시 기간은 일본과 미국이 1994년 11월부터 12월 사이에, 한국이 1994년 11월부터 12월 및 1995년 2월에 실시하였다. 조사 방법은 일본과 미국이 각각 전국의 100개 지점에서, 한국이 전국 200개 지점에서 질문지를 통하여 실시하였으며, 그 가운데 일본 1,015매, 미국 1,000매, 한국 1,000매를 유효한 질문지로 회수하여 분석하였다.

다음의 〈표1〉은 국가별 부모의 연령 구성을 나타내고 있다.

〈표1〉에서 보는 바와 같이, 일본의 부모의 연령은 35~39세가 29.1%, 40~44세가 29.0%로 높게 나타나고 있으며, 미국은 35~39세가 23.5%, 30~34세가 23.3%로 나타나고 있다. 또한 한국은 35~39세가 33.9%, 30~34세가 26.6%로 나타나고 있다. 결과적으로 일본의 부모의 연령 구성이 미국과 한국에 비해 약간 높은 것으로 나타나고 있으나, 일본, 미국, 한국 전체적으로 볼 때 30세부터 44세 사이의 연령이 중심을 이루고 있다.

V. 가정교육

⟨표1⟩ 부모의 연령 구성

국가별	연령	~24세	25세~29세	30세~34세	35세~39세	40세~44세	45세~49세	50세~54세	55세~59세	60세 이상	무응답
일본	부친	0.9	4.9	12.4	25.0	33.6	18.6	3.8	0.2	0.4	0.2
	모친	2.3	8.3	20.6	32.3	25.2	9.4	1.2	0.4	—	0.2
	계	1.7	6.8	16.9	29.1	29.0	13.5	2.4	0.3	0.2	0.2
미국	부친	5.4	11.6	20.5	25.0	21.7	9.2	4.7	0.9	0.7	0.2
	모친	8.3	17.0	25.3	22.4	16.3	7.5	1.6	0.5	0.3	0.7
	계	7.1	14.7	22.3	23.5	18.6	8.2	2.9	0.7	0.5	0.5
한국	부친	0.2	4.3	20.3	35.0	22.7	12.5	3.9	1.0	0.2	—
	모친	2.5	18.4	33.2	32.8	10.2	2.9	—	—	—	—
	계	1.3	11.2	26.6	33.9	16.6	7.8	2.0	0.5	0.1	—

그러면 오늘날 일본 가정의 시쓰케 상황을 비교해 보도록 하자. 다음의 ⟨표2⟩는 가정에서 부모가 어린이에게 장래에 어떠한 특성을 가지는 성인이 되기를 기대하는가 라는 질문 항목에 대한 회답을 분석한 것이다.

⟨표2⟩에서 보는 바와 같이, 일본의 부모는 자녀에게 가정에서 시쓰케를 하여 사회의 구성원으로 성장할 때 어린이가 습득하여야 할 성향으로서, 다른 사람을 생각하고 배려하는 마음을 61.9%로 가장 높게 기대하고 있다. 이것은 어린이가 그들의 집단 또는 사회 속에서 자신의 생각을 주장하거나 행동할 때에, 먼저 다른 사람들의 생각이나 입장을 고려해 보고 그들과 잘 조화를 이룰 수 있도록 해야 한다는 것이다. 부모는 자녀들에게 그들이 집단 내에서 타

일본 교육의 이해

<표2> 어린이에게 기대하는 성격 특성

국명 순위	일 본	미 국	한 국
1	타인에 대한 배려 (61.9)	책임감 (49.8)	예의범절 (60.5)
2	사회규범준수, 공중도덕 (44.8)	공정심과 정의감 (32.0)	책임감 (57.9)
3	책임감 (39.5)	침착성과 정서의 안정 (29.4)	사회규범준수, 공중도덕 (31.7)
4	예의범절 (34.4)	타인에 대한 배려 (26.7)	계획설정과 실천 (29.4)
5	자기주장을 내세움 (29.8)	예의범절 (25.8)	자기주장을 내세움 (28.3)
6	인내심과 끈기 (17.8)	지도력 (24.8)	인내심과 끈기 (18.5)
7	협조성 (16.9)	사회규범준수, 공중도덕 (24.4)	침착성과 정서의 안정 (14.5)
8	계획설정과 실천 (15.6)	계획설정과 실천 (18.7)	협조성 (12.8)
9	돈과 물건을 귀하게 여김 (11.5)	독창성과 개성 (17.8)	지도력 (11.0)
10	공정함과 개성 (10.8)	자기주장을 내세움 (14.6)	공정함과 정의감 (9.7)
11	독창성과 개성 (7.5)	돈과 물건을 귀하게 여김 (14.0)	타인에 대한 배려 (8.7)
12	침착성과 정서의 안정 (5.0)	인내심과 끈기 (9.2)	독창성과 개성 (7.7)
13	지도력 (3.0)	협조성 (5.7)	돈과 물건을 귀하게 여김 (6.2)

인의 절대적 희생을 강요하거나, 폐를 끼치지 않도록 배려하며, 사전 교섭을 하여 집단에 분쟁이 일어나지 않고 하나로 통합될 수 있도록 행동하는 것이 성숙한 사회인이라는 것을 시쓰케를 통하여 가르친다. 일본의 사회학자인 소에다 요시야〔副田義也〕는 그의 저서 『일본문화시론』에서 일본인은 가치·감정이나, 행동·표현 방법에 있어서 타인에 대한 자기 억제를 미덕으로 하는 가치 의식을 가지고 있다고 논하고 있다.

또한 <표2>에서 보는 바와 같이, 부모는 '타인에 대한 배려' 이외에 어린이가 지녀야 할 특성으로서,

V. 가정교육

'사회 규범 준수와 공중 도덕'을 44.8%로 두 번째로 높게 들고 있다. 이것은 사회의 규칙을 준수하여 다른 사람에게 폐를 끼치지 않는 공공심(公共心)을 말하는 것이다. 이러한 규칙 준수와 공공심을 나타내는 구체적인 예로 쓰레기 처리 문제를 생각해 볼 수 있다. 가정에서 버리는 쓰레기를 분리하여 버리는 행위, 신칸센[新幹線] 등 기차 속에서 먹고 난 빈 도시락이나 빈 깡통을 정해진 곳에 버리거나 가지고 내리는 행위, 기차나 지하철역의 화장실을 깨끗하게 사용하는 행위 등을 생각할 때 쉽게 연상할 수 있는 시쓰케 행위이다.

이상으로 일본의 부모가 자녀에 대하여 기대하는 성향의 특성은, 미국이나 한국의 부모가 자신의 자녀에 대하여 높게 기대하는 것과는 상당히 다르다는 것을 알 수 있다. 미국의 경우에는 어린이에게 책임감(49.8%)을 기대하는 부모가 가장 많으며, 다음으로 공정심과 정의감(32.0%)을 기대하는 부모가 많다. 반면, 한국의 부모는 자녀에게 예의 범절, 예의바름을 기대하는 경우가 60.5%로 가장 높고, 다음이 책임감을 가지도록 기대하는 경우가 57.9%로 높게 나타난다.

다음으로, 일본 가정에서 어린이의 시쓰케에 관한 성선설과 자연의 법칙에 기초한 자연본위의 경

일본 교육의 이해

〈표3〉어린이가 어렸을 때에는 자유롭게 하고, 성장함에 따라 엄격하게 시쓰케하는 것이 좋다

응답 국명	그렇다	어느 쪽인가 하면 그렇다	어느 쪽인가 하면 그렇지 않다	그렇지 않다
일 본	20.1	18.5	24.8	35.3
미 국	2.8	5.4	15.0	75.7
한 국	58.4	22.3	8.6	10.5

향을 보면 〈표3〉과 같다.

〈표3〉에서 보는 바와 같이, 각국의 부모에게 어린이가 어렸을 때에는 자유롭게 하고, 성장함에 따라 엄격하게 시쓰케를 하는 것이 좋다고 생각하는가 하는 질문에 대한 응답을 보면, 일본은 미국과 전혀 다른 경향을 보이고 있다. '그렇다'와 '어느 쪽인가 하면 그렇다'라고 응답을 한 찬성파가 일본은 38.6%인 데 대하여, 미국은 8.2%에 불과하다. 이것은 어렸을 때는 자유롭게 하라는 일본의 전통적 시쓰케관을 일본의 통계 결과가 나타내고 있는 반면, 어렸을 때는 엄격하게 하라는 서구의 시쓰케관을 미국의 통계가 나타내고 있는 것이라고 할 수 있다. 한편, 한국의 부모는 어렸을 때 자유롭게 성장하게 하도록 한다는 시쓰케관을 가진 사람이 일본보다도 상당히 많은 80.7%에 이르고 있다. 이러한 통계 결과로 볼 때, 한국의 전통적인 시쓰케관에 관하여 주

V. 가정교육

목하여 고찰해 볼 필요가 있다고 생각한다. 자연 본위의 시쓰케관은 한국과 일본의 국가적인 경계를 넘어선 아시아적 유교 문화권의 패러다임에서 새롭게 분석해 보아야 할 것이다.

제3장 부모의 문화적 계층과 어린이의 학업 생활

오늘날 일본의 가정에는 어린이들의 학교 공부와 진학 문제로 고민을 하는 부모들이 많이 있다. 실제로 「어린이와 가족에 관한 국제 비교 조사 보고서」에 의하면, 일본의 가정에서 어린이의 시쓰케와 교육에 관한 고민의 내용 중에, 어린이의 연령이 10~12세인 경우 '진학 시험 걱정', '열심히 공부 안 함'이 42.7%이며, '기본적인 생활 습관이 되어 있지 않음'이 30.7%라는 것이다. 그러나 어린이가 13~15세인 경우에 부모의 고민은, '기본적인 생활 습관이 되어 있지 않음'이 22.8%인 데 비하여, '진학 시험 걱정', '열심히 공부 안 함'은 60.0%로 17.3%가 증가하였다.

일본 교육의 이해

그러나 부모가 어린이의 학업에 관해 고민만 한다고 해서, 또는 어린이에게 공부하도록 강요한다고 해서 어린이의 학업 달성이 향상되는 것은 아니다. 가정 생활 전체에 있어서 부모가 자녀에게 행하는 의식적·무의식적인 사회화의 전 과정이 어린이의 학업에 영향을 미치게 되는 것이다. 피에르 브르듀는, 학교에서 어린이에게 가르치는 학교적인 교양·문화의 양식과, 어린이가 학교에 입학하기 이전부터 가정에서 획득해 온 그것과의 유사성의 거리가, 어린이의 학문적 작업의 생산성을 좌우한다고 하였다. 즉 학교적인 교양·문화와 어린이의 그것이 비슷할수록, 어린이는 높은 학업 성적을 달성하게 되는 것이다.

이것을 구체적으로 본다면, 학문적 언어를 해독하고 조작할 수 있는 인지·사고의 패턴, 언어 코드·언어 스타일, 학교적 지식을 커버할 수 있는 폭 넓은 지적 교양·지적 노하우, 그리고 상급 학교에 진학하는 것을 당연히 여기는 기질·에토스 등을 들 수 있다. 이러한 것을 브르듀는 문화적 자본(cultural capital)이라고 하였다. 어린이가 가정 생활 속에서 자연스럽게 문화적 자본을 많이 획득하고 신체화했을 경우에, 학업 성적을 달성하며 학교 생활에 자유롭게 적응해 갈 수 있다고 하였다.

V. 가정교육

그러므로 가정에서 부모는 책, 신문, 교양 서적을 읽는 습관, 또는 예술 감상을 하는 습관을 통하여 특정한 형태의 무의식적인 하비투스를 형성하며, 어린이는 부모와의 상호 작용을 통하여 이러한 하비투스를 자발적으로 획득한다는 것이다. 결국 가정은 어린이의 학업 달성에 커다란 영향을 미치며, 문화적 재생산을 행하고 있는 것이다. 쉽게 발견되지 않는 가정의 교육력이 여기에 존재한다.

이러한 관점에서 현대 일본의 가정을 본다면, 가정의 교육력은 약화된 것이 아니며 오히려 강하게 존재하고 있다. 뿐만 아니라, 이러한 가정의 교육력은 사회 전체의 문화적 계층 구조의 재생산을 행하는 데 기능적으로 작용하고 있는 것이다.

필자는 1995년 도쿄도 생활 문화국이 주도하는 제7회 도쿄도 어린이 기본 조사 프로젝트에 참가하여 가정의 교육력을 분석한 적이 있다.

다음에 제시되는 표와 그림은 이 조사 결과의 상관 결과치가 10% 이내에서 유효한 것이다. 조사는 1995년 10월에서 11월 사이에 도쿄도 전역에서 계통별 무작위 추출법에 의해서 실시하였다.

도쿄도의 초등학교 3학년, 5학년, 중학교 2학년 전 학생의 명부 중에서 무작위로 추출하여, 학생이 속해 있는 학급의 전 학생과 그의 부친 및 모친을 대상으로 하였다. 질문지는 공립과 사립학교를 포함한 61개교의 어린이 2,049명과 그의 부친 및 모친에게 배부하였으며, 유효 회수 총수는 어린이 1,983매, 모친 1,865매, 부친 1,680매였다.

양친의 문화적 활동은 다음 〈표4〉에서 보는 바와 같이 인자축을 밸리맥스 회전시켜, 제1인자를 문예적 활동, 제2인자를 예술적 활동, 제3인자를 대중오락적 활동으로 명명하였다.

그리고 각 인자를 대표하는 것으로 '클래식 음악을 듣거나 콘서트에 간다', '피아노, 기타 등의 악기를 연주한다'의 합성 변수를 '예술적 활동형'으로 명명하였다.

또한, '소설이나 수필을 읽는다', '종합잡지(『중앙공론』, 『문예춘추』, 『AERA』 등)를 읽는다'의 합성 변수를 '문예적 활동형'으로, '파친코나 마작, 가라오케를 한다', '스포츠 신문이나 예능잡지를 읽는다'의 합성 변수를 '대중오락적 활동형'으로 명명하였다.

V. 가정교육

<표4> 양친의 문화적 활동의 구조

	제1인자	제2인자	제3인자
	문 예 적 활 동	예 술 적 활 동	대중오락적 활 동
종합잡지(중앙공론, 문예춘추, AERA 등)를 읽는다	0.81940	-0.03827	0.01457
소설이나 수필을 읽는다	0.72423	0.20512	-0.10725
클래식 음악을 듣거나 콘서트에 간다	0.25145	0.72224	0.01414
박물관이나 미술 전람회에 간다	0.38871	0.58976	0.00158
피아노, 기타 등의 악기를 연주한다	0.10997	0.58734	0.01318
파친코나 마작, 가라오케를 한다	-0.21348	-0.01636	0.72297
만화책을 읽는다	0.07450	0.01959	0.60190
스포츠 신문이나 예능잡지를 읽는다	0.07509	-0.36254	0.58403
영화를 보러 가거나 비디오로 (영화를) 본다	0.30694	0.27594	0.47089
스포츠 클럽에 간다	0.36626	0.06890	0.08837
수예나 목공, 원예 등을 한다	-0.12203	0.48358	-0.06070

다음으로, 양친의 문화적 활동별로 특히 어머니를 중심으로 문화적 자본과 관련된 행위, 자녀의 학업 활동을 살펴보고자 한다. 다음의 <그림1>은 독서이며, <그림2>는 매일 반드시 신문을 읽는가 하는 질문에 대한 회답이다.

일본 교육의 이해

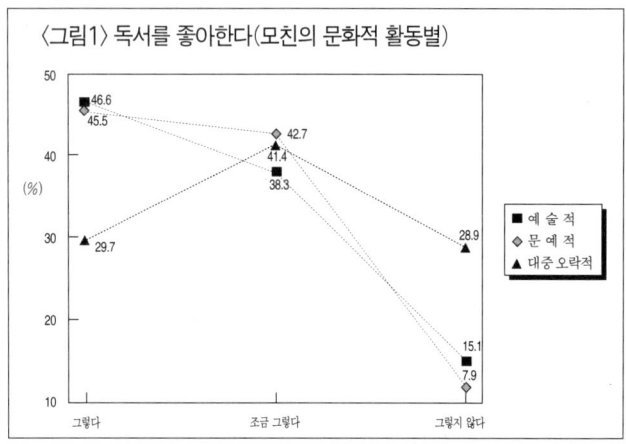

<그림1> 독서를 좋아한다(모친의 문화적 활동별)

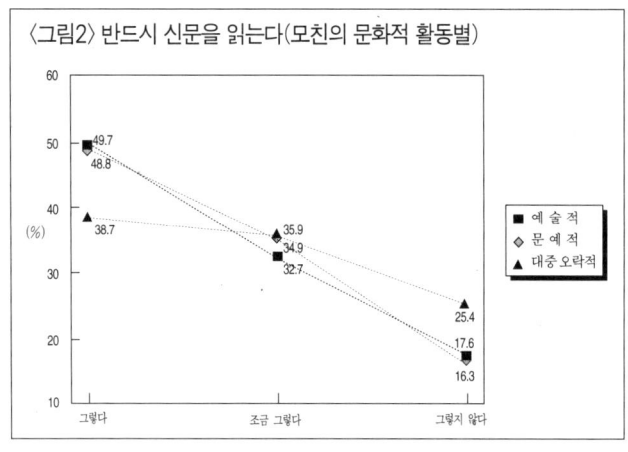

<그림2> 반드시 신문을 읽는다(모친의 문화적 활동별)

Ⅴ. 가정교육

〈그림1〉과 〈그림2〉를 보면 예술적 활동형의 어머니는 가정에서 독서하는 것을 좋아하며, 매일 반드시 신문을 읽는 경향이 대중오락적 활동형의 어머니보다 높게 나타난다. 또한 문예적 활동형의 어머니도 동일한 경향을 나타내고 있다. 이러한 경향성은 어머니 자신에게 문장에 대한 친화성, 문장을 해독하고 조작하는 능력과 습관을 형성하도록 한다.

다음의 〈그림3〉과 〈그림4〉는 어머니에게 자녀가 어떠한 중학교나 고등학교 또는 대학교에 진학하기를 원하는가 라는 질문에 대한 결과이다.

〈그림3〉에서 보는 바와 같이, 자녀를 어느 중학교에 진학시키고 싶은가에 관하여 대중오락적 활동형

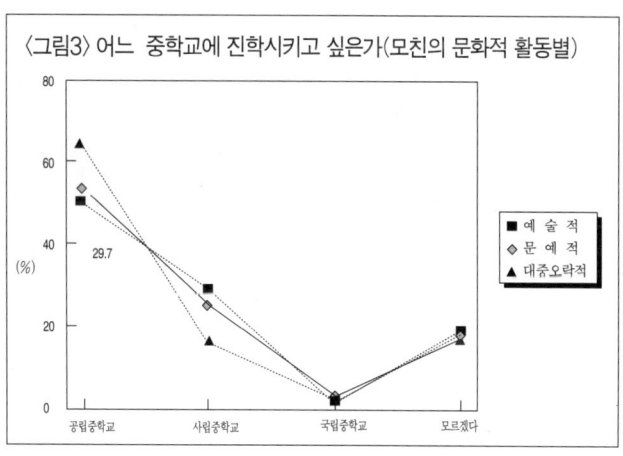

의 어머니가 문예적 활동형, 예술적 활동형의 어머니보다 공립중학교를 희망하는 경우가 많다. 이에 비해, 자녀를 사립중학교에 진학시키기를 희망하는 어머니는 예술적 활동형, 문예적 활동형의 경우가 대중오락적 활동형보다 높게 나타나고 있다. 현재 도쿄도에서는 사립중학교의 대다수가 중학교·고등학교의 일관 교육 형태를 이루고 있으며, 공립중학교에 입학 시험이 없는 것과 대조적으로 난이도가 높은 입학 시험을 치르고 있다. 따라서, 예술적 활동형, 문예적 활동형의 어머니는 자녀에게 사립중학교에 가기 위한 입학 준비를 시키며, 장래 사립고등학교에 진학시키고 싶어한다는 것을 예상할 수 있다.

또한 〈그림4〉에서 자녀가 일류 고교 또는 대학의 합격률이 높은 학교에 진학하기를 기대하는가에 관하여, 그렇다 또는 조금 그렇다를 합한 긍정파를 보면, 예술적 활동형이 56.5%, 문예적 활동형이 54.8%를 나타내고 있어, 대중오락적 활동형의 41.7%보다 높은 경향성을 보이고 있다.

이와 같이 어머니는 그들의 문화적 활동별로 자녀의 진학에 대한 기대의 정도가 다르게 나타나고 있으며, 이러한 기대가 어린이의 학업에 대한 자세와 태도에 영향을 미치게 된다.

Ⅴ. 가정교육

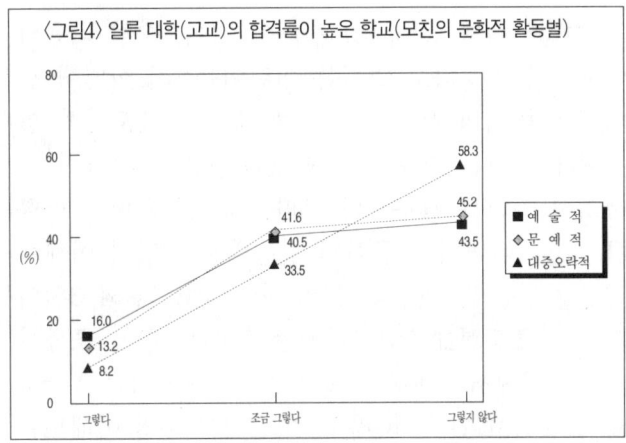

다음으로, 어린이가 학교 수업 시간에 수업 내용을 이해하는 정도에 관하여 살펴보도록 하자.

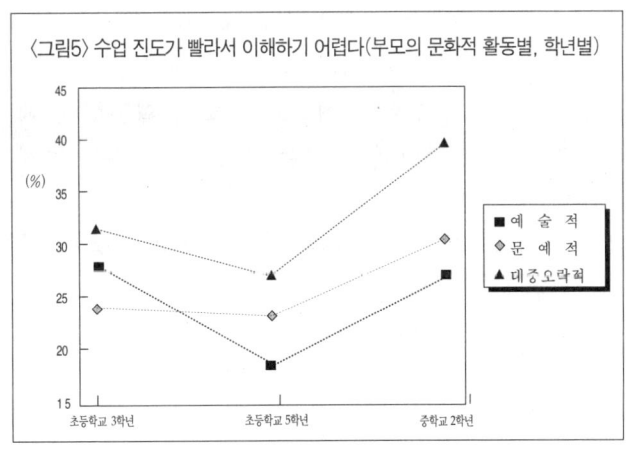

일본 교육의 이해

〈그림5〉에서 알 수 있는 바와 같이, 수업 내용의 이해가 곤란하다고 말하는 어린이는, 전 학년에 걸쳐서 어머니의 문화적 활동형 중에 대중오락적 활동형에 속하는 경우가 예술적 활동형 및 문예적 활동형에 속하는 경우보다 많다. 그리고 학년별 변화를 보면, 어머니의 문화적 활동별로 수업의 이해에 곤란을 느끼는 어린이의 비율에 있어 1위와 3위의 차이가 초등학교 3학년에서는 7.7%이지만, 초등학교 5학년에서는 8.7%, 중학교 2학년에서는 12.5%로 확대되고 있다. 따라서, 어린이의 수업 이해도는 초등학교보다 중학교로 갈수록, 어머니의 문화적 활동형에 따라 차이가 확대된다는 것을 알 수 있다.

다음 〈그림6〉은 어린이가 하루에 가정에서 어느 정도 공부를 하고 있는가를 나타낸 것이다.

〈그림6〉에서 보는 바와 같이, 가정에서 공부를 전혀 하지 않는 경우는 어머니의 문화적 활동형 중에 대중오락적 활동형에 속하는 어린이가 가장 높게 나타난다. 반면에 2시간 정도 또는 3시간 이상 공부하는 경우를 합하면, 어머니의 문화적 활동형 중에 예술적 활동형에 속하는 어린이가 30.2%, 문예적 활동형 29.8%인 데 반해, 대중오락적 활동형에 속하는 어린이는 17.1%로 가장 낮게 나타나고 있다. 이것으로 어머니가 예술적·문예적

Ⅴ. 가정교육

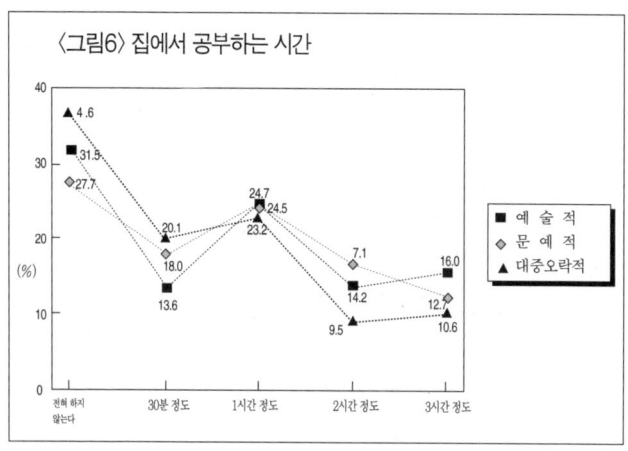

활동형에 속하는 어린이가, 대중오락적 활동형의 경우보다 가정에서 더 많은 시간을 공부하고 있다는 것을 알 수 있다.

이상으로 일본의 가정에 있어서 어머니의 문화적 활동형과 어린이의 학업 생활에 관하여 살펴보았다. 어머니는 문화적 활동형에 따라 그들 자신이 독서를 즐기며 매일 신문을 읽음으로써, 규칙적으로 문장을 접하고 의미를 파악하는 습관을 키우며, 문화적 자본을 신체화하여 독자적인 하비투스를 형성하는 정도가 다르게 나타난다. 뿐만 아니라 그들은 문화적 활동형에 따라 장래 어린이가 진학할 학교의 유형과 수준에 대한 기대에도 차이가 나타난다.

일본 교육의 이해

어린이는 어머니와의 상호 작용을 통하여 사회화해 가며 문화적 자본을 신체화해 간다. 그래서 그들은 어머니의 문화적 활동형에 따라 실제로 가정에서 공부하는 시간에 차이가 나며, 학교의 수업을 이해하고 자신의 것으로 습득하는 정도가 다르게 된다. 또한 어린이의 학업 달성은 어머니에게 피드백이 되어 어머니의 하비투스를 강화시켜 간다. 이와 같이 일본의 가정은 가족의 무의식적·무의도적인 사회화를 통해 교육의 효과를 발휘하고 있다는 것을 알 수 있다.

이것으로 일본의 가정교육을 가정, 학교, 사회의 관계 속에서 살펴보았다. 가정교육은 그 시대의 사회 구조, 사회 의식, 국가의 정책 속에서 변천해 왔다. 오늘날의 가정교육에 관하여 일본의 연구자들이 시쓰케의 상실, 교육의 부재 등 위기 의식을 느끼고 있는 것 또한 사실이다. 그러나 오늘날에 있어서도 가정교육 속에 과거의 전통적인 시쓰케 사상이 소멸된 것이 아니며, 잠재적으로 재생산되어 간다는 것을 국제 비교 분석을 통해 이해할 수 있었다. 일본적 집단주의, 성선설과 자연 본위의 아동관이 특징적인 것이라고 할 수 있다.

오늘날의 일본 가정교육에 관하여 연구자들이 위기 의식을 느낀 또 다른 하나는, 학력주의로 인하여

V. 가정교육

가정교육이 상실되어 간다는 것이다. 즉, 가정에 있어서 입시 준비를 위한 교육이 확대되고, 가정교육이 사라져 가는 것이다. 그러나 오늘날 사회적 계층의 수직적 이동이 완만해진 사회 구조 속에서, 고등교육 수료의 학력이 더 이상 사회적 계층 이동의 효용을 지니지 못하게 되었다. 비교적 안정된 사회 구조 속에서, 부모는 가정에서 어린이와 상호 작용하면서 그들을 의식적, 무의식적으로 사회화시켜 가족의 문화적 재생산을 이루어 간다. 그 속에서 어린이는 가족의 문화를 습득하고 성장하여 학력을 획득해 간다. 어머니의 문화적 활동형에 따른 어린이의 학업 생활의 차이가 이것을 잘 나타내고 있다. 이렇게 볼 때 일본 가정의 교육력은 강하게 존재하고 있는 것이다. 그리고 나아가 일본의 가정교육은 교육제도, 입시제도와 관련되어 일본 사회의 문화적 계층의 재생산에 기능적으로 작용하고 있는 것이다.

참고 문헌

1) 天野郁夫,『學歷の社會史』, 新潮選書, 1993
2) 天野郁夫,『日本の教育システム』, 東京大學出版會, 1996
3) Durkheim E. 著, 佐々木交賢譯,『教育と社會學』, 誠信書房, 1986
4) 經濟企劃廳 編,『國民生活白書』, 大藏省印刷局, 1995
5) 柴野昌山 編,『しつけの社會學』, 世界思想社, 1989
6) 副田義也,『日本文化試論』, 新曜社, 1993
7) 總務廳靑少年對策本部 編,『子供と家族に關する國際比較調査報告書』, 大藏省印刷局, 1996
8) 東京都生活文化局,『東京都子ども基本調査報告書 ― 大都市における兒童・生徒の生活・價直觀に關する調査 (第6回)―』, 丸和印刷株式會社, 1993
9) Bourdieu P. and Passeron J.C. The Inheritors. The University of Chicago Press, 1979
10) 황순희,『엘리트교육과 문화』, 배영사신서, 1994
11) 宮島喬・藤田英典 編,『文化と社會』, 有信堂,

V. 가정교육

1991
12) 山村賢明,『現代日本の家族と教育』,『教育社會學硏究』第44集, 日本敎育社會學會 編, 東洋館出版社, 1989
13) 山本哲士・福井憲彦,『ハビトゥス, プラチックそして構造』,『Actes』第1號, 日本エディタスクール, 1986

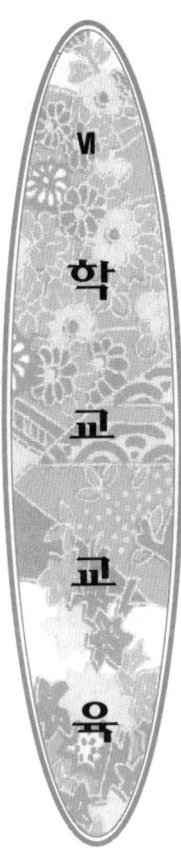

Ⅵ 학교교육

김용숙

VI. 학교교육

I. 일본의 교육제도

일본은 "가깝고도 먼 나라"라고 불리우고 있다. 이는 지리적으로는 가까운 나라이지만 심리적으로는 아주 먼 나라라는 의미로 사용되고 있다.

역사적으로 일본은 중국과 함께 우리 나라와 피할 수 없는 교류 관계를 가져왔으며, 특히 근대 이전에는 우리 나라가 일본에 많은 영향을 끼쳤으나 근대 이후에는 일본이 서구 문물을 먼저 수용함으로써 일본의 영향을 받게 되었다.

근대화하는 과정에서 1910년 이후 36년간 우리 나라를 식민 지배함으로써 일본은 심리적으로 먼 나라가 된 것이다.

일본 교육의 이해

우리 나라는 좋든 싫든 일본의 식민 지배로 일본 교육제도를 36년간이나 수용하였으며 현재도 일본 교육의 잔재가 남아 있음에 주목할 필요가 있다.

최근에 국민학교 명칭을 초등학교로 바꾼 것은 일본 교육의 잔재를 없애기 위한 하나의 시도라고 볼 수 있다.

일본은 우리 나라와 함께 동양 문화권에 있으면서도 서로 독특한 문화를 형성하고 있으며 국민성 또한 상호 차이가 많다.

반면에 부존 자원이 적고 인구 밀도가 높아서 교육을 통한 인재 양성이 급선무이며, 교육이 국가 발전의 요인이 되고 있다.

따라서 일본의 학교 교육제도를 고찰해 보는 것은 참으로 의미가 있다. 일본은 1945년 이후 새로운 현대적인 교육제도를 입안·실천하게 되는데 이를 구체적으로 살펴보고자 한다.

I. 일본 교육제도의 개관

1945년 8월 15일 일본 정부는 제2차 세계 대전의 패배로 인해 연합군의 포츠담 선언을

VI. 학교교육

승낙하고 무조건 항복을 함으로써 패전국으로 낙인 찍히게 되었다. 일본은 패전이라는 극단적 상황에 부딪치게 되었으며, 모든 분야에 걸쳐 거의 혁명적이라고 할 정도로 대개혁이 이루어졌고 그것은 교육의 분야에서도 마찬가지였다. 1950년 8월 제2차 방일 미국 교육 사절단에 제출한 일본 문부성의 보고서인 「일본에 있어서의 교육개혁의 진전」에서도 일본의 교육개혁에 대해서 다음과 같이 평가하였다.

"1945년 8월 제2차 세계 대전이 종결한 이래 일본 교육은 국가 발전의 영역에 철저하게 근본적으로 혁명적인 개조를 해 왔다. 일본의 교육은 포츠담 선언과 4대 지령에 근거, 패전 후 교육개혁의 골격이 형성되었다. 즉 기본적인 교육문제에 있어서 평화 진실 민주주의의 교육이념, 교육법규의 칙령주의(천황이 정한 법 형식)로부터 법률주의(의회에서 제정)로의 전환, 교육의 자주성, 교육행정의 중앙집권주의 타파, 교육의 기회 균등, 국·공·사립 간의 격차 차별의 타파, 사학의 진흥 등이 명확하게 제시되었다."

이와 같이 일본은 전면적으로 진리와 평화를 사랑하는 근대 민주주의 국가적 교육으로서의 성격과 성질을 완전히 구비함으로써 철저한 자기 탈피를

해 왔다고 자체 평가하고 있다. 한 가지 특기할 것은 일본은 전쟁에서 패전국이 되었음에도 비교적 민주적인 절차를 밟아서 모든 분야의 정책이 결정되었으며, 특히 관계자문위원회의 의견을 존중하였으며, 일본의 여론이 여기에 반영되었다는 것이다. 교육의 경우 개혁의 근본 방침을 제안한 것은 교육쇄신위원회였으며, 동 위원회의 건의가 크게 반영되어 일본 교육제도의 근간을 이루었다.

패전 후 일본의 학교 이념은 평등주의와 능력주의를 축으로 하여 구성된 것으로서 이것이 실리 제일의 경제주의를 상승시키고 확대 지향시킨 원동력이 되었으며 패전 직후 교육개혁의 이념이 되었다.

일본 헌법(26조)에는 "모든 국민은 법률이 정하는 바에 따라서 그 능력에 따라 평등하게 교육받을 권리를 가진다."고 규정하고 있다. 또한 교육기본법 제3조에는 "모든 국민은 평등하게 그의 능력에 따라서 교육받을 기회를 부여하지 않으면 안 된다."고 규정하고 있다.

이와 같은 법조문은 능력주의관으로 나타났으며 능력에 따라서는 능력 이외의 어떤 것의 차별도 부정하는 원리이다.

제2차 세계 대전 후 개혁된 일본 교육제도는 현재에 이르기까지 기본체제는 변함이 없이 계속되고

Ⅵ. 학교교육

있다.

2. 일본의 기본학제

일본의 기본학제는 제2차 세계 대전의 패망으로 연합군 사령부의 지령에 의하여 미국식으로 미국의 교육을 모델로 개혁되었다.

일본의 교육은 헌법과 교육기본법과 학교교육법에 의거, 6-3-3-4제의 민주적 단선형 학제를 형성하여 오늘에 이르고 있다.

1947년에 통과된 교육기본법에는 교육의 목석, 무상의무교육, 교육의 기회 균등, 남녀공학 등이 포함되어 있으며, 교육의 중요성을 다음과 같이 표현하고 있다.

"일본 헌법을 제정함으로써 우리는 민주적이고 문화적인 국가를 건설하여 세계 인류 평화 유지에 기여하며 이와 같은 이상의 실현은 근본적으로 교육의 힘에 달려 있다."

따라서 일본은 부존 자원이 부족한 나라이지만 교육의 중요성을 깊이 인식하고 교육에 많은 투자를 함으로써 인재를 배출하고 있다.

일본 교육의 이해

한편으로 일본의 학교교육법은 유치원에서부터 대학까지 일관하여 특수교육도 포괄적으로 규정하고 있어 일본뿐 아니라 세계적으로도 종합적인 교육법으로 평가되고 있다.

특히 초·중·고등학교를 통일하여 규정하고 있다는 점에 중요성이 있다고 본다. 일본의 현행 기간학제는 미국과 같이 6-3-3-4제의 골격이며 여기에 5년제 고등전문학교, 맹아학교, 양호학교, 전수학교 등이 운영되고 있다.

일본의 기본학제는 〈그림1〉과 같다.

3. 학교별 교육인구

일본의 전 학교(유치원부터 대학까지)의 재학생 수는 1994년 5월 1일 현재 남자 1,202만 명, 여자 1,110만 명으로 합계 2,312만 명에 이르고 있으며 이는 전 인구의 18.5%에 해당된다.

또한 1994년 5월 현재 설치자별 재학생 수는 〈표1〉과 같다. 표에서 보는 바와 같이 초등학교와 중학교는 공립이 대부분이며 대학은 사립이 많고 고등학교의 경우 공립이 많은 편이다.

VI. 학교교육

〈그림1〉일본의 학교제도

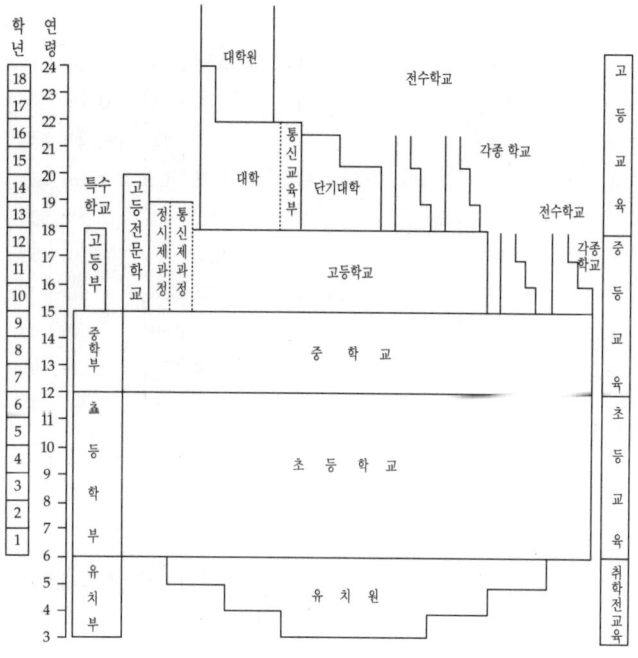

일본 교육의 이해

〈표1〉 설치자별 학교 재학생 수   (1994년 5월 1일 현재)

구 분	계 (명)	구성비 (%)	국립 (명)	구성비 (%)	공립 (명)	구성비 (%)	사립 (명)	구성비 (%)
총 수	23,123,545	100.0	748,878	3.2	16,838,370	72.8	5,537,297	23.9
초등학교	8,582,871	100.0	47,248	0.5	8,468,014	98.7	67,609	0.8
중 학 교	4,681,166	100.0	34,575	0.7	4,415,185	94.3	231,406	4.9
고 등 학 교	4,862,725	100.0	10,283	0.2	3,394,837	69.8	1,457,605	30.0
대 학	2,481,805	10.0	582,601	23.5	78,797	3.2	1,820,407	73.4
대 학 원	138,752	10.0	88,388	63.7	5,795	4.2	44,569	32.1
단 기 대 학	520,638	100.0	15,271	2.9	23,548	4.5	481,819	92.5
고등전문학교	55,938	100.0	48,603	86.9	4,430	7.9	2,905	5.2
맹 아 학 교	4,696	100.0	217	4.6	4,348	92.6	131	2.8
농 아 학 교	7,557	100.0	316	4.2	7,181	95.0	60	0.8
양 호 학 교	74,966	100.0	2,978	4.0	71,294	95.1	694	0.9
유 치 원	1,852,183	100.0	6,786	0.4	370,736	20.0	1,474,661	79.6
전 수 학 교	837,102	100.0	18,169	2.2	33,845	4.0	785,088	93.8
각 종 학 교	339,063	100.0	59	0.0	5,280	1.6	333,724	98.4

학교 종별로 재학생 수의 추이를 보면 초등학교의 아동 수는 1969년도 이후 증가하고 있으며, 제2차 베이비 붐에 태어난 학생 수를 최고로 하여 82년부터 감소하고 있다.

II. 일본의 학교교육

취학 전 교육제도로는 유치원(3~5세) 과정과 유아원(1~5세) 과정이 있으며, 유치원은 교육부 소관이고 유아원은 보사부 소관으로 이원화되어 있다.

1. 의무교육

(1) 의무교육의 개관

일본은 제2차 세계 대전에서 패망하였을 당시부터 중학교까지를 의무교육으로 하여 의무교육기간이 9년이나 되었다.

패전 직후 일본인은 패전의 충격과 생활의 곤란 등으로 민족적인 자신감을 잃었으나, 9년제 의무교육을 실시한 것은 교육을 통해서 인간을 길러내려는 의지가 있었다는 것을 보여준다.

미국의 제1차 교육 사절단 보고서에서, 메이지[明治] 이래 발달해 온 일본의 중앙집권적 내지 국가주의적인 교육을 철저히 비판하여 개인의 가치와 존엄성을 강조하였으며, 지방분권적인 민주주의 교육의 수립을 제안하였고 교육제도에 관해서는 기회 균등의 원칙을 제안하였다.

이와 같은 교육의 기회 균등 원칙에 의해서 초등학교보다는 오히려 중등교육의 확충과 보급을 가져왔다고 볼 수 있다.

일본의 의무교육은 역사적으로 다음 3단계를 거쳐서 오늘에 이르고 있다.

제1단계(1872~1908) 초등학교 4년제의 의무교육을 완전히 실시한 단계로서 1886년에 「소학교령」으로 의무교육이 시작되었으며 1900년 소학교령 개정에 의해 취학 의무 규정이 명확해졌다.

제2단계(1908~1946) 초등학교 6년제의 의무교육을 실시하였으며 취학률 90%를 유지하였고 1941년 국민학교령 공동화로 소학교의 명칭이 국민학교로 변경되었다.

제3단계(1946~현재) 1945년 패전 이후 6·3제에 의한 의무교육을 실시하여 9년제의 의무교육(초등학교 6년과 중학교 3년)이 실시되었다.

(2) 의무교육의 충실

1) 전체적 개요

일본 정부는 의무교육의 충실을 도모하기 위하여 각종 지원과 연구를 계속하고 있으며 다음과 같은

VI. 학교교육

계획들이 진행되고 있다.

우선 교직원의 측면에서는 교직원의 자질 및 능력의 향상을 도모하기 위하여 1988년도에 초임자 연수제도를 창설함과 동시에 교직원면허법(1949년 제정)을 개정하였다.

또한 교직원 정원에 대해서는 제6차 공립 의무교육제학교 교직원 배치 개선계획을 수립, 1993년도부터 6개년 계획으로 개선하고 있다.

한편 교육내용의 측면에서는 1989년 3월에 개정된 학습지도요령이 초등학교에서는 1991년도부터, 중학교는 1993년도부터 각각 전면 실시되고 있으며, 고등학교에서는 1994년도부터 학년별로 진행·실시되고 있다.

2) 시설·설비 및 교원

1995년도 공립학교 시설 정비 예산은 총액 2,478억 원이며, 제도를 개정하여 옥외 운동장의 모형적인 정비를 새로운 보조 대상으로 함과 동시에 특수교육제학교의 기준 면적을 개정, 대규모 개조 사업의 보조 기본액을 인상하였다.

또한 공립학교에 교육용 컴퓨터를 정비하기 위해서 1994년도부터 6년간 초등학교 아동 2명에 1대, 중학교 학생 1명에 1대, 특수학교에도 학생 1명에 1

대를 목표로 하고 있다.

교원의 경우 공리의무교육학교의 교직원 정원을 1958년에 제정된 법률에 의거, 5회에 걸쳐 개선하였으며 1993년부터 6차 개선계획에 들어갔다. 또한 교원의 자질 능력 향상을 위하여 1988년은 교육공무원특례법을 개정하여 국·공립초, 중, 고교 및 특수교육제학교의 초임교사들은 채용 1년간 초임자연수를 제도화하여 실시하고 있다.

교직원면허 양성제도에 대해서는 1988년에 면허 기준을 상향하여 사회인의 활동 등을 내용으로 하는 교직원면허법을 개정함과 동시에, 1991년에는 대학설치기준 등의 탄력화에 따른 관련법을 개정하였다.

3) 교육내용

현재 유치원에서 고등학교까지 각 학교단계에서는 1989년 3월에 개정된 신학교 지도요령에 의거한 교육이 이루어지고 있다. 신학교 지도요령에서는 정보화, 국제화 등 앞으로의 사회 변화에 대응하여 아동들이 주체적이고 창의적인 삶을 살 수 있는 자질이나 능력의 육성을 기본적 목표로 하고 있다. 이를 위해서 여유있는 마음을 가지고 굳세게 살아나가는 인간의 육성과 자기 교육력의 육성을 도모함과 동시에, 기초 기본을 중시하고 개성을 살리며 문화와 전통을 존중하는 교육의 충실을 꾀하고 있다.

학교에서는 앞으로의 학습지도요령이 목표로 하는 교육을 실현하기 위해 아동·학생의 가능성을 살리고 스스로 공부하려는 의욕이나 사고력, 판단력, 표현력의 함양을 중시하는 새로운 학력관에 입각한 학습지도요령을 적극적으로 전개할 것이 요구되고 있다.

4) 연구개발학교

문부성은 초·중·고 및 유치원 교육과정의 기준 개선에 필요한 실증적인 자료를 얻기 위해 1976년부터 연구개발학교로 지정하여 운영하고 있다.

이 학교는 문부대신이 지정한 연구개발과제에 관하여 유아, 아동, 학생에 대한 교육상의 적절한 배려를 하며, 교과의 구분이나 내용, 수업 시수에 대해 학교교육법 시행규칙의 규정 및 학교 지도요령의 규정에 의하지 않고 교육과정을 편성하여 연구개발할 수가 있다.

1995년에 새로 지정된 10개교를 포함해서 36개교(초 22, 중 9, 고 5)가 연구개발을 하고 있다.

일본 교육의 이해

(3) 초등학교

초등교육의 영역에 있어서는 제1차 미국 교육 사절단 보고서의 지도 조언에 의하여 교육 목표·내용에 중점이 높아지고, 이것이 학교교육법에 구체적으로 표명되었다.

학교교육법 제17조에는 초등학교는 심신의 발달에 따라서 초등보통교육을 실시함을 목적으로 한다고 규정되어 있다.

또한 초등교육의 목표는 다음과 같이 규정하고 있다.

① 학교 내외의 사회 생활 경험에 기초하여, 인간 관계에 대해 올바른 이해와 협동심, 자유 및 자주정신을 기른다.
② 향토 및 국가의 현실과 전통에 대해 올바로 이해하도록 인도하고 나아가 국제 협력의 정신을 기른다.
③ 일상 생활에 필요한 의식주 및 산업 등에 대한 기초적 이해와 생활 기능을 기른다.
④ 일상 생활에 필요한 국어를 바르게 이해하고 활용하는 능력을 기른다.
⑤ 일상 생활에 필요한 수(數)의 관계를 바르게 이해하고 처리하는 능력을 기른다.

VI. 학교교육

⑥ 일상 생활에서 자연 현상을 과학적으로 관찰하고 처리할 수 있는 능력을 기른다.
⑦ 건강하며 안전하고 행복한 생활에 필요한 습관을 기르며 심신의 근화로는 발달을 도모한다.
⑧ 생활을 명랑하고 풍부하게 하는 음악, 미술, 문예 등에 대한 기초적인 이해와 기능을 배양한다.

또한 1989년 문부성 고시 제24호로 제정된 교육

〈표2〉 초등학교 교육과정의 수업 시수

구 분		1학년	2학년	3학년	4학년	5학년	6학년
각 교과의 수업 시수	국어	306	315	280	280	210	210
	사회			105	105	105	105
	산수	136	175	175	175	175	175
	이과			105	105	105	105
	생활	102	105				
	음악	68	70	70	70	70	70
	그림 공작	68	70	70	70	70	70
	가정					70	70
	체육	102	105	105	105	105	105
도덕의 수업 시수		34	35	35	35	35	35
특별활동의 수업 시수		34	35	35	70	70	70
총 수업 시수		850	910	980	1,015	1,015	1,015

과정은 1992년 4월 1일부터 전국적으로 시행될 예정이며 각 교과의 수업 시수는 〈표2〉와 같다.

초등학교 시설에는 정규 교실 이외에 도서실, 음악실, 미술실, 체육관 등이 있으며 공립학교의 약 75% 이상이 학교 내에 수영장을 가지고 있다.

(4) 중학교

중학교는 학교교육법 제35조에 "중학교는 초등학교 교육의 기초 위에 심신의 발달에 따라 중등보통교육을 실시함을 목적으로 한다."고 규정되어 있다.

또한 학교교육법(제53조)에 의해 중학교 교육과정은 다음 3개 영역으로 편성되어 있다.

① 각 교과
  가. 필수 교과 - 국어, 사회, 수학, 과학, 음악, 미술, 보건체육, 기술, 가정
  나. 보통 교과 - 음악, 미술, 보건체육, 기술, 가정, 외국어 기타
② 도덕
③ 특별활동
  가. 학생활동 - 학급회활동, 학생회활동, 클럽활동
  나. 학교행사 - 의식적 행사, 학예적 행사, 체육적

VI. 학교교육

행사, 시행적 행사, 보건안전적 행사, 근로생산적 행사
다. 학급지도 - 개인 및 집단 일원으로서의 자세에 관한 것, 진로의 적절한 선택에 관한 것, 건강하고 안전한 생활 등에 관한 것

1994년 3월에 중학교를 졸업한 자는 168만 명인데 고등학교나 고등전문학교 진학자는 162만 명으로 전 졸업자의 96.5%를 차지한다.

한편 진로지도의 개선에 중점을 두고 있는데 본래 진로지도는 학생 스스로 삶의 방향을 고려, 장래에 대한 목적의식을 가지고 자기의 의사와 책임으로 자기의 진로를 선택하고 결정할 수 있는 능력, 태도를 몸에 익힐 수 있도록 지도·원조하는 것이다.

그런데 중학교의 진로지도는 편차치가 가장 편리한 척도가 되었고, 업자들이 만든 테스트에 의한 편차치에 너무 의존하고 있어 커다란 문제가 되고 있다.

이로 인해 일본 문부성은 1993년 2월부터 각 시도 교육위원회에 통지를 하여 중학교 진로지도는 지나친 편차치의 의존에서 개선하여 학생 하나하나의

일본 교육의 이해

능력, 적성 등을 고려한 진로지도를 할 것을 촉구하였다.

이 같은 취지를 철저히 실천하기 위해서 각 시도 교육위원회는 관계자를 소집하고 중학교 교사를 대상으로 연수회를 개최하여 진로지도의 개선에 참고가 되는 구체적인 사례를 게재한 지도자료를 작성하고 있다.

인간으로서의 존재 방식이나 삶의 방식에 관하여 지도한다는 관점에서 중학교 3년간을 통해서 계획적, 계속적, 조직적인 지도·원조를 계속할 필요성이 있기 때문에 이를 위하여 다음과 같은 사항을 유의하는 것이 중요하다고 보고 있다.

① 학생에게 장래의 삶의 방식에 대해서 다양한 선택이 가능함을 이해시키고, 학생 스스로 진로를 탐색하려고 하는 의욕이나 태도를 확실히 지도·원조할 것
② 학생이 자기의 장래 삶의 방법에 비추어 상급학교에서 배우는 의의를 이해하고, 목적을 가지고 진학하고 싶은 학교를 선택하도록 지도·원조할 것
③ 학생이 구체적으로 지망학교를 선택할 때 그간의

VI. 학교교육

학습성적에 기초하여 조언하고, 지망한 학교에 입학하도록 노력하는 과정을 지도·원조할 것
④ 학생의 진학 지망학교의 선택을 포함, 장래 삶의 방향을 자기의 의사로 선택, 자기 자신이 책임을 질 수 있도록 지도·원조할 것

진로지도의 충실을 위해 위와 같은 관점에서 학생에게 고등학교를 방문, 견학, 체험 입학을 하게 하거나 다양한 직업 현장을 견학·체험시키며 각 분야에서 활동하고 있는 인사들을 학교에 초청, 그들의 체험담을 들을 기회를 부여하는 등 학생의 진로에 관한 계발적 경험을 충실히 쌓게 하는 것이 중요하다. 문부성에서는 이를 위해 1994년도부터 진로에 관한 계발적인 경험 등을 지역 단위로 추진, 입학 초기부터 3년간에 걸쳐 계통적, 계획적인 진로지도를 하는 실천적 연구로서 중학교 진로지도 종합 개선 사업을 전국 59개 지역에서 실시하고 있다.

또한 문부성에서는 전국 차원에서 지도의 개선과 함께 종합학과나 단위제 고등학교의 설치 등 고등학교 교육의 개성화와 다양화를 진행시키고 있다.

2. 후기 중등교육

(1) 고등학교 개관

고등학교 진학률이 96.7%나 되고 있기 때문에 고등학생의 능력, 적성, 흥미, 관심, 진로 등이 극히 다양하다. 이 같은 다양한 실태에 대응, 학생의 개성을 최대로 신장시킬 필요에 따라 학생이 학습을 선택할 수 있는 폭을 가능한 한 확대함과 동시에 다양한 특색 있는 학교를 만들 필요성이 제기되었다.

이 같은 필요를 충족시키기 위해서 종합학과, 단위제 고등학교 등 신형 고등학교를 시작으로 새로운 개혁이 이루어지고 있다.

(2) 고교입시제도

1991년 이후 입학자 선발 개선을 위해 노력해 오고 있으며, 특히 1991년 4월「중앙교육심의회의 답신」및「고등학교 교육개혁 추진에 관한 회의」보고를 접수, 1993년 2월 사무차관이「고등학교 입학자 선발에 대해서」라는 제목으로 통지하였으며, 국·공·사립을 통해서 입학자 선발의 개선을 위해 관계자들이 노력하고 있다.

현재는 고등학교의 개성화, 다양화, 학생실태의

Ⅵ. 학교교육

다양화에 대응, 선발방법의 다양화, 선택척도의 다원화 관점에서 각 시도부현이나 각 학교에 있어서 ① 조사서와 학력검사의 비중의 탄력화 ② 조사서 평가나 활동에 대한 연구 ③ 학력검사의 연구 ④ 추천입학의 적극적 활용 ⑤ 수험 기회의 복수화의 연구 ⑥ 면접 활동에 대해서 개선이 진행되고 있다.

공립고등학교의 입학자 선발 개선 상황의 추이를 보면 다음 〈표3〉과 같다.

사립고등학교의 입학선발을 보면 공립고등학교와 마찬가지로 다양한 선발방법을 연구하여 추천입학제의 활용, 학력검사 내용의 개선 등에 노력하고 있다.

또한 보호자의 전근에 따른 전입학자의 수용도 추진하고 있다.

〈표3〉 공립고등학교 입학자 선발 개선 상황의 추이

년 도	1983	1987	1991	1993	1994	1995
추천입학 실시	36	44	45	46	46	46
보통과에서 실시	1	20	25	31	37	40
수험 기회의 복수화	0	0	3	3	5	6
학력검사의 배점	1	6	10	15	23	29
면접 실시	38	47	47	47	47	47
수험자 전원에게 실시	4	12	17	17	18	19
영어듣기	27	35	44	47	47	47

(3) 진로지도의 개선

고등학교 진로지도에 대해서는 진학학교의 선정, 취직처의 소개·알선을 위한 지도에만 지나치게 편향되어 있다고 지적되고 있다.

고등학교에서는 중학교 진로지도의 개선을 포함하여 인간으로서의 존재방식이나 삶의 방향 등에 대한 지도를 더욱 충실히 하여 학생 스스로의 의사와 책임으로 진로를 결정할 수 있는 능력, 태도를 육성할 수 있도록 지도하는 데 중점을 둘 필요가 있다.

이를 위해서 고등학교 졸업 후 취업하는 학생은 물론 대학에 진학하는 학생에게도 자기의 장래 진로를 주체적으로 선택할 수 있도록 노동, 사회봉사의 기쁨이나 이로 인한 성취감을 체득시키는 학습을 실시하는 것이 중요하다. 문부성에서 이 같은 사실을 인정하고 고등학교 인문계 학생에게 근로체험학습 종합추진사업을 전국 5개 지역에서 실시하고 있다. 이것은 노동이나 사회봉사의 체험을 통해서 장래의 삶의 방법이나 직업 선택을 포함한 자기 진로의 자각을 높이는 데 목적이 있다. 이 사업은 실시 중인 고등학교를 중심으로 일정 지역의 PTA 지역에 뿌리를 둔 기업과 연계 협력하여 현장견학, 봉사활동 등을 실시하고 있다. 이와 같은 사업은 대학

VI. 학교교육

입시에 관계없이 이루어지고 있다.

고등학교에서의 직업교육은 산업계 각 분야에서 필요로 하는 지식 기술을 습득시켜 유능한 직업인 양성에 중요한 역할을 하고 있다.

직업 고교생의 숫자는 사회의 고학력화에 따른 인문계 지향, 산업구조의 변화 등에 따라 감소되고 있으며 1995년 약 112만 명으로 1965년경에 전체의 40%였으나 1995년 약 34%로 감소되었다.

3. 고등전문학교

고등전문학교 제도는 고등학교 3년에 초급대학 2년을 합친 5년제로서 일본의 독특한 교육제도로 평가되고 있다.

일본의 고등전문학교는 과학 기술의 발전에 대응, 이론적인 기초 위에 실천적인 기술을 익힌 중견 기술자를 양성하기 위해서 1962년에 설립된 제도이다.

1994년 현재 55,938명이며, 학생 수는 국립 고등전문학생이 86.9%, 공립 고등전문학생이 7.9%, 사립 고등전문학생이 5.2%이며 학교 수는 총 62개교

(국립54, 공립4, 사립4)이다.

학생 수와 학교 수는 많지 않지만 고등전문학교는 중학교 졸업 후 조기에 학생의 특성이나 지방에 따라 5년 동안 계속 일관된 실제적인 교육을 하는 고등교육기관으로서 교육 성과는 높이 평가되고 있다.

또한, 졸업자에게 대학으로의 편입학의 길이 열려 1991년 3월에 고등전문학교 졸업자의 약 14%가 나가오카〔長岡〕 기술과학대학 등 국·공립대학에 편입학하고 있다.

한편으로 고등전문학교는 최근의 기술 고도화에 대응함과 동시에 산업계의 요구에 부응하기 위하여 정보 기술자를 양성할 목적으로 새로운 학과를 신설하고·있다.

1992년에 새로운 정보공학과와 신소재 물질공학과 등을 신설하거나 전환하고 있다.

1991년 2월 대학심의회의 답신「고등전문학교 교육의 개선에 대하여」를 수용화하여 학교교육법, 고등전문학교 설치기준 등을 다음과 같이 개정하였다.

첫째로, 공업 및 상선 이외 분야의 학과도 설치하도록 하였고, 이에 따라 1992년에는 경영정보학과를 설치하였다.

Ⅵ. 학교교육

  둘째로, 고등전문학교에 고도의 교육연구지도를 하는 전공과 제도를 설치하였으며, 이 전공과는 학위수여기관이 인정하는 소정의 학점을 이수하면 심사를 거쳐 학사학위를 받을 수 있게 하였다.

  셋째로, 고등전문학교 졸업자에게 새로운 학위인「순학사」의 칭호를 부여하였다.

  넷째로, 설치목적에 따라 교육의 이념에 따른 특색 있는 교육을 전개할 수 있도록 각 고등전문학교가 책임을 지고 부단히 개선할 것을 촉진하기 위한 자기점검 평가 시스템의 도입 등을 하도록 개정하였다. 또한 문부성에서는 각 고등전문학교에서 자기진단 평가를 실시하는 외에도 사회의 수요에 대응하기 위한 교육 연구 체제의 개선이나 교육내용, 방법의 개선에 적극적으로 대처하도록 촉구하고 있다.

4. 일본의 고등교육

(1) 전체적 개관

  제2차 세계 대전 후 교육개혁에 의해 고등학교-대학과 전문학교라는 이원 체제의 복선형 제도는

일본 교육의 이해

1949년에 대학·단기대학(우리 나라의 전문대학에 해당) 및 대학원으로 민주적 단선형 체제로 개편되었다.

또한 중등학교 수준으로 국가에서 설립·운영하였던 사범학교도 교육학부 또는 학예대학으로 승격·개편되었다. 그 후 1962년 5년제 고등전문학교가 발족되고 1975년에는 전수학교가 설립되었고 수산대학교, 방위대학교, 해상보안대학교, 방송대학 등이 설립되었다.

대학의 설립목적은 학문의 중심으로서 폭넓은 지식을 전수함과 동시에 깊은 전문학예를 교수연구하고 지적·도덕적 및 응용적 능력을 함양시키는 데 있으며 4년제가 원칙이고 의학계는 6년제이다.

한편 단기대학도 수업년한이 2~3년제 대학으로서 학부는 없으나 학과를 두어 실제적인 직업교육에 중점을 두고 있다.

또한 대부분의 대학에는 전일제 이외에 야간제에 통신 과정이 개설되어 있다.

1994년도에 대학생 수는 248만 명으로서 전공 분야별로 보면 〈표4〉와 같다.

또한 1994년도 대학원 학생 수는 석사과정 99천 명, 박사과정 39천 명으로 설치자별로 보면 석사과정은 국립 61.5%, 공립 3.8%, 사립 34.6%, 박사과

Ⅵ. 학교교육

⟨표4⟩ 대학·단기대학 학생의 전공 분야별 구성

① 대학 학부

구분	계	인문과학	사회과학	이학	공학	농학	치·의학	약학	가정	교육	그 외
계	100.0	15.9	40.1	3.5	19.5	3.1	2.9	1.7	1.8	6.4	5.0
국립	100.0	6.8	16.7	6.9	30.2	7.1	6.9	1.0	0.3	19.9	5.0
공립	100.0	19.5	38.8	4.5	12.1	2.9	6.9	2.3	4.2	1.9	6.8
사립	100.0	18.2	46.4	2.6	17.0	2.1	1.8	1.8	2.1	3.0	4.9
남	100.0	7.8	47.1	4.0	26.7	3.1	3.1	0.9	0.1	4.1	3.1
여	100.0	33.4	25.1	2.4	4.3	3.2	2.5	3.3	5.4	11.4	8.9

② 단기대학 본과

구분	계	인문	사회	교양	공업	농업	보건	가정	교육	예술	그 외
계	100.0	26.9	13.6	3.6	4.7	0.7	5.9	23.4	15.0	4.6	1.6
국립	100.0	0.6	19.3	-	9.7	-	70.1	-	-	0.2	-
공립	100.0	13.3	22.2	2.9	4.2	5.1	23.2	19.9	7.9	1.3	-
사립	100.0	128.3	13.0	3.7	4.6	0.5	3.1	24.3	15.9	4.9	1.7
남	100.0	6.9	2.6	0.3	40.0	4.9	6.8	1.7	1.8	5.0	0.0
여	100.0	28.6	11.9	3.9	1.5	0.4	5.8	25.4	16.2	4.6	1.7

정은 국립 69.2%, 공립 5%, 사립 25.7%이다.

전공별로 보면 석사과정에는 공학이 45.0%로 가장 많고 다음으로 사회과학 11.4%, 이과 10.2%, 인문과학 8.7%이며 박사과정에는 치의예과가 34.10%로 가장 많고 다음이 공학 19.8%, 이과

일본 교육의 이해

11.3%, 인문과학 11.0%, 사회과학 8.5%이다.

또한 대학 입학 진학률을 보면 1976년(38.6%) 이후 계속 저하하고 있으며(84년 85년도만 약간 등) 1987년 이후 약 36%선에 머물고 있으며 1991년에 약간 상승, 1994년에 43.3%로서 가장 높은 진학률을 보이고 있다.

(2) 대학진학률과 입시문제

4년제 대학과 단기대학의 진학률도 1955년 10%에 불과한 엘리트 양성 단계였으나 1970년대 중반부터는 30%로 상회하여 대중화 단계를 넘어서게 되었다.

최근 6년간 4년제 대학 및 단기대학의 진학률을 보면 계속 증가하는 추세에 있으며 1993년에는 40.9%나 되었다. 그러나 4년제 대학의 진학률은 1993년 현재 28.0%이며 여성의 경우 19.0%로서 2년제 단기대학을 여자들이 선호하고 있음을 알 수 있다.

또한 일본의 대학입학의 특징은 각 대학마다 독자적으로 고안하여 시행되고 있다는 점이다.

국·공립대학의 경우는 2개 그룹으로 나누어져 각각의 그룹이 동일한 날짜에 시험을 보고 사립대학은 독자적으로 시험날짜를 택하여 실시하여 왔다.

그러나 1960년대에 경제성장이 급속도로 이루어지고 대학진학 희망자가 급증함과 동시에 대학시험 자체가 경쟁이 격화됨에 따라 수험생의 부담이 증대되고 대학 간의 심한 격차, 재수생의 증가 등으로 입시문제는 사회적 문제로 제기되었다. 1970년에 이르러 고등학교 교육과정에 통일적인 시험의 필요성이 인식되면서 1979년도부터 공통 제1차 학력고사가 실시되기에 이르렀다. 물론 통일시험을 치르는 학교는 국·공립대학이 대부분이다.

일본도 우리 나라처럼 대학입시가 격화되었으나 최근에는 다소 완화되고 있다.

III. 일본의 교직원

1. 교직원 개관

교사의 자격과 양성에 관한 법률로서 교육직원면허법이 있다. 교육직원면허법은 교육직원면허에 관한 기준을 정해 교육직원의 자질의 유지와 향상을 도모함을 목적으로 제정되었다.

일본 교육의 이해

 이 법에서 정하고 있는 교육직원이란 초등학교, 중학교, 고등학교, 맹아학교, 농아학교, 양호학교, 유치원교사, 조교사, 양호교사, 양호조교사, 강사이며 면허장의 종류로는 보통면허장과 임시면허장이 있다. 또한 면허장은 1급 및 2급으로 나뉘고 국내에서 통용되며 임시면허장은 그 면허장을 수여한 시·도에서만 3년간 유효하다.

 교장의 직무는 학교교육법(제28조 3항)에 의해 교무를 관장하고 소속직원을 감독한다고 규정되어 있으며, 교무의 구체적 내용으로는 일반적으로 물적관리, 인적관리, 운영관리 세 가지가 있다.

 또한 교감의 직무는 학교교육법(제28조 4항, 5항)에 의해 교장을 돕고 교무를 정리하며 필요에 따라 아동의 교육을 관장한다고 규정하고 있으며, 교장의 유고 시 그 직무를 대리하고 교장이 결원일 경우 그 직무를 수행한다.

2. 교사의 직무와 복무규정

 교사의 직무는 학교교육법(제28조 6항)에 의해 아동의 교육을 관장한다고 규정되어 있으며

VI. 학교교육

아동의 관장은 수업뿐 아니라 수업의 준비, 평가, 출결석 조사, 지도요령의 기입 등 아동·학생에 대해 실시하는 지도를 포함하고 있다.

또한 공립학교 교원은 동시에 지방공무원으로서의 신분을 가지며 다음과 같은 복무규정을 지켜야 한다.

1. 법령 및 상사의 직무상의 명령에 복종할 의무
2. 권위를 떨어뜨리는 행위의 금지
3. 비밀을 지킬 의무
4. 직무에 전념할 의무
5. 정치적 행위의 제한
6. 쟁의 행위의 금지
7. 영리 기업에의 종사 제한

또한 교원은 교육공무원특례법(제19조)에 정해진 바와 같이 그 직무를 수행하기 위해 끊임없이 연구와 수양에 노력해야만 한다.

3. 교원양성 및 자격

본은 메이지 유신 이래 교원양성기관인 사범학교가 천황제 교육병대의 양성소로서 역할을 해 왔다는 비판을 받아, 패전 이후(1945)에는 국가에 의한 폐쇄적이고 획일적이었던 교원양성을 개방적이고도 다양한 민주적인 교원양성제도로 단행하였다.

이와 같은 교원양성제도는 다소 문제점이 제기되어 시행착오를 거쳤으나 대체적으로 성공을 거두었다고 평가되고 있다.

1945년 이후 교원양성의 개혁은 과거의 국가에 의한 직접 양성제도인 전통적인 사범교육을 탈피하기 위하여 획기적으로 민주적인 교원양성제도로 전환되었다. 본래 일본은 1872년 도쿄에 국가가 직접 사범학교를 설립·운영함으로써 교원교육이 시작되었으며, 초등학교 교사양성은 사범학교가 담당하였고 1886년에 설립된 고등사범학교는 중등학교 교사의 양성을 담당하였다.

1949년부터는 이와 같은 국가에 의한 직접 양성체를 탈퇴, 모든 교사를 대학에서 양성하였고 개방제를 원칙으로 하는 두 개의 축으로 교원양성이 전개되었다.

1949년에 제정한 국립학교설치법에 의거, 패전 전의 사범학교가 학예대학 또는 학예학부, 교육학부에 편성되었는데 7개의 학예대학이 신설되었으며 19개의 학예학부, 26개의 교육학부가 55개의 사범

VI. 학교교육

학교와 46개의 청년사범학교가 통합되어 설립되었다.

이와 같이 설립된 학예대학은 1960년대 전문적인 교사를 양성하는 교육대학으로 바뀌었다.

이처럼 폭넓은 인간을 길러내는 학예대학이 전문적인 교사양성을 위한 교육대학으로 전환한 데는 각 계층의 요구가 있었기 때문이다.

특히 1958년 7월에 중앙교육심의회의 교원양성제도 개선방책에 대한 답신에서 "교사라는 직업은 높은 교양을 필요로 하는 전문직원"이며 패전 후의 개방제도는 "직능 의식보다는 교원에 필요한 학력, 지도력조차 충분치 못하다."는 비판을 하고, 정부가 교원의 질적 향상을 도모해야 한다고 명확히 제시하였다.

또한 일본 문부성은 교사의 전문성을 강화하고 변화하는 사회적 추세에 대응하기 위하여 1989년 이후 교원면허의 명칭과 기준을 개선하였다.

1989년도 이전에는 모든 학교 교사들은 1급과 2급 교사로 구분되어 있었으며, 자격기준도 학사학위를 중심으로 설정되어 있었다. 그러나 1989년 이후에는 모든 학교 유형에서 석사학위를 갖는 자는 전수면허장을 수여하는 것으로 교사의 자격기준을 격상하였다. 특히 고등학교 교사는 기본자격이 석사학위로 되었다. 교사양성과정 설치를 인정받은 대학은 소정의 기본자격과 단위를 취득한 자에게는 이를 기초로 각 시도교육위원회로부터 면허장이 수여된다.

또한 일본에서는 교사 면허장을 갖고 있다 하더라도 교원채용시험에 합격해야만 임용될 수 있다(교육공무원특례법 제13조). 채용시험의 방법으로는 필기시험과 면접, 논문, 실기(수영, 피아노 등), 체력테스트, 적성검사 등을 채택하고 있으며 이외에도 클럽, 봉사활동과 교육실습 이수상황도 채용선발에서 중요시되는 요소이다. 또한 채용 후에도 1년간은 시간교사로서 조건부로 근무하고 1년간의 근무 및 교육성적에 의하여 임용된다. 또한 교원으로 임용되었다 하더라도 직책수행에 필요한 지식, 기능, 교양 등의 능력을 함양하기 위해 연구와 수양에 노력해야 한다(교육공무원특례법 제19조, 20조).

4. 교원연수제도

일본에서의 교원 현직 연수는 국가·시·도·군·구·학교 등 각 단계에서 다양하게 이루어지

Ⅵ. 학교교육

고 있다.

예를 들면 초임자 연수, 교직 경험자 연수(3년차, 5년차, 10년차, 15년차 연수), 각 교과의 지도와 도덕교육, 학생지도에 관한 연수, 신교육대학과 그 밖의 국립대학에 파견되는 장기연수, 교장·교감 등에 대해서는 학교운영에 관한 연수 등이 있다.

1989년도부터 실시된 초임자 연수제도는 신임 교원으로 채용된 후 주로 소속학교 내의 특정한 지도 교원의 지도하에 사명감과 실천적 지도력의 기초를 배양하기 위해 마련된 연수제도이다.

초임자의 연수를 담당하는 지도 교원은 초임자가 소속된 학교의 교감, 교사 또는 강사 중에서 임명된다. 지도 교원은 초임자에게 교사의 직무 수행에 필요한 사항에 관해서 지도 및 조언을 하고 있다. 초임자 연수가 대학의 양성교육의 보충, 발전을 지향한다고 하면 이 지도 교원의 책임감은 매우 중요하다고 할 수 있겠다.

이 같은 점에서 지도 교원의 계획적 양성이 시급하며 지도 교원의 양성을 대학 또는 대학원에서 실시하는 것이 적절하다는 요구가 대두되고 있다. 또한 일본의 경우 우리 나라와 달리 교직 경험과 연수제도가 활발히 이루어지고 있다. 교직 경력자 연수제도란 교원의 연수과제와 연령, 교직 경험 연수와

대응시켜 경험 연수 기회를 설정하여 연수시키는 제도이다

예를 들면 교직 경력이 3년차 되었을 때 연수과제와 내용을 다르게 하며 5년차, 10년차, 15년차가 되었을 때도 계속 연수과제와 내용을 교직 성장이란 관점에서 다르게 편성·운영하고 있다. 이것은 라이프 스테이지(Life Stage)에 따라 연수를 체계화한 것이다.

이와 같은 교원연수의 형태와 방법은 다음과 같이 세 가지이다.

① 자기연수, 교내연수, 각종 단체에 참여 수강
② 교육행정기관에서 받는 연수
③ 대학에서 행하는 연수

일본에서는 우리 나라와 달리 교원의 연수를 의무로 생각하지 않고 오히려 권리로 생각하고 있다. 그래서 자기의 자발성에 의해서 스스로 하는 자주 연수가 크게 유행하고 있다.

또한 교내연수는 연구에 관심을 갖고 있는 교사 집단에 의한 연구수업, 발표회, 강습회 등 다양한 형태로 전개하고 있으며, 전국이나 지방적 수준에서 각종 연구단체와 연구서클을 통한 연수 기회가 있다.

또한 행정기관에서 실시하는 연수 중에는 문부성

VI. 학교교육

주최의 중앙연수, 각 시도교육위원회가 주관하는 연수 등이 있으며 신규채용, 교원연수, 주임연수, 교감·교장 자격연수 등 직급의 계층별로 다양하다.

이외에 대학에서 현직연수로서는 대학에 입학, 청강하는 형태로 이루어지고 있으며 상급 자격증을 취득하기 위한 연수도 있다.

최근에는 현직 교원의 연수를 목적으로 대학원에서 연수 기회를 확대하기 위하여 새로운 구상의 교육대학, 대학원이 설립되고 있다.

Ⅳ. 일본의 교육재정

1. 학교교육비

19 92년 국·지방공공단체가 학교교육을 위해 지출한 교육비 및 학교법인 등의 학교 설치자가 지출한 교육비 총액은 22조 7,261억 원이었다.

1982년 이후 증가율은 2.1~3.7%의 낮은 비율이었으나 1990년에는 7.5%, 1991년 5.7%로 크게 상승하였다. 국민소득에 대한 학교교육비의 비율은

일본 교육의 이해

1981년에는 7.1%로 최고를 점한 이후 매년 감소하였으나 1990년부터 상승하여 1992년에는 6.3%나 되고 있다.

다음으로 1992년의 학교교육비 중 학교 종별 구성비를 보면 초등학교가 29.5%로서 가장 높고 다음으로 대학·단기대학·고등전문학교 20.3%, 고등학교 19.9%, 중학교 18.7%, 유치원 3.9%, 맹아학교·농아학교·양호학교 2.9%이다.

또한 전수학교·각종 학교는 4.9%로 되어 있으며 최근 5년간의 구성 비율을 보면 초등학교·고등학교의 비율은 점차 저하되고 있고, 대학·단기대학·고등전문학교의 비율은 높아지고 있다.

또한 학생 1인당 학교교육비를 보면 대학·단기대학·고등전문학교가 160만 원으로 가장 많고 다음으로 고등학교 87만 원, 중학교 84만 원, 초등학교 75만 원, 유치원 45만 원이다.

또한 공·사립별 학교교육비의 비율을 보면, 고등학교에서는 3대 1, 중학교에서는 20대 1, 초등학교는 114대 1로 공립의 비율이 높다. 한편 유치원의 경우는 약 1대 2, 전수학교·각종 학교는 1대 21로 사립의 비율이 높다. 또한 학교교육비의 사용처를 보면 교직원 급여비, 기타 소비적 지출, 자본적 지출, 채무 상환비로 구분하는데 어느 학교든 교직원

Ⅵ. 학교교육

급여비가 가장 높은 비율을 차지하고 있다. 구체적으로 살펴보면 초등학교 52.5%, 중학교 49.6%, 고등학교 54.6%, 대학·단기대학·고등전문학교 44.4%로 나타나고 있다.

2. 교육조건의 정비에 대한 투자

일본은 경제성장에 따라 교육 환경 조건을 향상시키기 위해서 교육에 투자를 계속하였으며 특히 학교 규모와 교직원 정원 등은 다음과 같이 그 조건을 정비하였다.

(1) 학교 규모와 교직원 정원

초등학교와 중학교의 학급 규모와 교직원 배치의 적정화를 위해서 1968년도에 공립 의무교육제학교의 학급 편제 및 교직원 정원의 표준에 관한 법률을 제정하였다.

이와 같은 법률에 의거, 1969년도부터 5개년 계획으로 학급 편제 및 교직원 정원의 개선이 이루어졌으며 1993년도의 법 개정에 따라 93년부터 신 6개년 계획으로 개선이 이루어지고 있다.

일본 교육의 이해

제1차 계획(1969~1973)은 소위 콩나물 교실의 해소를 목표로 학급 편제 기준의 개선을 꾀하였으며 5년간 초·중학교의 아동·학생 수의 상한이 50명이 되었다. 제2차 계획(1974~1978)에서 아동·학생 수의 감소 경향을 감안, 학급 편제의 상한이 50명에서 45명으로 축소되었다. 제3차 계획(1979~1983)에서는 종래의 성과를 기반으로 남은 과제에 따른 몇 가지 작은 문제들에 대해서 조치를 강구함과 동시에 4학년 이상 복식학급의 해소를 위해 복식학급 및 특수학급의 편제를 개선하였다. 제4차 계획(1984~1988), 제5차 계획(1993~1998)에서는 전일제 일반고등학교 등 모든 고등학교는 40명으로 감축하게 된다.

고등학교의 학급 편제에 대해서는 1961년에 제정된 공립고등학교의 설치, 적정배치 및 교직원 정원의 표준에 관한 법률에 의하여 표준이 정해져 있다. 고등학교 표준법 제정 당시 한 학급의 정원도 전일제, 정시제를 통하여 일반고등학교 60명, 실업고등학교는 40명으로 되어 있었다. 그러나 2차 계획에서는 전일제 일반고 45명, 실업고 및 정시제 일반고등학교에서는 40명으로 감소되었다.

또한 1994년 교원 1인당 아동·학생 수를 보면 초등학교 19.7명, 중학교 16.9명, 고등학교 15.7명이다.

Ⅵ. 학교교육

공립 의무교육제학교의 학급 편제 및 교직원 정원의 표준에 관한 법률이 제정된 1968년 당시는 초등학교 교원 1인당 37.2명, 중학교 27.9명이었으나 그 후 계속 감소되어 교육여건이 많이 개선되었다. 고등학교의 경우도 이 법이 제정될 당시의 교원 1인당 학생 수가 많이 감소되었다.

(2) 공립학교 시설

1) 시설의 정비 상황

공립학교 시설의 경우 지방공공단체에 의하여 국고부담금, 지방교부세, 지방세 등의 제도를 활용하여 계획적인 정비가 진행되었다.

1994년 현재 고등학교 이하의 공립학교 건물의 총 보유면적은 2억 1,079만 평방미터이며, 공립초·중학생의 1인당 보유면적은 10.3평방미터가 되고 있어, 10년 전과 비교할 때 43.1%나 증가하였다. 옥내 운동장(체육관)의 정비를 진행함으로써 1994년 5월 현재 옥내 운동장을 보유한 비율은 초등학교 96%, 중학교 97%, 고등학교 97%나 되고 있다.

2) 보조제도의 개요

공립학교의 시설 정비에 대해서 국가의 조성 조치가 제도화된 것은 패전 후부터이며 처음에는 전

일본 교육의 이해

후복구 및 학제개혁에 따른 신제 중학교의 교사 정비 비용에 대해 국가 보조 조치로서 발족하였다. 그 후 계속 확충되어 1988년에는 현행의 의무교육제학교 시설비 국고부담법(1955)이 제정되었고, 공립고등학교 위험 건축물 개축 촉진 임시조치법(1953) 및 공립학교 시설재해복구비 국고부담법(1953)이 대폭 개정되어 공립학교 시설정비 비용에 대한 항구적인 국고부담 보조제도가 확립되었다.

21세기의 일본을 지켜 나갈 어린이를 가르칠 장(場)으로서 적합한 시설을 만들 필요성을 인식하고 다음 〈표5〉와 같이 시설 정비를 위한 구체적인 사업을 진행하고 있다.

Ⅵ. 학교교육

〈표5〉학교 시설 정비를 위한 사업

	사업명	사 업 내 용
교육내용·방법의 다양화에 대응한 시설구비	다목적 공간의 정비 (1984~) 컴퓨터교실의 정비 (1990~) 어학전용교실의 정비 (1994~)	다양한 학습활동에 대응할 수 있도록 아동·학생의 생활·활동의 장으로 사용되는 다목적 공간의 정비 정보화에 대응한 교육을 원활하게 진행시킬 수 있도록 컴퓨터교실 등 정보화의 대응공간을 정비 외국어교육의 추진에 필요한 어학교실의 정비
	옥외 교육환경 정비사업 (1982~) 아동·학생 교류시설 정비사업 (1983~)	배수시설을 갖춘 옥외운동장, 옥외무대 등 옥외집회시설 및 학습원 등 옥외 학습시설의 정비 아동·학생의 교류, 집단숙박시설의 정비
여유있고 풍요로운 시설구비	학교시설에 목재사용 촉진 (1994~) 특별교실의 정비 (1994~)	목재학교, 목재교실, 목재환경 만들기를 촉진 1) 목조건물의 보조기준단가의 인상 2) 목재 교육연수 시설을 정비 교육환경의 향상을 피하기 위한 특별교실 등의 정비
평생학습활동을 적극적으로 지원할 수 있는 시설구비	초·중 클럽하우스 정비사업 (1982~) 특별활동교실 정비사업 (1988~)	학교개방을 촉진하기 위해 만남의 교실, 탈의실을 구비한 클럽하우스의 정비 학급외 과외활동과 서클활동과의 관계를 충실히 하고 발전하도록 서클실을 정비
	지역사회학교 정비사업	학교시설의 고기능화, 다양화를 도모함과 동시에 다른 교육시설과의 복합화를 피하기 위하여 평생학습활동을 지원할 수 있는 학교시설을 추진

참고 문헌

1) 『學校の歷史, 全5卷』, 仲新 監修, 第一法規, 1979
2) 『日本の近代化と敎育』, 唐澤富太郎 編著, 第一法規, 1976
3) 『戰後日本の敎育政策』, 市川昭午 編著, 第一法規, 1975
4) 『現代日本の敎育環境』, 浜田陽太郎 編著, 第一法規, 1975
5) 『新日本敎育史』, 加藤仁平代表著者, 協同出版, 1976
6) 『學校經營學』, 吉本二郎 著, 國土社, 1965
7) 『敎育 デ-タランド '93 -'94』, 時事通信社 (매년 발행됨)
8) 『日本の 條件10 敎育』, NHK取材班, 1983
9) 『新敎育學大事典 全8卷』, 第一法規, 1990
10) 『我が國の文敎施策』, 文部省 編, 1989-1995 (매년 발행됨)

VII 사회교육

김도수

Ⅶ. 사회교육

I. 머리말

일본은 교육입국(敎育立國)을 자랑스럽게 여기고 있는 나라이다. 교육은 일본이라는 나라가 근대화하는 데 있어서 원동력이었고, 세계 정상의 군사대국으로 성장한 것도, 민주주의를 기반으로 한 정치·경제·문화의 최정상국으로 발전할 수 있었던 저력도 모두 교육의 성과라는 것을 일본 국민은 신봉하고 있다. 그래서 일본은 교육에 대한 투자를 아끼지 않고 있는 것이다.

일본 교육은 근대화 초기부터 학교교육과 사회교육이라는 두 축이 기간체계를 형성하며 국가 발전의 기틀을 다져 왔다. 다른 나라들이 교육의 핵심을 학교교육에 두고 오직 학교교육에만 매달려 온 것

일본 교육의 이해

과는 달리 일본의 교육정책 입안자들은 메이지 유신〔明治維新,1868〕 초기부터 국민교육이라는 넓은 시야에서 학교교육과 사회교육을 축으로 한 교육체계를 구안하고 있었던 것이다.

그들은 메이지 유신 직후 근대 교육제도의 단서가 된 「학제(學制)」(1873)를 공포하고, 1886년에는 문부성(文部省)을 신설하였으며 초대 문부대신으로 임명된 모리 아리노리〔森有禮〕는 대대적인 교육개혁을 단행하였다. 평소 문교정책의 중요성을 강조해 온 모리는 일거에 「제국대학령」, 「소학교령」, 「중학교령」, 「사범학교령」 등을 공포하고, 초등학교로부터 대학에 이르기까지 기간학교체계를 확립하였다. 일본은 「소학교령」에 최초로 의무교육을 규정함으로써 의무교육을 실현한 교육 선진국의 대열에 오르게 된 것이다. 1908년에는 4년이던 심상소학교의 의무교육 수업년한을 6년으로 연장하였는데, 다음해의 취학률이 96%에 달했다고 하니 가히 교육개혁의 신속성을 짐작할 만하다. 이러한 일련의 법령을 「학교령」이라고 부르고 있으나 이것은 제2차 세계 대전 패전 때까지 큰 변동없이 기간체계를 유지하고 있었다.

한편 일본은 메이지 유신 이후부터 사회교육을 학교교육과 함께 주요 국민교육정책의 일부로 설정

Ⅶ. 사회교육

하고 사회교육사업을 전개하여 왔다.

1886년에 비록 그것이 국민에 대한 사상대책의 일환으로 시작되었으나 「통속교육(通俗敎育)」이라는 공식적인 용어를 사용하여 사회교육 행정업무를 관장하였고, 1924년에는 문부성에 사회교육과를 신설하고 곧이어 사회교육국으로 승격시킴으로써 근대적인 국민교육으로서의 사회교육체계를 수립하기에 이르렀다.

제2차 세계 대전 패전 직후 일본 정부는 신속하게 「사회교육법」(1949)을 제정·공포하고 국민교육에 대한 사회교육정책을 실현하기 위하여 사회교육현장의 저변을 확대하였으며, 이로써 국민교육을 국가가 책임진다는 사회교육의 공교육화 의지를 분명히 밝힌 셈이다.

1971년 중앙교육심의회는 '제3의 교육개혁'이라고 알려지고 있는 「금후 학교교육의 종합적인 확충·정비를 위한 기본적 시책에 관하여」라는 답신을 문부대신에게 제출하였다. 이 답신에서는 교육을 학교라는 울타리에 한정시키지 않고 평생교육의 관점에서 재편성해야 한다는 것을 권고하고 있다.

오늘날 번창하고 있는 평생교육(일본에서는 生涯敎育이라고 함)이라는 새로운 교육세계로 진입하는 계기가 된 것이다. 일본은 교육 전체를 평생교육체계로 개편하고 있고 모든 국민이 언제 어디서나 어떤 내용이나 학습이 가능하도록 교육체제를 재편성하고 있다. 이 답신 이후 사회교육, 평생교육, 평생학습에 관한 자문과 답신을 반복하며 교육의 전면적인 개혁을 추진하고 있다. 평생교육 이상국가의 실현을 위한 교육개혁을 계속하고 있는 것이다.

다음으로 사회교육의 변천, 진흥, 현상 그리고 평생교육을 중심으로 한 개혁과정을 차례로 설명하기로 한다.

2. 사회교육의 변천

(1) 제2차 세계 대전 전의 사회교육

1) 통속교육의 등장

제2차 세계 대전 전의 일본의 사회교육은 민주주의 국가에서 볼 수 있는, 모든 국민에게 교육 기회를 부여하고 교육받을 권리를 보장하려는 사회교육의 체질과는 근본적으로 다른 성격을 가지고 있었다(김도수,1981:49). 바꾸어 말하면, 이 시대의 일본의 사회교육은 그 이념과 성격에 있어서 천황제 국가주의를 옹호하는 국민교화사업으로 사회교육을

Ⅶ. 사회교육

왜곡 관리하고 있었던 것이다.

그런 가운데서도 일본은 여러 가지 형태의 사회교육을 사회개화운동의 일환으로 활용하면서 일찍이 근대적인 사회교육으로 발전시키는 과정을 순조롭게 추진하여 왔다. 그러나 무엇보다도 일본이 오늘날과 같은 사회교육의 선진국으로 발전할 수 있었던 저력은 일본 국민 자신의 교육열이었고, 그 성과는 국가의 정책 과정을 거쳐서 다시 국민의 교육복지로 환원되고 있는 것이다.

메이지 개국 초기부터 일본의 사회상은 신문화를 갈구하는 국민의 교육열로 충만되어 있었고, 각종 신문 잡지의 창간을 비롯하여 출판, 독서활동, 학술강연회, 박람회, 서석관 설립 등 일련의 사회교육활동이 급진적으로 확산되고 있었다. 메이지 신정부는 그와 같은 국민의 사회교육활동이 과격한 민권운동으로 확대되는 것을 우려하고 이를 규제하기 위하여 신문 지령, 출판 조령, 집회 조령 등을 제정하여 사회교육활동을 통제하기도 하였다.

이 무렵의 사회교육은 사회교육과 같은 뜻을 가진 통속교육(通俗敎育)이라는 용어를 사용하고 있었다. 지금도 이 시기를 「통속교육기」라고 부르고 있으며 사회교육이라는 용어가 공식 용어로 사용되기 전까지 사회교육의 의미로 공식 사용되고 있었다.

일본 교육의 이해

 통속교육이라는 용어가 최초로 사용된 것은 1886년 문부성 관제의 학무국 업무 가운데서 "제3과에서는 사범학교·소학교·유치원과 함께 통속교육에 관한 사무를 관장한다."고 규정한 데서 비롯되었으나, 이 무렵까지만 해도 국민들 사이에서는 통속교육의 뜻과 개념을 분명하게 이해하지 못하고 있었다(廣坂,1966). 그 후에 밝혀진 통속교육은 통속 도서관, 순회 문고, 전람회, 환등, 영화, 강연회 등 바람직한 민중교육의 내용에 관한 것으로 규정되면서 분명해졌다(河野 외,1979 :21). 통속교육이란 오늘날 우리들이 논의하고 있는 사회교육의 의미 내용으로 사용되고 있었고, 근대화 초기에 국민개화 및 사회교육활동으로 그 기능과 역할을 수행하고 있었던 것이다.
 이 기간에 학계를 비롯하여 관련 분야에서 사회교육이라는 용어가 널리 사용되고 있었지만, 관용어로는 통속교육이 사용되고 있었고 이 때까지를 통속교육기라고 부르고 있다. 이 때에 일본에서는 도서관과 박물관이 설치되고 청년단이 조직되며, 도쿄〔東京〕와 히로시마〔廣島〕 고등사범학교에 개방강좌를 개설함으로써 일본에서 최초의 대학확장사업을 전개하기도 하였다.

Ⅶ. 사회교육

2) 사회교육시대의 개막

일본에서 사회교육을 공식 용어로 사용하며 「사회교육기」에 들어선 것은 1921년부터이다. 이 해에 문부성 관제에 규정된 통속교육의 용어를 사회교육으로 개칭함으로써 사회교육시대는 개막된 것이다. 이 시기의 일본의 사회교육은 창시기이자 확충기라 불리고 있다. 관제, 사무, 인사 등이 대폭 강화되고, 1924년에는 문부성 보통학무국에 사회교육과를 신설하여 도서관, 박물관, 청년단, 성인교육, 민중오락, 기타 사회교육에 관한 사항을 관장토록 하였으며, 이어서 사회교육과는 사회교육국으로 승격되고 청년교육과, 성인교육과, 서무과를 두는 등 사회교육의 행정제도를 확충·정비하였다.

이 시기에 청년의 심신을 단련하고 청년다운 자질을 향상시킬 것을 목적으로 하는 청년훈련소를 설치하고 각종 사회교육단체가 조직되어 다양한 사회교육운동을 전개하기도 하였다. 전시 중에는 군사 훈련을 목적으로 하는 청년단체와, 각종 국민운동단체를 조직하여 군사력, 노동력 증강에 힘씀으로써 사회교육을 오용하는 과오를 범하기도 하였다.

제2차 세계 대전 말기에는 문부성 사회교육국을 국민교화국으로 개편하면서 일본의 사회교육활동은 완전히 정지되는 비운을 맞기도 하였다. 2차 대전 말기까지 일본의 사회교육이념은 천황제 국가체제를 옹호하고 전쟁에 국민을 동원하기 위한 반사회교육적 활동이라는 비판을 면하기 어려운 성격을 띠고 있었다. 그러나 사회교육의 법 제도와 시설 설비를 정비·확충하고, 국민의 교육 수준을 크게 향상시키는 기반을 조성하게 되었다는 점에서 그 의의는 평가받을 만하다.

일본의 근대적 사회교육은 초창기부터 구미제국의 사회교육과는 성격이 달랐다. 일본에서 이러한 형태의 사회교육이 진행되고 있는 동안 영국에서는 이미 대학확장운동이 전개되고 있었고, 미국에서는 회원의 이익과 교양을 높이기 위한 성인교육운동이 여러 가지 형태로 전개되고 있었다.

(2) 제2차 세계 대전 후의 사회교육

1) 민주적 사회교육의 제창

일본의 사회교육은 1945년 2차 대전 직후부터 민주적 사회교육으로 전환하였다. 문부성이 선포한 「신일본 건설의 교육방침」에서는 사회교육에 관하여 "국민 도의 앙양과 국민 교양의 향상은 신일본 건설의 근저가 되는 것이므로 성인교육, 근로자교육, 가정교육, 도서관, 박물관 등 사회교육 전반에

Ⅶ. 사회교육

걸쳐서 이에 진작을 도모할 것"을 권장하고, 행정제도의 개편을 단행하였다.

패전 다음해에 발표된 「제1차 미국 교육 사절단 보고서」는 일본의 사회교육의 정책 방향을 결정하는 데 있어서 중요한 자료가 되었다. 이 보고서에서는 사회교육의 목적, 방법, 행정, 지도자, 시설, 관계단체, 학교개방 등의 전반에 걸친 새로운 사회교육의 방향을 권고하고 있다.

문부성은 이 보고서의 권고 내용을 기초로 전후 최초의 종합적인 교육개혁안으로서 「신교육지침」(1946)을 발표하였다. 이 지침에 실린 내용의 대부분은 학교교육에 관한 것이었으나 사회교육의 방향을 선명히게 제시하였던 것은 큰 수확이었다. 특히 「공민교육의 진흥」 항목에서는 공민의 이념과 공민교육의 내용, 사회교육에 있어서의 공민교육의 방법 등을 명시하였다. 더욱이 방법면에서는 대학확장사업의 전개, 초등학교와 중학교의 어머니 학급과 학부형회 개최, 강연·영화·팜플렛·포스터를 통한 공민교육의 전개, 도서관·박물관·미술관 등의 활성화를 권고하고 있는데, 이 지침은 전후 일본의 신교육을 펼치는 토대로 평가되고 있으며, 따라서 사회교육에 미친 영향도 그만큼 크다고 볼 수 있다.

일본 교육의 이해

2) 사회교육법제도의 정비·확충

일본이 사회교육에 얼마나 큰 관심을 가지고 힘을 기울이고 있는지는 패전 후 어려운 사회환경에서도 신속하게 「사회교육법」(1949)을 제정했던 사실에서 알 수 있다. 이에 비하여 한국에서는 1982년에 뒤늦게 사회교육법을 제정했는데 사회교육의 조건정비 측면에서 보면 빈약하기 이를 데 없다.

일본이 사회교육법을 제정하기까지는 많은 우여곡절을 겪기는 하였으나, 이 법이 제정됨으로써 사회교육은 명실공히 국민교육을 국가가 책임지는 공교육이라는 것을 분명히 밝힌 셈이다. 현대 일본의 사회교육 법체계는 헌법, 교육기본법, 사회교육법으로 일관되어 있으며, 이러한 법체계를 중심으로 제도가 성립되어 있고 이러한 제도를 중심으로 사회교육은 관리·운영되고 있다.

일본 헌법은 일본국의 기본적인 조직과 국정의 기본 이념을 명시하고 있고 헌법을 토대로 교육기본법이 제정되어 있으며, 사회교육에 관한 국가 및 지방공공단체의 임무를 포괄적·통일적으로 규정한 법률로서 사회교육법이 제정되어 있다.

다음으로 사회교육과 관련된 주요한 법조항들을 간략하게 살펴보기로 한다. 헌법 제26조(교육을 받을 권리)에는 "모든 국민은 법률이 정하는 바에 따라

Ⅶ. 사회교육

그 능력에 따라서 평등하게 교육받을 권리를 가진다."고 규정하고 있다. 이것은 국민교육의 기회 균등을 법률로서 보장하기 위한 법정신이다.

 이러한 헌법 정신을 기초로 교육기본법이 제정되어 있고 그 밑에 학교교육법과 사회교육법이 제정되어 있다. 헌법에 규정된 '교육받을 권리'는 학교교육의 대상인 '청소년의 교육받을 권리'만을 의미하는 것이 아니고, 모든 국민에게 적용되는 이른바 '권리로서의 사회교육'까지 포함하는 교육정신을 규정하고 있는 것이다. 교육기본법 제2조에는 "교육의 목적은 모든 기회, 모든 장소에서 실현되지 않으면 안 된다."라고 규정하여 교육을 종래의 학교 중심 교육체계에서 모든 국민을 대상으로 한 교육권 보장의 수준으로 확대하고 있는 것이다.

 교육기본법 제7조에는 "가정교육 및 근로의 장소, 기타 사회에서 행하는 교육은 국가 및 지방공공단체에 의하여 장려되지 않으면 안 된다. 국가 및 지방공공단체는 도서관, 박물관, 공민관 등의 시설 설치, 학교 시설의 이용, 기타 적당한 방법에 의하여 교육목적의 실현에 힘쓰지 않으면 안 된다."고 규정하고 있는데, 이것은 사회교육을 사교육(私敎育)의 단계에 방치하지 않고 국가와 지방공공단체가 공교육으로서 장려할 것을 명백히 한 것이며, 조건 정비에 대한 책임을 국가 사회가 져야 한다는 것을 명문화하고 있는 것이다.

사회교육의「기본3법(基本3法)」이라고 일컬어지는 사회교육법·도서관법·박물관법은 모두 교육기본법 제7조의 정신에 따라서 제정된 것이다.

일본의 사회교육법은 대전 전의 왜곡된 정신을 바로잡기 위하여 국가 주도로부터 국민 주도로, 중앙집권에서 지방분권으로, 국민의 자주성을 존중하는 원조 행정으로, 그리고 시설 중심, 전문직화(專門職化)를 특징으로 하고 있다. 그렇다고 현재 일본의 사회교육이 법규대로 운영되고 있는 것은 아니다. 예를 들면 사회교육시설을 중요시하면서도 단체 중심의 사회교육에서 벗어나지 못하고 있다든가, 혹은 구미제국과 같은 수준의 도서관 중심이나 대학확장교육 등이 활성화되지 못하고 있는 것은 그 좋은 예가 되고 있다.

3) 사회교육법의 주요 내용

일본의 사회교육법은 전 7장 57조 부칙으로 구성된 사회교육에 관한 종합법적 성격을 띠고 있다. 사회교육과 관계된 법률로서는 사회교육법 이외에 도서관법, 박물관법, 청년학급진흥법, 스포츠진흥법, 문화재보호법, 사회교육주사 강습규정, 공민관의

Ⅶ. 사회교육

설치 및 운영에 관한 기준 등이 있다.

사회교육법에 규정된 주된 내용은, 국가 및 지방공공단체의 임무, 도도부현(道都府縣) 및 시정촌(市町村)교육위원회의 소관사무의 범위, 사회교육주사 등의 임무 및 자격, 사회교육 관계단체와 국가 및 지방공공단체의 관계 등에 대한 법적 근거를 부여하는 동시에 공민관, 학교개방, 통신교육의 제도 등에 관하여 상세히 규정하고 있다. 여기에서는 주요 부분만을 소개하기로 한다.

제2조 "사회교육의 정의에서는, 사회교육이란 학교의 교육과정으로서 행해지는 교육활동을 제외하고 주로 청소년 및 성인에 대하여 행해지는 조직적인 교육활동(체육 및 레크리에이션 활동을 포함)을 말한다."

제3조 "국가 및 지방공공단체는 그 법률 및 기타 법령이 정하는 바에 따라서 사회교육의 장려에 필요한 시설 설치 및 운영, 집회(集會)의 개최, 자료 제작, 배포, 기타의 방법에 의하여 모든 국민이 모든 기회, 모든 장소를 이용하여 스스로 실제 생활에 필요한 문화적 교양을 높일 수 있는 환경을 조성하도록 노력해야 한다."

일본 교육의 이해

　제2조는 일본에서 공통적으로 사용되고 있는 사회교육의 정의이다. 사회교육이란 ① 정규 학교교육 과정에 의한 교육활동을 제외하는 것이고, ② 청소년 및 성인을 위한 조직적인 교육활동이며, ③ 체육 및 레크리에이션을 사회교육 내용에 포함시키고 있는 것이다. 즉, 사회교육이란 정규 학교교육은 제외되며 근로 청소년 및 성인이 주대상이 되고, 체육 및 레크리에이션을 사회교육과정에 포함시킨다고 명확하게 규정하고 있다.

　제3조는 사회교육법의 기본정신을 규정하고 있는 것으로서 모든 국민이 모든 기회, 모든 장소에서 생활에 필요한 문화적 교양을 높일 수 있도록 행정 당국은 환경 조성의 책임을 져야 한다는 것을 명시하고 있는 동시에 나아가 국민의 교육권 의지를 명시하는 규정이라고 할 수 있다.

　이 밖에 제1장에서는 사회교육에 대한 국가와 지방공공단체의 의무, 예산에 관하여 규정하고 있고, 제2장에서는 사회교육주사(主事:한국의 장학사에 해당) 및 주사보의 자격·배치에 관하여, 제3장에서는 문부대신 및 교육위원회의 사회교육 관계단체에 대한 지도 조언에 대하여, 제5장은 공민관의 설치 운영, 제6장과 제7장에서는 학교개방과 통신교육에 대하여 각각 규정하고 있다.

Ⅶ. 사회교육

일본의 사회교육법에서 특히 주목되는 것은 전체 57개 조문 가운데서 22개 조항이 공민관(公民館)에 관하여 규정하고 있는 점이다. 그래서 사회교육법에 공민관법이라는 별칭을 붙이기도 한다. 원래 사회교육시설은 사회교육사업을 목적으로 설치된 것이며, 현대 사회교육에 있어서 그 역할의 중요성이 강조되고 있음을 알 수 있다.

공민관은 도서관, 박물관과 함께 일본의 주요 사회교육시설 가운데서 전후에 설립된 것이지만 가장 대표적인 시설로서의 역할을 하고 있다. 일부 대도시를 제외하면 지역사회에서의 사회교육이 공민관을 중심으로 이루어지고 있는 것을 보아도 알 수 있다.

일본의 사회교육법은 제정된 지 10년 만에 그 일부가 개정되었다. 이 법이 제정된 이래 시대·사회적 변화와 법 운영과정에서 문제점이 드러나 다음과 같은 몇 가지 조항을 개정한 것이다. ① 종전에는 도도부현에만 설치하도록 규정된 사회교육주사를 모든 시정촌(市町村)에도 의무 설치하도록 하였다. ② 사회교육 관계단체에 대한 보조금의 지출을 금지하고 있던 조항을 삭제하여 국가 및 지방공공단체로 하여금 사회교육 관계단체의 활동을 조장할 수 있도록 보조금 지급의 길을 터놓았다. ③ 문부대신으로 하여금 「공민관의 설치 및 운영상에 관한 기준」을 제정하도록 하고, 공민관의 주사를 법적으로 명시하였다.

3. 사회교육의 개혁

1970년대와 1980년대는 일본의 사회교육에 있어서 역사적인 의미를 가진 시대라고 할 수 있다. 왜냐하면 이 기간 동안에 사회교육개혁과 관련된 몇 가지 주목할 만한 보고서가 제출되었고 개혁이 추진되었기 때문이다. 이러한 보고서를 일본에서는 답신(答申)이라는 용어로 사용하고 있는데, 이들 답신 중의 하나는 사회교육심의회가 발표한 보고서이고, 다른 하나는 중앙교육심의회가 제출한 두 가지 보고서이다. 그렇다면 이들 보고서에서 권고하고 있는 개혁방향에 대하여 차례로 살펴보기로 한다.

(1) 「사회교육심의회」의 개혁안

일본은 대전 후 사회교육의 민주화에 역점을 두고 추진하여 왔던 사회교육을 1970년대에 들어와

Ⅷ. 사회교육

전면적인 재검토에 착수하였다. 사회교육의 중요성을 한층 더 자각하고 사회교육의 개혁에 착수한 것이다. 1971년 사회교육심의회는 문부대신의 자문요청에 대한 답신으로「급격한 사회구조에 대처하는 사회교육의 기본방향」(사회교육심의회, 문부성, 1971)이라는 보고서를 제출하였다. 이것은 문부대신의 사회교육개혁 방향에 대한 자문요청에 답하기 위하여 제출된 심의회의 보고서이다.

다음은 심의회의 답신에 담긴 개혁내용을 간략하게 소개한 것인데 이것을 보면 일본이 사회교육의 진흥을 위해서 얼마나 노력하고 있는지를 알 수 있다. 그럼에도 불구하고 교육학계와 교육현장에서는 사회교육의 부진을 들어 사회교육정책에 대한 불만과 비판을 늦추지 않고 있다.

이 보고서는 전 3부로 구성되어 있으며 새로운 사회상황에 대응할 수 있는 사회교육의 기본방향을 종합적이고 체계적으로 작성하고 있다.

답신 제1부에서는 사회구조의 변화와 평생교육의 구상에 대하여 다음과 같이 기술하고 있다.

"일본은 과거 10수년 간, 고도의 경제성장과 기술의 진보, 중·노년층의 인구 증대, 인구의 도시집중화, 핵가족화의 경향, 국민의 학력수준 향상 등으로

일본 교육의 이해

인하여 사회구조가 급격하게 변화하고 있다. 따라서 물질적인 생활은 풍부해지고, 물심 양면의 행동 선택의 폭은 넓어지고 있다. 그러나 그 반면에 개성의 상실, 인간 소외, 세대 간의 단절, 연대 의식의 감퇴, 교통 재해, 자연 파괴 등의 현상이 야기되고 있다. 이러한 격심한 변화 가운데서 국민 한 사람 한 사람은 그 생애의 각 시기에 알맞는 새로운 학습 요구와 생활 과제를 가지게 된다. 그러므로 사람은 모든 연령 단계에 걸쳐서 끊임없이 자기 계발을 계속하여 인간으로서 주체적이고 풍부한 삶을 영위해야 하며 상호 연대 의식을 높여가야 한다. 이러한 상황 가운데서 국민의 자기학습(自己學習)과 상호교육을 조직적으로 높여주고, 그것을 위한 기회와 장소를 풍부하게 제공할 수 있는 사회교육에 대한 기대는 더욱 증대되고 있다."

이 보고서에서는 사회교육을, "국민생활의 모든 기회와 장소에서 행하는 각종 학습을 교육적으로 높이는 활동을 총칭한다."고 정의하고 있다. 이 정의는 지금까지 일본의 사회교육의 일반적인 개념이 청년단, 부녀회 등의 단체와 공민관, 도서관 등의 시설, 학급, 강좌 등과 같이 협소한 활동으로 해석되고 있던 것을, 격변하는 사회에 대처할 수 있는

Ⅷ. 사회교육

장래의 사회교육으로 확대하기 위하여 보다 광범위하고 포괄적인 개념으로 제시하고 있는 것이다.

이 답신에서 제시하고 있는 사회교육의 이념과 전망을 요약하면 다음과 같은데, 이로써 일본이라는 국가가 사회교육정책을 얼마나 체계적이고 적극적으로 추진하고 있는지를 알 수 있다.

첫째, 장래의 사회교육은 과거의 학급이나 강좌를 중심으로 하는 좁은 활동에서 벗어나 스포츠, 클럽·서클활동, TV프로 시청 등을 포함하여 모든 기회, 모든 장소에서 이루어져야 한다.

둘째, 평생교육의 이념을 주축으로 하여 전체 교육구조는 재편성되어야 하는 동시에 사회교육은 강화되어야 한다. 날로 새롭게 쏟아지고 있는 지식 기술로 인하여 사람은 일생 동안 학습을 계속하지 않으면 안 되는 현실세계에서 살고 있다. 그러므로 인간의 교육은 평생교육체제로 재편성되어야 하며, 따라서 가정교육, 학교교육, 사회교육의 삼자는 유기적으로 결합되어야 한다.

셋째, 사회교육의 본질인 자주적이고 자발적인 자기교육에 기초한 교육체제를 확립해야 한다.

넷째, 사회교육과 사회교육행정은 확실하게 구분되어야 하며 양자의 성격과 역할을 혼동하지 않도록 해야 한다. 지원체제로서의 사회교육행정의 성격과 역할은 분명해야 한다.

답신 제2부는 평생교육의 관점에서 사회교육의 진흥에 대하여, 그리고 제3부에서는 제1, 2부에서 논의된 것을 보다 구체적으로 실현함에 있어서 사회교육행정의 역할과 중점에 대하여 기술하고 있다.

이 답신에서 일본의 사회교육계는 처음으로 평생교육의 관점에서 사회교육을 포함한 가정교육과 학교교육의 유기적인 연계 협력관계를 강조하고 있다. 이를 계기로 일본의 평생교육시대의 막이 올랐던 것이다. 사회교육뿐 아니라 일본의 교육체제 전체를 평생교육 중심으로 재편성해야 한다는 것을 촉구하는 정책의 제시라고 할 수 있다.

(2) 평생교육시대의 진입

사회교육심의회가 답신을 제출한 1971년에 중앙교육심의회도 문부대신에게「금후 학교교육의 종합적인 확충·정비를 위한 기본적 시책에 관하여」라는 답신을 제출하였는데 이 답신은 '제3의 교육개혁'이라고 불릴 만큼 유명하다. 이 보고서의 내용은 학교교육에 초점을 두고 있지만, 학교라는 세계에만 시야를 한정시키지 않고 학교교육의 한계, 학교교육 중심주의의 폐해를 자각하고 교육 전체 가운

Ⅶ. 사회교육

데서 학교교육을 개선하여, 이것을 다른 교육활동 영역과 관련지어 재편성해야 한다는 것을 요청하고 있다. 즉 평생교육의 방향으로 개혁해야 한다는 것을 주요 내용으로 담고 있다.

이 답신의 서문에서는 "국가·사회의 미래를 걸고 제3의 교육개혁에 신중하게 착수할 것"을 권고하고, 전문적·기술적으로 검토를 요하는 사항의 첫째는 "이른바 평생교육의 관점에서 전 교육체계를 종합적으로 정비할 것"을 권고하고 있다.

답신 제1편「학교교육의 개혁에 관한 기본 구상」에서는, 다가오는 사회에 있어서 학교교육의 역할은 평생교육의 입장에서 재검토되어야 하며, 미래사회에서 인간이 직면하는 인간형성에서 요구되는 중요한 문제에 대응하여 언제, 어디서, 어떤 교육의 기회를 마련할 것인가를 고려하지 않으면 안 된다는 것을 강조하고 있다.

또한 이 답신은, 평생교육은 인간형성이라는 관점에서 이해해야 하는데, 종래의 가정교육, 학교교육, 사회교육이라는 구분이 연령층에 의한 교육대상의 구분으로 오해되어 왔지만, 앞으로는 그들이 인간형성에 대한 상호보완적인 역할을 수행해야 한다는 것을 지적하고 있다. 즉 가정교육, 학교교육, 사회교육은 서로가 역할분담을 명확하게 하는 것이 중요한 과제인 것이다. 그리고 지금까지 학교교육에 대하여 과대한 기대를 걸어왔던 것이 오히려 교육 전체의 효과를 감소시킨 경향이 있었다는 것을 지적하고 있다. 교육영역 간의 유기적인 제휴책의 하나는 국민이 필요로 하는 학습을 할 수 있도록 학교를 가능한 한 개방할 것도 동시에 제안하고 있다.

이 답신의 주안점을 요약하면, 학교교육은 평생교육의 관점에서 개선해야 하고, 그 한계와 역할을 분명히 하며, 다른 교육영역과의 제휴의 필요성과 가능성을 시사하고 있다. 이 답신이 제창한 교육개혁의 구상에 대한 시비가 없는 것은 아니지만, 평생교육의 관점에서 보면 교육계에 미친 영향력은 막대한 것으로 알려지고 있다.

(3) 평생교육체제화

1984년에 중앙교육심의회는 「평생교육에 관하여」라는 표제의 답신을 문부대신 앞으로 제출한 바 있다. 이것은 앞에서 설명한 1971년에 제출된 사회교육심의회의 답신과 중앙교육심의회의 답신에서 논의한 평생교육에 관한 문제를 종합·발전시킨 것이다.

중앙교육심의회는 「당면하는 문교의 과제에 대응하기 위한 시책에 관하여」라는 제목의 자문요청에

Ⅶ. 사회교육

대하여, 평생교육의 관점에서 장래의 교육을 고찰할 이유로서 다음과 같이 회답하고 있다.

"오늘날 복잡하게 변화하는 사회환경 가운데서 국민 한 사람 한 사람이 각자 다양한 생활환경에 따라서 필요한 학습을 행하고, 각자의 개성·능력을 신장하여 보람있는 충실한 생활을 향유할 수 있는 일이 긴요한 과제이며, 그리고 생활의 활력 유지·발전을 위해서도 중요한 일이라고 생각하기 때문이다."

심의회가 제출한 답신의 기본적인 전제는 "금후 개인의 과제와 사회의 요청을 고려할 때, 교육체계는 무엇보다도 평생교육의 관점에서 긴급하게 재편성되어야 한다."는 데 두고 있다.

또한 심의회는 다음과 같이 「평생교육의 정의」를 내리고 있는데 이것은 일본의 사회환경 변화에 상응하는 새로운 정의라는 점에서 중요한 의미를 가지고 있다.

"… 평생학습을 위하여 스스로 학습하는 의욕과 능력을 기르고, 사회의 여러 가지 교육기능의 상호관련성을 고려하여 종합적으로 정비·확충하려는 것이 평생교육의 구상이다. 바꾸어 말하면 평생교육이란, 국민 한 사람 한 사람이 충실한 인생을 보내는 것을 목표로 일생 동안의 학습을 돕기 위하여 교육제도 전체가 그 토대 위에 수립하려는 것이 기본적인 이념이다."

 1988년에는 '평생학습심의회'를 설치하여 평생학습 추진체제를 정비하고, 1990년에는 평생학습에 관한 최초의 법률「평생학습 진흥을 위한 정책 추진체제 등의 정비에 관한 법률」을 제정·공포하였다. 이로써 일본의 평생교육은 실현 가능한 정책부터 실천으로 이행하고 있고, 미래의 평생학습을 진흥시키는 데 있어서 법적 기반을 구축하게 된 것이다.
 문부성은 이 법률을 기초로 평생학습 추진체제와 평생학습기반을 지속적으로 정비·확충하고 있다. 또한 학교교육의 기본교육을 철저히 하며, 자기교육력을 육성하고 학교를 평생학습기관으로서 역할을 충실히 할 수 있게 하며, 평생학습의 장과 기회에 있어서 중요한 역할을 하고 있는 사회교육을 더욱 진작하고 있다.
 문부성은 평생학습추진회와 같은 연락조정기관의 설치를 권장하고 이를 원조함에 따라서 각 지방에는 여러 종류의 평생학습기관·사업이 전개되고 있다. 지금 일본 각 지방에는 '평생학습 마을 만들기'와 같은 지역 평생교육 모델이 전국 각 지역으로 확산되고 있다. 평생교육시대의 전성기로 진입하고 있는 것이다.

(4) 문부성 '생애학습국'의 설치

 문부성은 1988년 7월 「임시교육심의회 최종답신」의 의견을 받아들여 종래의 사회교육국을 '생애학습국'으로 개칭하고 기구를 확충·개편하였다. 이것은 단순한 기구 개편이 아니고 일본의 교육체계를 평생학습체계로 종합·개편하려는 의도가 포함되어 있는 것이다. 그 의도는 생애학습국을 수서국의 위치에 배치하고 있는 것을 보아도 알 수 있다.

 이 생애학습국의 주요 업무를 보면, 가정교육·학교교육·사회교육·스포츠와 문화활동에 걸쳐서 평생학습의 진흥에 관한 종합적인 시책을 기획·조정하고, 평생학습을 추진하는 데 있어서 중요한 교육기능의 하나인 사회교육의 진흥을 담당하는 데 두고 있다. 또한 민간교육사업의 진흥과 타부처와 관련된 사업을 제휴·협력하는 것을 적극적으로 추진하는 것을 주요 과업으로 하고 있다(生涯教育學會,1990:271).

 문부성의 기구조직은 대신관방(大臣官房)과 6국

일본 교육의 이해

을 설치하고 있는데 6국에는 ① 생애학습국 ② 초·중등교육국 ③ 교육조성국 ④ 고등교육국 ⑤ 학술국제국 ⑥ 체육국이 있다. 그 중 생애학습국에 설치된 기구로는 ① 생애학습진흥과 ② 사회교육과 ③ 학습정보과 ④ 청소년교육과 ⑤ 부인교육과가 있다. 그 관장업무를 보면, 생애학습진흥과는 평생학습의 종합적인 진흥을 주업무로 하며, 민간교육사업, 사회통신교육의 진흥, 대학입학 자격검정, 방송대학, 학교개방, 공개강좌의 촉진 등의 업무를 관장하고, 사회교육과는 젊은이로부터 노인에 이르기까지 다양한 학습기회를 제공하는 것을 중심 업무로 하고, 성인교육, 고령자교육, PTA활동의 진흥, 사회교육직원의 양성·연수, 시설의 정비, 단체육성 등의 업무를 관장한다. 학습정보과는 개인학습의 원조, 교육미디어의 이용촉진을 중요 업무로 하고 정보제공체제의 정비, 네트워크화의 촉진, 도서관, 시청각센터의 정비, 직원연수, 영화교재 등의 업무를 관장한다. 청소년교육과는 청소년 육성을 주업무로 하고 있으며 봉사활동, 자연생활체험, 청년학급·교실 등의 학습기회의 제공, 청년의 집, 소년자연의 집 등의 정비와 지도자 육성 등을 담당한다. 끝으로 부인교육과는 가정교육의 진흥, 부인을 대상으로 한 각종 학습활동 제공, 부인교육시설의 정

Ⅶ. 사회교육

비·확충, 지도자양성, 단체육성 등의 업무를 관장하고 있다.

이러한 문부성의 기구 개편에 따른 생애학습국의 설치는 당시 일본의 교육계에서는 매우 획기적인 사실로 받아들여지고 있었다. 종래의 사회교육국이 가지고 있던 한계를 극복할 수 있고, 보다 중요한 것은 평생교육체제를 통해서 종래의 학교중심 교육의 한계로부터 탈출할 수 있다고 믿고 있었기 때문이다.

우리 나라는 1996년 7월 교육부 직제 개편 시에 종래의 '사회국제교육국'을 '평생교육국'으로 개편하였다. '평생교육국'이 일본의 '생애학습국'과 어떤 차이가 있는지는 아직 확실히 드러나지 않고 있으나, 평생교육행정이라는 새로운 행정체계를 통해서 평생교육의 새로운 방향을 설정하고 평생교육사회를 실현하는 데 있어서 중요한 계기가 될 것으로 믿는다.

4. 사회교육시설 · 단체

일본의 사회교육계는 사회교육활동의 내용이나 방법에 따라서 다양한 시설, 기관, 단체들이 설립·운영되고 있다. 사회교육시설을 기능적인 측면에서 보면 공민관(公民館)과 같은 다목적 시설과 도서관, 박물관과 같은 전문시설이 있고, 대상별 시설로서는 소년자연의 집, 청년의·집, 부인회관 등이 있다. 설치 주체별 시설로는 국립, 공립, 사립 등이 있고, 구역별로는 일상생활 권역시설과 광역생활 권역시설로 구분하기도 한다.

이것을 설치의 목적, 형태, 대상 등으로 구분하면 다음과 같다.

① 주거구역이나 학교구를 단위로 하고 지역성을 기반으로 종합적인 사회교육활동의 기간 시설이 되는 것 : 공민관

② 전문영역과 독자적인 내용이나 방법을 가지고 사회교육활동을 실시하는 시설 : 도서관, 박물관, 시청각센터, 사회체육시설

③ 대상을 한정시켜서 사회교육활동을 실시하는 시설 : 청년의 집, 소년자연의 집, 아동문화센터, 부인회관

Ⅶ. 사회교육

다음에 일본에서 널리 활용되고 있는 사회교육시설을 차례로 살펴보기로 한다.

(1) 공민관

공민관은 일본이 패전 후에 문부성의 제의로 설립한 일본 특유의 종합적인 사회교육시설이다. 공민관의 취지, 설치, 운영방법 등은 문부성 통첩「공민관의 설치 운영에 관하여」(1946)에 규정되어 있다.

이 통첩의 구상에 의하면, 공민관은 전국 각 시정촌(市町村)에 설치하고 정촌 사람들이 항상 모여서 토론하고 독서하며, 생활상 산업상의 지도를 빌고, 서로 교우를 깊게 하는 문화교양의 기관이며, 그리고 문화단체의 본부가 되어 정촌 진흥의 저력을 산출하는 장소이다. 따라서 공민관은 사회교육, 사교오락, 자치진흥, 산업진흥, 청년육성 등의 목적을 종합하여 설립한 향토진흥의 중핵기관으로 위치하고 있다.

문부성의 공민관 구상에 따라서 공민관의 설립은 급속하게 진전되어 1949년에 4,000여 개의 공민관이 설치되었다. 이러한 상황 가운데서 제정된 사회교육법(1949)에는 1개 장을 두어 공민관의 설치 운영에 관한 법적 근거를 상세하게 규정하고 있다.

사회교육법에 의하면 공민관의 목적은, 주민을 위하여 실제생활에 대응하는 교육, 학술 및 문화에 관한 각종 사업, 주민의 교양 향상, 건강 증진, 정조 순화를 도모하며, 생활문화의 진흥, 사회복지의 증진에 기여하는 데 두고 있다.

현재 일본에는 약 15,000여 개의 공민관이 설립되어 있고 전문적 자격을 갖춘 관장과 직원을 확보하고 있다. 공민관은 연간 약 5만 9천여 강좌를 개설하고 있는데 여기에 참가하고 있는 총 참가자 수는 연간 약 445만 명에 달하고 있다.

공민관 가운데는 시설이 미비한 곳도 있고, 특히 농촌과 중소도시 중심으로 설치되어 있지만 대도시의 보급률이 떨어지고 있는 것은 공민관이 당면하고 있는 과제라고 할 수 있다. 그러나 일본의 사회교육의 중추기관으로서 국민의 다양한 학습요구를 위하여 학습 정보, 기회, 장을 제공하고 있고, 주민의 자치능력의 향상과 사회적 활용을 도모하며, 새로운 지역사회를 창조하는 지역사회의 거점으로서 그 역할에 대한 기대는 더욱 높아지고 있다.

(2) 도서관

일본의 도서관은 지방공공단체나 법인이 설립한 공공도서관, 중·고등학교 설립의 학교도서관, 대

Ⅶ. 사회교육

학에 설립된 대학도서관, 기업체, 관공서, 연구소 등이 설립한 전문도서관, 국가가 설립한 국립국회도서관과 국립도서관이 있다. 여기에서 말하는 사회교육시설로서의 도서관은 공공도서관을 의미한다.

일본의 도서관은 오랜 역사적 연혁을 가지고 있다. 그러나 전쟁으로 인해 도서관은 파괴되었고 제도는 아직도 정비되지 않은 상태에 있었다. 대전 후에 파괴된 도서관을 복구하고, 곧「도서관법」(1950)을 제정하여 제도를 정비하는 한편 도서의 관리보존에 중점을 두어 왔던 도서관을 이용자에게 적극적으로 봉사하는 동적 기능으로 전환하였다

도서관법에는 도서관이란 "도서, 기록 기타 필요한 자료를 수집, 정리, 보존하여 일반 대중의 이용에 편의를 제공하고, 그 교양, 조사연구, 레크리에이션 등에 이바지하는 것을 목적으로 한다."고 규정하고 있는데 여기에 사회교육기관으로서의 성격이 명시되고 있는 것이다.

도서관의 기본적인 기능은 자료를 구하는 모든 사람에게 자료를 제공하는 일이다. 공공도서관은 자료에 대한 요구에 응하는 것뿐 아니라 자료에 대한 요구를 높이고 넓히기 위하여 활동한다. 공공도서관은 모든 사람에게 서비스한다. 공공도서관은

일본 교육의 이해

이용자가 구하는 자료는 원칙적으로 어떤 것이든 제공한다. 이와 같은 일반 대중에 대한 자료제공은 공공도서관의 임무이며 이런 점에서 도서관은 다른 유사 기관과 구별되는 것이다.

일본의 공공도서관에는 지방공공단체가 설치하는 공공도서관과 법인이 설치하는 사립도서관이 있다(도서관법 제2조). 도서관에는 사서 및 사서보라고 칭하는 전문적 직원이 있고, 자료의 수집, 정리 및 대출, 레퍼런스, 기타 전문적 업무에 종사한다.

도서관은 그 목적 달성을 위하여 지역실정 및 주민의 요구에 따라서, 그리고 학교교육과의 제휴에 유의하여 도서관 봉사의 실현에 노력하지 않으면 안 된다. 따라서 도서관법 제3조에는 그 임무를 규정하고 있는데 여기에서는 몇 가지 중요한 부분만을 열거해 둔다.

① 향토자료, 지방행정자료, 미술품, 레코드, 필름의 수집에도 충분히 유의하고 도서, 기록, 시청각 교육자료 등 기타 필요한 자료를 수집하여 일반 대중이 이용할 수 있도록 제공할 것.

② 도서관 직원이 도서관 자료에 관하여 충분한 지식을 가지고, 그 이용을 위한 상담에 응하도록 할 것.

③ 타도서관, 국립국회도서관, 지방공공단체의

Ⅶ. 사회교육

의회에 부설하는 도서실 및 학교에 부속한 도서관 또는 도서실과 긴밀히 연락하고 협력하여 도서관 자료의 상호대출을 행할 것.

④ 독서회, 연구회, 감상회, 영사회, 자료전시회 등을 주최하고 장려할 것.

⑤ 시사에 관한 정보 및 참고 자료를 소개하고 제공할 것.

⑥ 학교, 박물관, 공민관, 연구소 등과 긴밀히 연락하고 협력할 것.

도서관은 공공성을 고려하여 무료 공개를 원칙으로 하고 있다. 현재 일본에서 지방공공단체, 법인 등이 설치한 도서관의 총수는 약 1,060관이며, 이들 공공도서관의 장서는 약 4,000만 권에 이르고 있다. 근래 정보화사회의 진전과 함께 사람들에게 필요한 지식정보를 제공하기 위하여 시정촌(市町村)은 도서관의 본관, 분관 등 주민을 위한 도서관을 정비하고 있고, 다른 도서관과의 제휴를 위한 서비스망을 가지고 운영되고 있다.

(3) 박물관

일본의 박물관은 도서관과 함께 사회교육의 핵심 시설로서 활용률이 높으며 오랜 역사를 가진 전문적 사회교육시설이다. 그러나 일본의 박물관이 근

일본 교육의 이해

대적 박물관 기능을 갖게 된 것은 제2차 세계 대전 후부터라고 할 수 있다.

일본의「박물관법」이 제정된 것도 전후 1951년의 일이며, 이 법에는 역사·민속·과학·향토 등 지금까지 박물관이라고 불리는 것 이외에, 천문관·미술관·보물관·동식물원·수족관 등도 박물관에 포함시키고 있고, 각 박물관이 적극적인 교육활동의 기능을 수행할 것을 명시하고 있으며, 전문직원으로서 학예원(學藝員)의 배치와 공립박물관에 대한 국고보조 등을 규정하고 있다.

박물관법 제3조에는 그 사업에 대하여 규정하고 있는데 여기에서는 중요한 부분들 몇 가지만 소개하기로 한다.

① 실물표본, 모사, 모형, 문헌, 도표, 사진, 필름, 레코드 등의 박물관 자료를 풍부히 수집, 보관 및 전시할 것.

② 일반 대중에게 박물관 자료의 이용을 위해 필요한 설명, 조언, 지도 등을 행하고, 연구실, 실험실, 공작실, 도서실 등을 설치하고 이것을 이용하게 할 것.

③ 박물관 자료에 대한 안내서, 해설서, 목록, 도록, 연보, 조사연구의 보고서를 작성·배포할 것.

④ 박물관 자료에 관한 강연회, 강습회, 영사회,

연구회를 개최하고 그것을 원조할 것.

⑤ 학교, 도서관, 연구소, 공민관 등의 교육, 학술, 그리고 문화에 관한 제시설과 협력하고, 그 활동을 원조할 것.

일본의 박물관 총수는 역사박물관과 미술박물관을 포함하여 약 409관이고, 관장, 학예원, 학예원보, 사무직원 등으로 구성되어 있으며, 도서관의 경우와 마찬가지로 공립박물관의 입관료는 원칙적으로 무료로 한다고 규정하고 있다.

일본은 근래에 와서 박물관의 설치가 촉진되고 있고, 학예원의 양성·확보에 노력하고 있으며, 기능면에 있어서도 전시자료의 입수, 전시에 관한 교육활동의 보급, 전시에 필요한 시설 설비 등에 관한 연구를 심화시키고 국제적 시야에서 박물관의 기본방향을 탐구할 필요성을 강조하고 있다.

(4) 청소년사회교육

1) 소년사회교육

사회교육으로서의 소년교육은 의무교육단계에 있는 아동·학생을 대상으로 하는 학교 외의 조직적인 활동을 의미하며, 학교교육만으로는 불충분한 생활지도를 단체활동을 통하여 보완하는 데 그 목적을 두고 있다.

일본 교육의 이해

그러나 오늘날 일본의 소년들은 그들만의 건전한 성장·발달을 위해서 누려야 할 자유로운 생활공간을 갖지 못하고 있다는 데 대하여 우려하고 있다. 특히 일본의 소년들도 그들에게 주어진 자유시간은 학교교육의 보완, TV시청, 교통의 혼잡 등으로 제한을 받고 있고, 핵가족화, 맞벌이 부부의 증가 등은 건전한 어린이 육성에 있어서 장해요인이 되고 있어 소년의 사회교육은 더욱 강조되고 있다.

일본은 건전한 소년을 육성하기 위하여 다양한 사회교육집단과 시설을 운영·관리하고 있다. 그 대표적인 단체시설을 보면 다음과 같다.

소년단체에는 '어린이회'와 '소년단'이라는 두 단체가 있다. 어린이회는 지역사회의 여러 가지 성인단체, 즉 자치회, 부인회, 청년단, 지역유지, 사원, 교회 등에 의해서 지도·육성되고 있고, 소년단에는 보이스카웃, 걸스카웃, 해양소년단, 스포츠소년단, 철도소년단, 소방클럽, 일본청소년적십자, 우편모임, 취주밴드연맹 등이 있다.

소년교육시설에는 아동문화센터, 소년자연의 집, 후생성이 관리하고 있는 아동관, 그 밖에 아동공원, 아동유원(兒童遊園) 등이 있다.

① 아동문화센터 : 이 시설은 전국에 약 50개 센터가 설립되어 있는데, 아동·학생의 학교 외 활동

의 장소로서 소년의 정조 함양, 과학적 지식의 보급, 우량 문화재 관람기회 제공, 생활지도 등을 목적으로 하고 있으며, 또한 이 시설에는 도서실, 음악실, 유희실, 과학실험실, 시청각용구, 공작용구 등을 구비하고 있어 종합적인 청소년 사회교육시설의 기능을 갖추고 있다.

② 아동관 : 전국에 약 2,080여 관이 설립되어 있다. 이 시설도 어린이의 건전한 놀이, 건강증진, 정조의 함양을 목적으로 하는 사회복지시설이다.

③ 아동공원과 아동유원 : 아동공원은 유아·아동을 위하여 각종 유희시설, 광장 등을 갖춘 시설로서 약 1만 5천여 곳이 있고, 아동유원은 밀집지역이나 공업지역에서 놀이시설이 없는 곳의 어린이를 위하여 설립한 것으로서 전국에 약 3천여 곳이 있다.

2) 청년사회교육

패전 후 전전(戰前)에 육성·강화되었던 청년단체는 해체되고 그 대신 청년단, 부인회, PTA 등 새로운 청년사회교육 관계단체가 조직되어 활동을 전개하고 있다. 현재 일본에서 가장 큰 청년단체로는 1천 1백 60만 명의 회원을 가진 중앙청소년단체연락협의회 이외에 일본청년단협의회(1백 20만 명), 일

일본 교육의 이해

본도시청년회의(21만 명), 일본유스호스텔협회(60만 명), 전국농협청년조직협의회(18만 5천 명), 우애청년연맹(11만 5천 명) 등이 있고, 그 밖에도 YMCA, YWCA, 일본청년유네스코협의회 등이 있다.

청년의 사회교육을 위한 대표적인 조직에는 청년학급, 근로청년학교, 청년교실 등이 있다.

① 청년학급 : 근로청년에게 직업 가사 등 실제생활에 필요한 지식·기술을 습득하게 하는 한편, 사회생활에 필요한 일반교육을 향상시킬 목적으로 시정촌에 개설된 청년사회교육기관이라고 할 수 있다. 현재 청년학급 수는 3,431학급에 13만 9천여 명이 수강하고 있고, 강의 장소로는 공민관, 초·중학교, 청년의 집 등이 있으며, 주된 학습내용은 교양, 취미, 체육, 레크리에이션, 직업생활, 가정생활 등에 관한 것이다. 오늘날 청년학급은 농촌청년의 도시이주, 고교 진학률의 상승, 생활의 다양화 등으로 정체현상을 보이고 있으나 일본 최대의 청년 사회교육조직으로서 그 역할을 수행하고 있다.

② 근로청년학교 : 정규학교가 아닌 청년학급과 같은 것이지만 청년학급이 연령제한을 두고 있지 않는 반면 여기에서는 18세 미만의 고등학교 미진학 근로청년을 대상으로 하며, 연간 300시간 이상의 체계적인 학습을 한다. 전국에 48교가 개설되어 있

으나 고교 진학률의 상승과 함께 정체현상을 보이고 있다.

③ 청년교실 : 청년학급보다는 유연성을 가지고 운영되고 있다. 이것은 청년학급을 소형화한 것으로 학급당 15명 이상, 연간 학습시간 40시간 이상으로 기준을 낮추고, 근로청년의 다양한 생활과 요구에 응하기 위하여 소그룹 학습집단으로 운영하고 있다.

청년교육시설에는 청년의 집, 청소년야외활동센터, 청소년센터, 근로청소년홈, 유스호스텔, 농촌청년연수관 등이 있다.

① 청년의 집 : 청년의 집은 단체숙박훈련, 각종 연수, 야외활동 등을 통하여 규율, 협동, 우애, 봉사 등의 덕성을 함양하고, 교양을 높이며 건전한 심신의 육성을 목적으로 설립된 청년사회교육시설이다. 1959년 황태자의 결혼기념사업으로 '국립중앙청년의 집'을 설립한 이래 국립 23, 현립·시립·조합립 223, 총 246개의 청년의 집이 설립되어 있다. 청년의 집은 일본의 대표적인 청년사회교육시설이라고 할 수 있는데, 자연경관이 뛰어난 명승지에 대규모의 숙박시설, 강당, 체육관, 도서실, 담화실, 연수실, 운동장, 캠프장 등 각종 시설을 구비하고 있으며, 5명 이상이 연수 계획을 가지고 신청하면 단체

연수를 할 수 있도록 하고 있다. 연간 100만 명의 청년들이 이 프로그램에 참가하고 있다.

② 근로청소년홈 : 이 시설은 지방공공단체에 의해서 설치된 일종의 복지시설이라고 할 수 있는데, 주로 중소기업에 종사하고 있는 연소노동자를 위하여 휴식, 스포츠, 레크리에이션, 문화교양 등 건전한 여가활동의 기회를 제공하는 데 목적을 두고 있다. 시설 설비로서는 강당, 집회장, 도서실, 오락담화실, 음악실, 요리강습실, 식당 등을 구비하고 있고, 개인 및 단체이용이 가능하며, 각종 상담지도활동을 하고 있다. 각종 교양·취미강좌, 강연회, 영화, 음악회 등의 프로그램을 개설하고 있다.

5. 대학사회교육

본의 대학은 제2차 대전 후 새로운 대학정책에 따라서 놀라운 양적 팽창을 거듭하여 왔다. 대학의 양적 증대는 정비된 교육계획에 의해서 진행된 것이 아니고 국민의 생활수준의 향상, 고조된 교육열, 단선형 교육제도의 도입 등과 같은 대학 외적 압력에 의해서 급진적으로 진행된 것이다.

Ⅶ. 사회교육

오늘날 일본의 대학발전을 저해하는 중요한 요인은 대학 자체의 폐쇄성과 제도의 경직성에 있다는 견해가 지배적이다. 이러한 대학을 저해하는 요인을 제거하고, 경직된 대학제도를 탄력적으로 개혁하기 위해서는 대학을 개방체제로 재편성해야 한다는 것이다. 일본의 대학개방은 구미제국에 비하면 교육분야에서 가장 낙후된 부분이다.

사회교육의 측면에서 보면 일본의 대학개방교육, 즉 대학사회교육은 대학공개강좌, 대학통신교육, 방송대학강의 등 크게 세 가지 분야로 나누어 볼 수 있다. 다음에 각 분야별로 목표, 제도, 교육과정 등을 차례로 살펴보기로 한다

(1) 대학공개강좌

일본의 대학개방은 문부성이 위촉한 국·공립대학의 공개강좌를 중심으로 전개되어 왔다. 그러나 그에 필요한 정부예산과 대학 자체의 인식 부족으로 큰 진전없이 1950년대까지 진행되었다. 1950년대 후반에 이르러 고도의 교육기회를 요구하는 사람들이 급증했고, 또 그에 대한 요구를 받아들여 농민대학, 생산대학, 하기대학, 부인대학 등과 같은 명칭의 강좌가 여러 유지단체에 의해 개설되었다.

1963년에 사회교육심의회가 제출한 「대학개방

촉진에 관하여」라는 답신은 대학이 개방강좌의 시대로 진입하는 데 있어서 중요한 계기가 되었다. 이 답신에서는, 대학은 성인층의 지적·문화적·도덕적 수준의 향상을 도모하기 위한 교육활동을 충실히 할 것이 요청되고 있으며, 그 중심적인 것으로 대학공개강좌를 지적하고 있다.

같은 해에 제출된 중앙교육심의회의 답신「대학교육의 개선에 관하여」, 그리고 일본사회교육학회의 요망서「대학에 있어서의 사회교육연구 및 교육에 관하여」 등이 잇달아 발표되면서 대학개방강좌에 대한 관심은 고조되었다. 그러나 이 때까지만 해도 대학개방의 실태는 선진국에 비하여 여전히 저조한 수준에 있었다.

1960년대 후반 오사카〔大阪〕대학 개방강좌를 시작으로 1980년대 후반까지 일본 대다수의 대학은 개방강좌를 개설하였다. 1970년대에 개방강좌를 개설한 대학은 1977년에 162교(국·공립72), 1978년에 175교(72), 1979년에 201교(82)로 1986년에는 전국 대학수 451교 가운데 338교가 개방강좌를 개설하였다. 이 대학들에 의해서 개설된 강좌는 2,511개 강좌이며 수강생 수는 330,486명에 달하였다(日本生涯敎育學會,1990:155).

일본의 대학사회교육에 있어서 대학공개강좌에

Ⅶ. 사회교육

대한 기대는 매우 높게 나타나고 있다. 대학의 학문적인 연구성과가 직접 사회와 시민들에게 개방되고 있다는 것과, 대학 교원에 의한 질높은 교육내용이 제공될 수 있다는 점에서 대학사회교육에 대한 요청은 더욱 높아질 것으로 예상되고 있다.

(2) 대학통신교육

호세이〔法政〕대학과 게이오〔慶應〕대학이 1947년 최초로 통신교육을 개설한 후, 1948년 중앙대학, 1949년 일본여자대학과 일본대학이 각각 통신교육과정을 개설하였다. 대학통신교육의 성격과 위치에 대해서는 1947년에 제정된 「대학통신교육기준」에 규정되어 있고, 다음에 열거하는 규정에 따라서 대학통신교육은 개설·운영되고 있다(일본사립대학통신교육협회,1988:12).

대학통신교육은 정규대학과정뿐만 아니라 사회교육적 역할을 담당하도록 편성되어 있다. 사회교육 부문에서는 졸업자격과는 관계없이 학습자의 능력에 따라서 희망하는 교과목의 전부 혹은 일부를 이수할 수 있는 길을 열어 놓고 있다. 여기서는 정규대학과정 이외에 특수생(特殊生)제도, 과목별 이수제도, 청강생제도를 두어 학생이 희망에 따라서 선택할 수 있도록 하고 있는데 그 내용은 다음과 같다.

① 특수생제도 : 대학 입학자격이 없는 사람에게 정규대학 교육과정을 수강할 수 있는 기회를 제공하는 제도로서, 수학 중에 대입자격검정 등을 통하여 입학자격을 취득하게 되면 졸업자격 취득과정으로 전환할 수 있다.

② 과목별 이수제도 : 희망하는 과목을 자유롭게 선택하여 이수하는 제도로서 수강자격을 요구하지 않으며 정규대학의 단위가 부여되지 않는다. 최근에는 대학에서 특수생과 과목별 이수생은 감소하고 있는 반면에 단기대학(短期大學)에서는 증가하는 추세이다.

③ 청강생제도 : 교사자격증 등을 취득하기 위하여 수강하는 것으로서 취득한 단위는 자격증 취득에 유효하다. 여기에는 수강자격이 요구된다.

1988년 현재 통신교육을 개설하고 있는 대학은 4년제 대학이 12교, 2-3년제 단기대학이 9교로 합계 21개 대학이며, 총 학생 수는 1970년대 이후부터 10만 명 이상을 유지하고 있고 현재 10만 9천여 명이 재학하고 있다. 대학통신교육의 교육방법에는 우편·전화 등의 통신매체를 이용하는 방법과 직접적인 면접지도 방법이 있다.

Ⅶ. 사회교육

(3) 방송대학

일본의 방송대학은 급변하는 현대사회에서 모든 연령층의 교육욕구를 충족시키기 위하여 설립된 전형적인 개방형 고등교육기관이다. 이러한 취지에서 설립된 방송대학은 다음과 같은 목표를 설정하고 있다(日本放送大學學園要覽, 1985:3).

① 평생교육기관으로서 널리 일반 사회인이나 가정주부에게 대학교육의 기회를 제공한다.

② 새로운 교육시스템을 이용하여 고등학교 졸업자에게 보다 융통성 있고 폭넓은 대학진학의 기회를 보장한다.

③ 대학 간의 협력을 추구하여 최신의 연구결과와 교육기술을 활용함으로써 새로운 시대에 부합하는 대학교육을 행한다. 그러기 위하여 대학 간의 학점교환, 교원교류 및 방송교재를 활용하고 보급한다.

방송대학은 1969년 각의에서 라디오·TV를 이용하여 고등교육을 할 수 있는 '방송대학' 설립을 검토한 후 장기간의 협의와 준비단계를 거쳐서 1985년에 이르러서야 개교하게 되었다. 실로 그 준비기간은 16년이라는 오랜 기간이 걸렸고 철저한 검토, 준비, 실험단계를 거쳐서 개교하게 된 것이다. 1979년부터 3년간 국회의 심의가 계속되었고 1981년에는 방송대학학원법이 공포되었으며 동시에 방송대학학원이 설립되었다. 1983년 방송대학으로 인가를 받고 방송국 예비면허를 받았다. 그 해 4월 1일에 정식으로 설치되었으며 1985년 4월 1일 제1기 신입생을 모집하고 개교를 맞이하였으며, 1989년 4월에 최초의 졸업생을 배출하였다.

방송대학교육을 희망하는 학생은 전과이수생(全科履修生), 선과이수생(選科履修生), 과목이수생(科目履修生), 특수생(特修生) 중에서 하나의 과정을 선택하여 수학할 수 있게 된다. 각 이수과정의 성격은 다음과 같다.

① 전과이수생 : 학사학위를 취득할 수 있는 과정으로서 고등학교 졸업자격이 있어야 하고 방송대학의 6가지 전공과정 중에서 어느 하나의 전공에 속해야 한다. 방송대학을 졸업하기 위해서는 124학점 이상을 취득해야 하고 그 가운데 17학점은 교수가 직접 지도하는 면접수업에서 취득해야 한다. 졸업학위는 '교양학사' 학위가 수여된다.

② 선과이수생과 과목이수생 : 선과이수생은 1년간, 과목이수생은 1학기(6개월) 간 대학강의를 받을 수 있으며 학력에 따른 입학요건은 없다. 한 과목만 수강하고자 하는 학생도 입학이 가능하며 18세 이상이면 누구나 입학이 허가된다.

Ⅶ. 사회교육

③ 특수생 : 전과이수생 과정에 입학하려고 하는 사람에게 그 예비단계로서 개설된 것이다. 고등학교 졸업자격이 없는 사람이 특수생으로 입학하여 기초과목과 기본과목 중에서 16학점을 취득하면 전과이수생의 입학자격이 부여된다.

1992년 현재 재학생을 유형별로 살펴보면, 전과이수생이 24,799명으로 제일 많고, 부분이수생은 16,669명(선과이수생:8,522, 과목이수생:5,757, 특수생:2,390)으로 총 41,468명이 재학하고 있다(日本放送大學案內,1993:16).

방송대학은 6개의 전공, 즉 ① 생활과 복지 ② 발달과 교육 ③ 사회와 경제 ④ 산업과 기술 ⑤ 인간의 탐구 ⑥ 자연의 이해로 나누어 운영되는 교양학부 중심의 대학이다. 방송수업으로 제공되는 과목은 1993년 현재 306개이다.

이상에서 살펴본 바와 같이 일본의 대학개방의 역사는 짧다. 대전 전에도 대학강의록과 같은 통신교육형태의 개방활동은 있었으나 국민의 평생교육을 위하여 질높은 교육을 제공해야 한다는 인식을 가지고 대학확장운동을 전개하게 된 것은 대전 이후부터라고 할 수 있다. 대학공개강좌와 대학통신교육, 그리고 최근 설립된 방송대학 등의 형태를 통하여 폐쇄적 성향의 일본대학이 일반 사회인에게 대학의 인적·물적 자원을 공개하고 있다. 일본은 국민의 평생교육을 위하여 대학의 교육기능이 보다 적극적으로 수행되어야 한다는 인식 아래 대학개방 활동을 전개하고 있는 것이다.

6. 맺음말

일본의 사회교육의 변화는 놀라운 속도로 진행되고 있다. 용어상으로도 사회교육에서 평생교육으로 평생교육에서 다시 평생학습으로 이행하고 있는 것이다. 일부 학자는 『사회교육의 종언』(松下圭一,1987)을 예고하는 사람도 있다. 그 이유는 아마도 평생교육과 평생학습이라는 새로운 개념과 체제화가 시대적으로 강렬하게 요청되고 있기 때문이라고 생각된다. 한국이나 일본에서 상용되고 있는 사회교육이나 구미제국의 성인교육이라는 용어가 소실되리라고 속단하기는 어렵지만, 사회교육에 대한 새로운 체질 개선은 불가피한 단계에 이르러 있다. 일본은 이미 상당 수준 평생학습체제를 구축하고 있다. 종래부터 자기 완결적인 교육관과 교육 불균형의 원인이 되고 있는 학교교육과 사회교육을

Ⅶ. 사회교육

평생교육체제로 통합·재편성하기 위한 노력을 계속하고 있는 것이다. 특히 학교교육 중심으로 일관해 왔던 교육풍토를 개선하고 평생학습체제로 전환하기 위한 기반조성에 진력하고 있는 것을 교육사회에서 쉽게 찾아볼 수 있다. 이 과정에서 일본이 특별히 주력하고 있는 과제는 학교를 졸업한 성인기와 노년기의 학습활동에 대한 교육서비스를 정비·확충하는 데 있다.

평생교육은 성인기나 노년기의 학습에만 한정되지 않고 유아기에서 노년기까지 모든 사람의 일생동안 계속되는 교육을 가리키는 것이지만, 전통적으로 일본의 교육이 청소년교육 중심으로 확충되어 왔기 때문에 그에 대한 반성에서 평생교육체제를 정비하는 데 있어서 성인기와 노년기에 더 많은 비중을 두고 이를 추진하고 있는 것이다.

그리하여 일본은 지금 평생학습체제로의 이행을 위한 추진체제를 구축하는 데 노력하고 있고 이러한 시책은 교육현장에 널리 확산되고 있다. 행정적으로는 중앙행정에서부터 지방행정에 이르기까지 평생교육 행정체제를 정비하고 있고, 지역적으로는 대도시에서 시정촌에 이르기까지 평생학습체제를 확충하고 있다. 평생교육시설·단체·기관 간의 네트워크를 구축하고 있고 '평생학습 마을 만들기' 운

일본 교육의 이해

동을 중심으로 전 국토의 평생교육화를 한창 진행하고 있는 것이다. 이는 시민이면 누구나 언제 어디서나 어떤 내용이나 학습이 가능한 교육체제를 구축하기 위해서이고, 모든 시민이 일생 동안 계속하여 학습할 수 있는 학습사회를 건설하려는 데 정책적 목표를 두고 추진하는 교육개혁의 주요 부분이 되고 있는 것이다.

이러한 상황 변화 가운데서 보다 큰 관심을 가지고 있는 것은 사회교육의 위상에 관한 것이다. 사회교육은 평생교육의 하위체제로서 사회교육이 가지고 있는 본래의 성격을 어떻게 유지할 수 있고, 본질적인 사명을 어떻게 달성하며, 그 역할을 수행할 수 있는가를 해명하는 데 연구가 집중되고 있다고 볼 수 있다. 문부성은 앞으로 일본의 사회교육이 추진해야 할 핵심 정책을 다음과 같이 제시하고 있다 (문부성, 『교육백서』, 1992).

첫째는 인생 80세 시대에 대응한 성인의 다양한 학습기회를 정비하고, 둘째는 가정과 지역사회의 교육기능을 활성화하며, 셋째는 사회교육시설의 정비 충실화와 지도자를 육성·확보하고, 넷째는 인간의 학습욕구에 대응할 수 있도록 다양한 미디어를 효과적으로 활용하며, 다섯째는 문화 스포츠를 진흥하는 것이다.

Ⅶ. 사회교육

참고 문헌

1) 김도수, "일본의 사회교육", 한국사회교육협회, 『사회교육제도의 비교』, 1980
2) ____, 평생교육, 양서원, 1994
3) 松下圭一, 社會教育の終焉, 株式會社 筑摩書房, 1987
4) 今村武俊 編, 『新訂 社會教育行政入門』, 第一法規, 1989
5) 日本放送大學學園要覽案內, 1993
6) 日本社會教育審議會報告書, 『急激な社會構造の變化に對處する社會教育のありかた』(日本文部省, 1971.9.28)
7) 日本文部省內生涯學習・社會教育行政研究會 編, 『生涯學習 社會教育行政必携』, 1992
8) 日本生涯教育學會, 『生涯教育事典』, 東京書籍, 1990
9) 宮坂廣作, 『近代日本社會教育政策史』, 國土社, 1966
10) 河野重男外 編, 『社會教育事典』, 第一法規, 1979
11) 岸本幸次郎 編, 『社會教育』(講座現代教育學 8), 福村出版, 1979

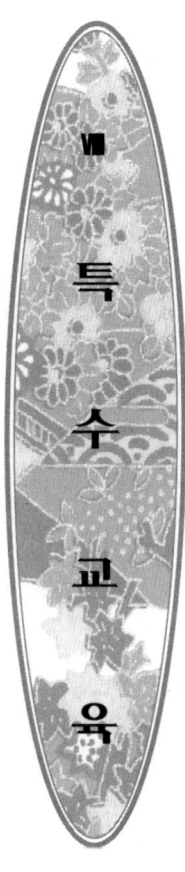

Ⅷ 특수교육

김세곤

Ⅷ. 특수교육

장애아에 대한 배려는 어느 나라를 막론하고 꽤 오래 전부터 실시되어 왔다. 일본의 경우도 예외는 아니다. 그러나 장애아에 대한 일본의 학교교육(특수교육)은 100년 정도의 역사를 지니고 있는 것에 불과하다. 당초의 특수교육은 장애의 종류나 정도에 있어 모든 장애아를 대상으로 한 것이 아니라 일부에 한정될 수밖에 없었다. 즉 공교육이라는 형태 속에서 모든 장애아가 평등한 인간으로서 대우받고 교육받을 권리를 가지게 된 것은 극히 최근의 일이라고 할 수 있겠다.

따라서 현대 일본의 특수교육은 과거와는 비교할 수 없을 정도로 많이 변화하고 발전되어 왔다. 본장에서는 현재 일본의 특수교육에 대한 전반적인 사항을 보다 알기 쉽도록 소개하기 위하여 우선 특

일본 교육의 이해

수교육의 성립과정에 대하여 서술하고자 한다.

I. 일본 특수교육의 성립과 그 역사적인 발자취

(1) 일본에서의 특수교육의 성립과정

일본의 근대 교육제도는 영미 교육제도의 영향으로 1872년(메이지 5)에 공포된 학제(메이지 5년 8월 3일 文部省布達第14號別冊)가 그 시발점이 되었다고 볼 수 있는데, 특수교육의 분야도 메이지 시대 초기 무렵부터 서구의 장애아 교육사정의 유입과 그 발전의 영향을 많이 받고 있었다. 이러한 배경 속에서 근대적인 학교형태를 띤 특수교육은, 1878년(메이지 11) 교토〔京都〕에 설립된 교토맹아원〔京都盲啞院〕과 1880년 도쿄에 설립된 낙선회훈맹원(樂善會訓盲院)의 창립에서부터 시작된다.

교토에 맹아원이 설립된 경위에 대해 무라타 시게루〔村田茂, 1973〕는 다음과 같이 설명하고 있다.

"메이지 7~8년경에 조쿄구〔上京區〕 제19조장〔第19組長〕이었던 구마타니 덴베에〔熊谷傳兵衛〕의 설득으로 관하(管下)의 대현(待賢)소학교 교원이었던 후

Ⅷ. 특수교육

루카와 다시로〔古河太四郎〕가 1명의 농아(聾啞)를 대상으로 교육을 실시한 것이 계기가 되어, 그 후 교내에 음악교실이 설치되었고 1877년에는 청각장애아에게 교육이 가능하다면 시각장애아에게도 교육이 가능하리라 보고 1명의 시각장애아를 합류시켰는데, 이런 과정을 거쳐 그 다음해 5월 맹아원이 발족되기에 이르렀다."

한편 도쿄의 낙선회훈맹원은 1874년에 일본을 방문한 영국인 선교사 의사였던 헨리 펄드(Henry Faulds)가 내외국인들에게 호소하여 시각장애아를 위한 사업을 실시하도록 한 것이 그 발단이 되었다고 한다. 그런데 그와 같은 운동의 주역은 주로 외국인이었기 때문에 도쿄부〔東京府〕가 난색을 표명하자 일본인이 주체가 되어 그 운동을 촉진시킬 수 있도록 하기 위해 일본의 유력한 관료를 회원에 가담시키기도 하였다. 그 관료 가운데 특히 야마오 요산〔山尾庸三〕은 훈맹원 설립의 허가를 받아내기 위해 도쿄부 도지사에게 수차례에 걸쳐 신청서를 제출하여 겨우 허가를 받게 되었다. 그 후 관과 민간인으로부터의 기부금으로 1879년 12월에 교사가 만들어져 그 다음해 1월부터 업무를 개시하고, 2월에는 2명의 맹아를 대상으로 수업을 시작함으로써 도쿄의 낙선회훈맹원이 본격적으로 발족되기에 이르렀다.

일본 교육의 이해

한편 일본에서의 정신지체아에 대한 교육적인 조치는, 서구의 경우와 마찬가지로 맹아·농아들에 대한 교육적인 배려보다도 늦게 시작되었다. 그 조치는 메이지 20년대에 들어서면서 학업부진아 또는 지체아에 대한 교육적인 관심이 표면화되면서 시작되었다. 구체적인 예를 들면 1890년(메이지 23)에 나가노현〔長野縣〕마쓰모토〔松本〕심상소학교에 능력별 학급 편제의 적용으로 정상적인 수업을 받기가 곤란한 학생을 위한 학급이 설치되었고, 각지에서도 그와 유사한 학급이 만들어지기 시작하면서부터 정신지체아를 위한 특별한 지도가 실시되기에 이르렀다. 다이쇼기〔大正期〕에 접어들면서 각지에 꽤 많은 학급이 설치되었는데 이들 학급은 법적으로 공인받지 못한 이유 등으로 인하여 오랫동안 운영되지 못하고 없어지는 경우가 많았다. 더욱이 일본에서 최초로 정신지체아를 위하여 설립된 공립학교로서 오사카〔大阪〕시립사제(思齊)학교가 등장한 것은 1940년에 이르러서이다.

반면에 지체부자유아 또는 병·허약아들에 대한 교육은 메이지 시대까지는 거의 이루어지지 않고 있었다. 병·허약아들에 대한 최초의 상설교육시설은 1917년 가나가와현〔神奈川縣〕라카사키시〔茅ヵ崎市〕에 세워진 백십자회(白十字會)의 임간학교(林間

VIII. 특수교육

學校)였다. 또한 다이쇼기 말엽부터 쇼와기에 걸쳐 전국 각지에 병약아를 위한 학급이 증설되기 시작하였는데, 지체부자유아를 위해서 독립적으로 설치된 최초의 학교는 1932년(쇼와 32)에 도쿄 시내에 세워진 도립광명학교(光明學校)였다. 이 학교는 지체부자유아를 위해서 일본에서 처음으로 공적인 지원에 의해 교육이 실시된 곳이며, 그것이 자극이 되어 다른 부현(府縣)에서도 초등학교에 지체부자유아를 위한 특별학급을 설치하려는 움직임이 확산되기 시작하였다.

지금까지 언급한 특수교육은 의무교육제도의 틀 밖에서 이루어진 것이며, 이러한 교육의 형태가 일본 공교육 제도의 일환으로 모습을 나타낸 것은 제2차 세계 대전에서 패한 이후인 1947년 학교교육법이 제정되고 나서부터라고 해야 할 것이다.

(2) 제2차 세계 대전 이후의 교육개혁과 특수교육

제2차 세계 대전 이후(이후부터 전후로 약칭함)에 전개된 대대적인 일본의 교육개혁 속에서 상당히 중요한 의의를 지닌 것 중의 하나는 미국 교육 사절단이 작성한 보고서이다. 이 보고서는 연합군의 최고 사령관에 의해 요청되어 미국의 교육전문가 27명

일본 교육의 이해

이 일본에 파견되어 약 1개월 정도의 활동 끝에 일본 교육개혁의 구체적인 방안을 작성한 것이다. 그 후 이 보고서는 일본의 교육에 지대한 영향을 미치게 되었는데, 특수교육분야에서도 신체장애나 정신지체아에 대해서 필요에 따라 특별학급 혹은 학교가 설치되어야 하며, 그 취학에 대해서는 일반적인 의무취학법에 규정되어야 함을 언급하고 있다. 이런 배경 속에서 일본의 학교교육법이 제정되었는데 이 법률에 의해 특수교육의 의무제가 처음으로 법적인 준거를 마련하게 되었다.

한편 학교교육법에 의해 맹·농아 이외의 심신장애아를 대상으로 하는 학교는 제도적으로 양호학교(養護學校)라는 명칭으로 통괄되었다(학교교육법 제71조). 또한 초등·중학교 및 고등학교에는 심신장애아를 위해서 특수학급(特殊學級)을 설치할 수 있도록 규정해 놓았다(학교교육법 제75조). 그리고 동법률 제22조 및 제39조에서는 보호자에 대하여 취학시킬 의무를 규정해 놓고, 동 법률 제74조에는 도도부현(都道府縣)에 대해서 특수교육학교에 대한 설치의무를 규정해 놓고 있다. 그런데 이 법률에 의해 맹아학교, 농아학교, 양호학교의 의무제가 원칙적으로는 확립되었지만, 전후의 혼란과 신학제 실시에 따른 여러 가지 문제점으로 인하여 특수교육학

Ⅷ. 특수교육

교에 관한 취학의무 및 학교설치의무의 시행기일은 칙령(勅令)(나중에 정령〈政令〉으로 됨)으로 정해져 특수교육에 대한 실질적인 의무제의 실시는 뒤로 미루어지게 되었다.

그럼에도 불구하고 맹아학교와 농아학교에 대해서는 이미 1923년(다이쇼 12)에 제정된 「맹아학교 및 농아학교령」에 의해, 도부현(道府縣)에 그 설치의무를 부과하여 학교 또는 교원의 수도 상당히 확보되어 있었다. 따라서 맹아학교 및 농아학교에 대해서는 1948년도부터 취학의무 및 설치의무를 시행하도록 하는 취지의 정령이 공포되어, 그 해 초등학교 1학년부터 의무제가 실시되고 1956년도에 초·중등의 9년간의 의무제가 완성되기에 이르렀다.

(3) 양호학교 의무화의 성립과정

앞에서도 언급한 바와 같이 양호학교는 학교교육법상으로는 그 명칭이 존재했지만 현실적으로 그 법률이 제정될 당시에는 그런 학교가 없었다. 양호학교의 의무제 실시를 위해서는 상당수의 양호학교가 도도부현에 설치되어 있는 것이 전제임에도 불구하고 그 후에도 공립의 양호학교는 좀처럼 설치되지 않았다. 그 주된 이유는 의무제학교가 아니었던 양호학교로서는 설립자가 일체의 모든 경비를

일본 교육의 이해

부담해야만 했고, 당시 도도부현의 재정상태로는 부유한 지방공공단체가 아니라면 경비 부담이 불가능했기 때문이다. 그와 같은 사정으로 인해 당연히 양호학교라는 명칭을 붙일 수 있는 학교가 도쿄 도립광명소·중학교 또는 오사카 시립사제소·중학교라는 명칭으로 불리게 된 것이다. 그런데 그와 같은 재정적인 문제를 해결할 수 있도록 한 것은 1956년에 제정된 「공립양호학교정비 특별조치법」이었다. 이 법률은 공립양호학교의 설치를 촉진시킬 목적으로 제정된 것으로서 비의무제의 공립양호학교를 설치할 경우에도 그 건축비, 교직원급여비, 교재비 등의 여타 비용은 정부가 부담 혹은 보조하도록 설정하였다. 또한 취학의무에 대해서도 1957년에 학교교육법의 일부가 개정되었는데, 보호자가 자녀를 양호학교에 취학시키고 있는 경우에는 취학의무를 이행하고 있는 것으로 간주한다는 규정이 첨가되었다.

이와 같은 과정을 거치면서 1960년 이후 특수교육기관에 대한 정비가 더욱 진전되는 가운데 양호학교의 수도 더욱 증가하였는데, 문부성(文部省)에서는 1972년도를 초년도로 하여 특수교육 확충정비 계획을 수립하기에 이르렀다. 특히 「양호학교정비 7년계획」에 의해서 대상이 되는 모든 학생을 취학시키는 데 필요한 양호학교를 1979년도까지 설치하도록 규정하였다. 이런 역사적인 배경을 거치면서 오랫동안 현안이 되어 왔던 심신장애아 교육의 의무제는 마침내 실현되고 비로소 일본의 의무교육제도는 제도적인 완성을 이루게 되었다.

2. 특수교육의 현황(現況)과 실제(實際)

(1) 특수교육의 현황

1) 맹·농·양호학교 및 특수학급의 설치상황

1995년(헤이세이 7) 5월 1일 현재 맹·농·양호학교의 수는 각각 70교, 107교, 790교로 모두 합하면 967교이며 총 86,834명의 학생들이 교육을 받고 있다. 또한 초등·중학교의 특수학급에서는 총 66,039명의 학생들이 교육을 받고 있으며 16,700명의 학생들이 통급(通級)에 의한 지도를 받고 있는 실정이다. 그 중 의무교육단계의 학생들은 132,283명으로 이것은 일본의 취학아동 수(약 1,299만 명)의 약 1%에 해당한다(표1, 표2, 표3, 표4, 표5 참조).

일본 교육의 이해

〈표1〉 특수교육제학교 수의 추이(국·공·사립 합계)

(각 년도 5월 1일 현재)

구분 년도	합계	맹아학교	농아학교	양호학교
1986(쇼와 61)	918	70	107	741
1987	924	70	107	747
1988	931	70	107	754
1989(헤이세이 원년)	938	70	108	760
1990	947	70	108	769
1991	960	70	107	783
1992	963	70	107	786
1993	964	70	107	787
1994	968	70	107	791

자료 : 總理府「障害者白書」(1995년)

〈표2〉 특수교육제학교 재학생 수의 추이(국·공·사립 합계)

구분 년도	합계	맹아학교	농아학교	양호학교
1986(쇼와 61)	95,857	6,551	9,088	80,218
1987	96,028	6,432	8,851	80,754
1988	95,825	6,257	8,538	81,030
1989(헤이세이 원년)	95,008	6,006	8,319	80,683
1990	93,497	5,599	8,169	79,729
1991	91,534	5,228	8,149	78,157
1992	98,584	4,919	7,997	76,668
1993	88,041	4,773	7,842	75,426
1994	87,219	4,696	7,557	74,966

자료 : 總理府「障害者白書」(1995년)

VIII. 특수교육

〈표3〉 특수학급 수 및 특수학급 재적 아동·학생 수의 추이

구분 년도	학급 수			아동·학급 수		
	초등학교	중학교	합계	초등학교	중학교	합계
1989	14,420	6,893	21,313	52,701	28,352	81,053
1990	14,388	6,895	21,283	49,971	27,191	77,162
1991	14,403	6,877	21,280	48,271	25,996	74,267
1992	14,523	6,929	21,452	47,044	24,851	71,895
1993	14,644	6,975	21,619	45,650	23,600	69,250
1994	14,835	7,014	21,849	44,319	22,632	66,951
1995	15,152	7,167	22,292	43,850	22,189	66,039

자료 : 總理府「障害者白書」(1995년)

〈표4〉 통급에 의한 지도를 받고 있는 아동·학생 수

(1995년 5월 1일 현재)

구분	언어장애	정서장애	약시	난청	지체부자유	병·허약	합계
초등학교	13,467	1,524	126	1,077	6	7	16,207
중학교	19	334	6	129	0	5	493
합계	13,468	1,858	132	1,206	6	12	16,700

자료 : 總理府「障害者白書」(1995년)

일본 교육의 이해

〈표5〉 의무교육단계에서 특수교육제학교 등에 재적하는 학생 수

구분 \ 년도	1993년	1994년	1995년
특수교육제학교	50,491 (0.369)	50,093 (0.376)	49,544 (0.381)
특수학급	69,250 (0.507)	66,951 (0.502)	66,039 (0.508)
통급에 의한 지도	12,259 (0.090)	14,069 (0.106)	16,700 (0.129)
합계	132,000 (0.966)	131,113 (0.985)	132,283 (1.018)

전 학령 아동·학생 수	13,670,848	13,315,586	12,991,691

자료: 문부성『一人一人を大切にした敎育』(1996년). 괄호 안은 전 학령 수에 대한 비율

2) 특수교육제학교의 중학부·고등부 졸업생의 진로상황

① 중학부 졸업생의 진로

맹·농아학교 중학부 졸업생의 경우는 각각 고등부의 정비가 진전되고 있는 상황에 있기 때문에 대부분의 졸업생이 상급학교로 진학을 하고 있는 실정이다. 양호학교 중학부 졸업생의 경우도 82.7%가 진학자인데 취직자는 거의 없는 것이 현실이다. 졸

VIII. 특수교육

업생들의 진로 현황에 대한 보다 상세한 내용은 〈표 6〉을 참조하기 바란다.

〈표6〉 특수교육제학교 중학부 및 중학교 특수학급 졸업생의 진로

구분		졸업자	진학자	교육훈련 기관 입학자	취직자	아동복지 시설·의료 기관 입소자	기타
맹아학교		244	239 (98.0)	1 (0.4)	1 (0.4)	2 (0.8)	1 (0.4)
농아학교		416	409 (98.3)	- -	- -	4 (1.0)	3 (0.7)
양호학교	정신지체	4,401	3,600 (81.8)	14 (0.3)	11 (0.2)	607 (13.8)	169 (3.8)
	지체부자유	1,444	1,256 (87.0)	- -	3 (0.2)	115 (8.0)	70 (4.8)
	병약	802	640 (78.8)	23 (2.9)	16 (2.0)	69 (8.6)	54 (6.7)
	소계	6,647	5,496 (82.7)	37 (0.6)	30 (0.5)	791 (11.9)	293 (4.4)
특수교육제 학교 합계		7,307	6,144 (84.1)	38 (0.5)	31 (0.4)	797 (10.9)	297 (4.1)
특수학급		8,229	5,816 (70.7)	641 (7.8)	1,072 (13.0)	700 (8.5)	

자료 : 문부성『一人一人を大切にした敎育』(1996년), 괄호 안은 %

일본 교육의 이해

1. 진학은 특수교육제학교 고등부, 고등학교, 고등전문학교로의 진학을 의미함
2. 교육훈련기관은 전수학교, 각종 학교, 직업훈련교 등
3. 아동복지시설·의료기관은 아동복지시설, 병원, 요양소 등

② 고등부 졸업생의 진로

〈표7〉 특수교육제학교 고등부(本科) 졸업생의 진로

(1995년 7월 3일 졸업생)

구분		졸업자	진학자	교육훈련기관 입학자	취직자	사회복지시설·의료기관 입소자	기타
맹아학교		4,480	239 (49.8)	239 (4.6)	88 (18.3)	61 (12.7)	70 (14.6)
농아학교		770	319 (41.4)	112 (14.5)	285 (37.0)	32 (4.2)	22 (2.9)
양호학교	정신지체	7,416	46 (0.6)	150 (2.0)	2,476 (33.4)	3,921 (52.9)	823 (11.1)
	지체부자유	1,762	27 (1.5)	141 (8.0)	229 (19.0)	1,013 (57.5)	352 (20.0)
	병약	289	24 (8.3)	55 (19.0)	52 (18.0)	107 (37.0)	51 (17.6)
	소계	9,467	97 (1.0)	346 (3.7)	2,757 (29.1)	5,041 (53.2)	1,226 (13.0)
합계		10,717	655 (6.1)	480 (4.5)	3,130 (29.2)	5,134 (49.9)	3,130 (12.3)

자료 : 문부성『一人一人を大切にした教育』(1996년), 괄호 안은 %

Ⅷ. 특수교육

1. 진학은 대학, 단기대학, 특수교육제학교 고등부 전공과, 고등학교 전공과에 진학함을 의미함
2. 교육훈련기관은 전수학교, 각종 학교, 직업훈련교 등
3. 사회복지시설·의료기관은 사회복지시설, 병원, 요양소 등

맹아학교 고등부(本科) 졸업생의 경우는 진학자가 49.8%로 가장 많은 반면에 농아학교 졸업생의 경우는 진학자(41.4%)와 취직자(37.0%)의 비율이 높은 경향을 보인다. 그런데 양호학교 고등부 졸업생의 경우는 사회복지시설 및 의료기관 입소자의 비율이 가장 높게 나타나고 있다(표7 참조).

(2) 특수교육에 종사하는 교직원에 대한 현황
1) 소인원에 의한 학급편제

장애를 가진 어린이들의 실태는 수없이 다양하고 복잡하다. 따라서 일본의 경우 개개인의 문제를 배려한 교육적인 지도가 필요하다는 인식하에 특수교육제학교 및 특수학급에서는 소인원으로 학급편제가 이루어진다. 좀더 구체적으로 살펴보면 공립의 특수교육제학교에서는 초등·중학부는 6명, 고

등부는 8명, 중복장애를 대상으로 하는 학급은 3명, 그리고 초등·중학교 특수학급의 경우는 8명을 한 학급의 표준정원으로 정해 두고 있다. 더욱이 특수교육제학교에는 「양호·훈련」을 담당하는 교원도 배치해 두고 있다.

2) 특수교육을 담당하는 교직원

1995년 5월 1일 현재 특수교육제학교에는 51,913명의 교원 및 15,948명의 직원이 근무를 하고 있다. 또한 초등·중학교에는 24,530명의 교원이 특수학급을 담당하고 있는데 그 외에 통급지도교실에도 지도교원이 배치되어 있다. 특수교육제학교의 교원이 되기 위해서는 유치원·초등학교·중학교 또는 고등학교의 교원자격증을 소유함과 동시에 맹아학교·농아학교 또는 양호학교의 교원자격증을 취득하는 것을 원칙으로 하고 있다. 한편 맹아학교에서의 이료(理療 : 침술, 뜸, 안마, 마사지, 지압에 관한 직업교육)나 농아학교에서의 이용(理容) 등 특수교과를 담당하는 교원에 대해서는 관련 특수교과에 대한 자격증을 취득하도록 규정해 놓고 있다. 또한 초등·중학교의 특수학급이나 통급에 의한 지도는 초등학교 또는 중학교의 교원자격증을 취득한 교원이면 담당할 수 있도록 해 놓았다.

Ⅷ. 특수교육

3) 교직원에 대한 연수

특수교육에 관계하는 교직원에게는 특히 전문적인 지식이나 기술이 요구되는데 그와 같은 전문성이나 지도력의 향상을 도모하기 위해서 문부성, 국립특수교육 종합연구소(특수교육에 관하여 주로 실제적인 연구를 종합적으로 실시하고 특수교육 관계직원들에 대한 전문적·기술적인 연수 및 교육상담 등을 실시할 목적으로 1971년에 설립됨) 및 각 도도부현의 특수교육센터(1991년 현재 北海道, 宮城縣, 福島縣, 千葉縣, 神奈川縣, 福井縣, 奈良縣, 兵庫縣, 橫浜市, 北九州市에 설치되어 있는데 많은 성과를 올리고 있다. 그 외의 지역에서는 일반 교육도 실시하는 '교육센터' 속에 특수교육의 업무를 병행하고 있다) 등에서 다양한 형태의 연수나 강습회가 실시되고 있다. 예를 들면 국립특수교육 종합연구소에서는 장기연수(1년), 단기연수(3개월) '통급에 의한 지도'를 위한 지도자강습회 등의 각종 연수가 실시되고 있다.

장기연수 및 단기연수는 면허법 인정 강습(免許法認定講習 : 교육직원면허법에 의한 문부대신이 인정하는 강습)인데 맹·농·양호학교 교사의 2급 자격증(2급 자격증을 가진 자는 동1급 자격증) 취득에 필요한 단위(6단위)를 습득할 수 있다. 또한 면허법 인정 강습은 도도부현의 교육위원회 등에서도 실시되고 있다. 그런데 맹·농·양호학교 교사의 자격증은 국립대학의 임시교원 양성과정(1년제) 및 특수교육 특별전공과(1년제) 등에서도 취득할 수 있다.

(3) 특수교육의 교육과정

1) 교육과정의 기준

특수교육의 교육과정에 관한 기준은 학습지도요령에 정해져 있다. 현재 특수교육분야에서 학습지도요령이 정해져 있는 것은 맹·농아학교 및 양호학교에 대해서이다. 초등학교·중학교의 특수학급에 대해서는 원칙적으로「초등학교 학습지도요령」(1968년 7월 11일 문부성 고시 제268호) 또는「중학교 학습지도요령」(1969년 4월 14일 문부성 고시 제199호)에 준거하도록 되어 있는데 특별히 필요한 경우에는 초등·중학교 학습지도요령에 따르지 않고 특별교육과정에 준거할 수 있도록 되어 있다(학교교육법 시행규칙 제73조의 19).

2) 특수교육제학교의 교육과정

일본의·학교교육법에서는 특수교육제학교의 목적을 규정함과 동시에 특수교육제학교의 교과에 관한 사항에 대해서는 문부대신이 정하도록 규정해

VIII. 특수교육

놓고 있다(학교교육법 제71조, 제73조, 제106조).

문부대신은 이들의 규정에 근거해서 학교교육법 시행규칙에 의해 특수교육제학교의 교육과정에 대해서 각 교과의 종류나 교육과정 편성의 특례 등을 정한다.

맹·농아학교, 지체부자유 양호학교 및 병약 양호학교의 교육과정은 각 교과, 도덕, 특별활동, 양호와 훈련으로 편성된다. 또한 정신지체 양호학교의 교육과정 편성도 동일하지만 학생들의 특성 때문에 각 교과에 대해서는 독자적인 교과와 그 목표·내용이 제시되어 있다.

초등학부의 각 교과는 생활, 국어, 산수, 음악, 그림 공작 및 체육, 중학부의 각 교과는 국어, 사회, 수학, 이과, 음악, 미술, 보건체육, 직업·가정 및 그 밖의 필요한 교과이다. 고등부의 각 교과는 국어, 사회, 수학, 이과, 음악, 미술, 보건체육, 직업, 가정(家庭), 가정(家政), 농업, 공업 및 그 밖에 필요한 교과이다. 한편 정신지체 양호학교에서는 영역과 교과를 합친 지도를 중심으로 교육과정이 편성되어 있다. 더욱이 중복장애아들 또는 학업이 곤란한 아동이나 학생들에 대해서는 다음과 같은 교육과정 편성의 특례가 정해져 있다.

① 정신지체를 수반하는 아동들에 대해서는 각 교과의 목표 및 내용의 전부 또는 일부를 정신지체 양호학교 각 교과의 목표 및 내용의 전부 또는 일부로 대체시킬 수 있다.
② 중복장애아들 가운데 학업이 극도로 어려운 학생에 대해서는 각 교과, 도덕 혹은 특별활동의 목표 및 내용에 관한 사항의 일부 또는 각 교과를 대체시켜 양호와 훈련을 주로 한 지도를 행사할 수 있다.
③ 장애의 상태에 따라 학업이 어려운 아동들에 대해서 특히 필요한 경우에는 각 교과의 목표 및 내용의 일부를 생략할 수 있다. 또한 특히 필요한 경우에는 각 교과의 목표 및 내용의 전부 또는 일부를 해당 학년 이전 학년의 목표 및 내용의 전부 또는 일부로 대체시킬 수 있다. 더욱이 방문교육의 경우에는 이와 같은 교육과정 편성의 특례를 적용시킬 수 있도록 되어 있다.

3) 특수학급의 교육과정

특수학급은 심신의 장애가 비교적 가벼운 아동들을 위하여 필요에 따라 초등학교 혹은 중학교에 설치되는데, 심신의 장애로 인하여 일반학급에서는

VIII. 특수교육

적절한 교육을 받을 수 없는 아동들을 위하여 특별히 편성되는 학급을 말한다. 그 종류는 약시(弱視), 난청(難聽), 정신지체, 지체부자유, 병약·신체허약, 언어장애 및 정서장애로 구성된다.

특수학급의 교육은 원칙적으로 초등학교 학습지도요령 및 중학교 학습지도요령에 의해 실시된다. 단 특별히 필요한 경우에는 특별교육과정을 편성할 수 있도록 되어 있다(학교교육법 시행규칙 제37조의 19 제1항). 이 경우 특별교육과정은 맹·농아학교 및 양호학교의 초등학부·중학부 학습지도요령을 참고하여 편성된다(1989년 10월 25일 문부 사무차관 통달).

4) 통급에 의한 지도와 관련된 교육과정

통급에 의한 지도는 초등학교 및 중학교의 일반적인 학급에 재적하고 있는 교토의 심신장애아가 각 교과 등의 대부분의 지도를 일반학급에서 받으면서 심신장애의 상태에 따라 거기에 적합한 지도를 특별한 장소에서 받게 하는 교육형태인데 주로 언어장애, 정서장애, 약시, 난청 등의 장애를 대상으로 필요에 따라 실시된다.

통급에 의한 지도의 대상이 되는 학생은 각 교과의 대부분을 일반적인 학급에서 받고 있기 때문에

일본 교육의 이해

기본적으로 초등학교 학습지도요령 또는 중학교 학습지도요령에 준한다. 단지 일반교육과정에 가미시키거나 또는 그 일부를 바꾸어 장애에 적합한 지도를 실시하기 때문에 특별교육과정을 편성할 수 있도록 되어 있다(학교교육법 시행규칙 제73조의 21 제1항).

장애에 적합한 특별지도는 장애상태의 개선 또는 극복을 목적으로 하는 지도(양호·훈련의 지도)를 의미하는데, 장애의 상태에 따라 각 교과의 내용을 보충하기 위한 특별지도를 포함시키도록 되어 있다. 이 특별지도와 관련된 수업 시수는 장애상태의 개선 또는 극복을 목적으로 하는 지도는 주당 1~3단위의 시간을 표준으로 하고, 해당된 지도에 가미시켜 각 교과의 보충 지도를 실시할 경우에는 대개 주 8단위의 시간 이내로 하도록 하고 있다(1993년 문부성 고시 제7호).

(4) 특수교육과 교재·교구 및 설비

심신장애아의 교육에 있어서 아동들의 자주적이고 주체적인 학습을 추진하고 기초적·기본적인 내용을 아동들이 확실하게 습득하도록 하기 위해서는 교재와 교구를 적절하게 활용할 필요가 있다. 교재 가운데 특히 교과서는 종래부터 지도를 함에 있어

VIII. 특수교육

서 중요한 역할을 수행해 왔고 특수교육제학교에서도 원칙적으로는 초등학교나 중학교의 경우와 마찬가지로 문부대신의 검정을 받은 교과서 또는 문부대신이 저작권을 가진 교과서를 사용하도록 되어 있다. 맹·농아학교 및 양호학교용 문부성 저작 교과서로는 다음과 같은 교과서가 작성되어 있다(표8 참조).

또한 보다 효율적인 지도를 위하여 시설·설비나 교재·교구에 다양한 모색을 시도하고 있다. 특수교육제학교에서는 아동의 장애상태를 개선하고 극복하도록 하기 위해 특별지도가 효과적으로 실시될 수 있도록 청각활용이나 운동·동작의 지도를 위하여 특별교실이 설치되어 있다.

그리고 맹아학교에는 점자교재 제작설비, 농아학교에는 집단보청설비, 양호학교에는 폐쇄회로(閉鎖回路) TV설비가 정비되어 있는 것 외에도 최근에는 대부분의 학교에 컴퓨터와 워드프로세서 등의 교육기기가 도입되어, 아동들의 흥미와 관심을 불러일으켜 효과적인 학습이 이루어지도록 적극적인 활용이 권장되고 있는 실정이다. 또한 특수학급이나 통급지도교실에도 교재확대 영상설비 등이 정비되고 있다. 더욱이 각 학교에서는 보다 효과적인 지도를 실시하기 위하여 아동들의 실태에 맞추어 독자적으

일본 교육의 이해

〈표8〉 맹·농아학교 및 양호학교용의 문부성 저작 교과서

(1995년도용)

구분	초등학부	중학부
맹아학교	〔점자판〕 국어 사회 산수 이과	〔점자판〕 국어 사회 (지리적 분야) 사회 (역사적 분야) 사회 (공민적 분야) 수학 이과 (제1분야) 이과 (제2분야) 영어
농아학교	언어지도 음악	언어
양호학교 (정신지체교육)	국어 산수 음악	국어 수학 음악

자료 : 문부성 『一人一人を大切にした教育』(1996년), 괄호 안은 %

로 교재 또는 교구를 개발하기도 하고 이미 시판된 기기를 개량하여 사용하는 학교도 있다.

(5) 특수교육으로의 취학장려

특수교육제학교나 특수학급으로의 취학을 장려하고 그로 인해 발생할 수 있는 보호자의 경제적인

Ⅷ. 특수교육

부담을 줄이기 위해서 특수교육 취학장려비가 지급된다. 이 특수교육 취학장려비는 1954년에 「맹·농아학교 및 양호학교로의 취학장려에 관한 법률」이 제정된 이래 매년 그 규모가 확대되어 지급대상도 증가되어 왔다. 이 법률은 원래 특수교육제학교 취학에 따른 특수 사정으로 말미암아 국가 혹은 도도부현의 지방정부가 이들 학교에 취학하는 학생들에게 필요한 원조를 지원하여 교육의 기회 균등과 이들 학교에 대한 교육의 보급을 장려할 목적으로 제정된 것이다. 특수교육장려비는 공·사립학교에 취학하는 경우는 도도부현의 지방정부가 지급하고 그 절반을 국가가 부담하도록 되어 있고, 국립학교에 취학하는 경우는 국가가 지급하도록 되어 있다. 이 법률에 의해 제정된 지급비의 종류로는 ① 교과용 도서 구입비 ② 학교급식비 ③ 교통비(통학비, 기숙사 거주자의 귀성비, 직장 실습 교통비, 교류 학습비) ④ 기숙사 거주에 따른 경비(침구구입비, 식비, 일용품 등의 구입비) ⑤ 수학여행비(수학여행비, 교외활동비, 숙박생활 훈련비) ⑥ 학용품 구입비 ⑦ 신입학 학생용품비 ⑧ 통학용품 구입비가 있다.

(6) 특수교육관계에 대한 국가예산의 개요

어느 나라를 막론하고 심신장애아에 대해서는 그

일본 교육의 이해

장애의 상태나 발달단계 등을 고려하여 보다 좋은 환경을 마련하고, 특별한 배려로 적절한 교육을 실시하여 그 능력을 최대한 발휘하도록 하며, 가능한 한 적극적으로 사회에 참가할 수 있도록 함과 동시에 사회의 바른 이해와 인식을 심화시켜가는 것이 무엇보다 중요하다고 생각된다.

이를 위하여 일본 문부성에서도 특수교육의 진흥에 있어서 특히 심신장애아에 대한 이해·적정 취학의 추진을 충실히 이행하고, 교육내용·방법에 대한 개선과 교직원의 양성과 자질을 향상시키고, 취학장려비, 시설·설비의 충실 등에 역점을 두고 있다.

그와 같은 제시책들을 실시하기 위하여 필요한 1995년도 특수교육관계예산 개산 요구액은 1,600억 엔을 넘어서고 있다. 참고적으로 아래에 9가지의 주요 시책 사항에 대한 예산액의 규모를 제시해 둔다(『敎育と醫學』 1994년 42간 10호 인용). ① 심신장애아에 대한 이해인식·적정취학의 추진충실(165,257천 엔) ② 특수교육에 관한 연구조사·교육내용의 개선·연수 등(151,496천 엔) ③ 특수교육 취학장려비부담 등(6,192,182천 엔) ④ 특수교육설비 정비비 등 보조(442,396천 엔) ⑤ 의무교육비 등 국고부담금(147,223,475천 엔) ⑥ 초임자연수(1,520,767천

엔) ⑦공립특수교육시설 정비비(3,885,518천 엔) ⑧사립고등학교 등 경상비 조성비보조(2,044,000천 엔) ⑨국립특수교육 종합연구소의 정비운영 등 (1,040,752천 엔)

(7) 특수교육의 실제

 일본의 특수교육현장에서 시행되고 있는 특수교육에 대한 전반적인 실제를 소개하기 위해서는 크게 두 가지 형태로 구분해서 설명하는 것이 용이할 것이다. 그 하나는 특수교육제학교에서 행해지고 있는 교육에 대한 실제이고 또 하나는 특수학급에서 행해지는 교육의 실제이다.

 특수교육제학교의 교육의 실제를 알아보기 위해서는 맹아학교, 농아학교, 정신지체 양호학교, 지체부자유 양호학교, 병약 양호학교에서 행해지는 교육의 실제를 이해하면 된다. 또한 특수학급의 교육의 실제를 파악하기 위해서는 약시 특수학급, 난청 특수학급, 정신지체 특수학급, 지체부자유 특수학급, 병약·신체허약 특수학급, 언어장애 특수학급, 정서장애 특수학급에서 진행되고 있는 형태를 검토함으로써 가능할 것이다.

 그런데 본 장에서는 지면상의 제약으로 인하여 앞서 지적한 각 특수학교와 여러 특수학급에서 전

일본 교육의 이해

개되고 있는 몇몇 교육형태의 개요를 소개함으로써 특수교육의 실제를 대신하고자 한다.

1) 맹아학교 교육의 개요

맹아학교의 대부분은 초등학부, 중학부, 고등부의 각 부를 설치하여 시각장애아를 위한 교육을 일관적으로 실시하고 있다. 최근에는 유치부를 두는 맹아학교도 증가하고 있는 실정이다. 또한 맹아학교에는 장거리 통학이 곤란한 학생들을 위해서 대부분의 경우 기숙사가 설치되어 있다.

맹아학교 유치부에서의 교육은 유아기에 기대되는 여러 영역의 발달을 종합적으로 촉진시키는 데 그 주안점을 두고 있지만, 특히 일상생활 속의 다양한 동작이나 습관, 보행, 모든 감각기관의 활용에 착안한 개별지도나 집단지도에 주력하고 있다.

맹아학교의 초등학부 또는 중학부의 각 교과, 도덕, 특별활동의 지도내용은 초등학교나 중학교의 그것과 기본적으로는 동일하다. 단지 시각장애로 인해 발생하는 여러 가지 어려움을 극복하도록 하기 위한 특별한 지도영역으로서 「양호·훈련」이 설치되어 있는 것이 초등학교나 중학교와 다른 큰 차이점이라 할 수 있다. 또한 각 교과 등의 지도를 보면 맹아에 대해서는 점자를 사용하고 교재나 교구

VIII. 특수교육

도 촉각이나 청각을 활용할 수 있도록 고안되어 있으며, 약시아동을 위해서는 쉽게 볼 수 있도록 하기 위한 다양한 교재와 교구가 고안되어 있다.

맹아학교의 중학부 졸업생 가운데 매년 약 90% 이상이 고등부 본과에 진학을 하고 있다. 고등부 본과에는 보통교육을 주로 하는 학과와 전문교육을 주로 하는 학과로 구성되어 있는데, 전문교육을 주로 하는 학과로서는 보건이료과, 가정과(家政科), 음악과, 조율과(調律科: 피아노 조율에 관한 직업교육), 이학요법과(理學療法科: 주로 신체장애자의 사회복귀를 위한 의료기술에 관한 직업교육) 등이 설치되어 있다. 이러한 직업학과에서는 각각 사회자립을 위한 직업교육이 실시되고 있다.

2) 지체부자유 양호학교 교육의 개요

지체부자유 양호학교에는 고등부가 대부분(70% 이상) 설치되어 있고 초등학부, 중학부 및 고등부의 일관된 교육이 실시되고 있다. 또한 유치부가 설치된 학교도 10여 개 있다.

유치부의 교육은 특히 운동기능장애 등의 개선을 도모하면서 신변의 자립을 촉진시키는 내용이 주류를 이룬다.

초등학부 및 중학부의 각 교과, 도덕, 특별활동과

고등부의 각 교과와 특별활동 지도는 초등학교, 중학교, 고등학교의 그것과 기본적으로는 다를 바가 없다. 단 운동기능장애를 극복시키기 위한 특별지도로서 양호·훈련(운동기능의 증진을 위한 지도, 의사능력 증진을 위한 지도 등)시간이 주어져 있다. 한편 고등부에는 거의 대부분 보통교육을 주로 실시하는 학과와 전문교육을 주로 실시하는 학과가 있는데, 전문교육학과의 경우에는 공예과, 상업과 등 10학과가 설치되어 있는 실정이다.

3) 병약·신체허약 특수학급의 교육의 개요

병약교육에서는 병약아 및 신체허약아를 대상으로 하고 있다. 그런데 병약아란 만성질환으로 인해 의료나 생활규제(건강상태의 회복 또는 개선을 도모하기 위해 신체활동의 제한 등 생활 속에 여러 가지 제약을 설정하는 것)를 필요로 하는 아동을 말한다.

한편 신체허약아는 선천적 또는 후천적인 여러 가지 원인으로 말미암아 신체 제기능의 이상을 보이고 질병에 대한 저항력이 약한 상태에 있기 때문에 생활규제가 필요한 사람을 말한다. 이들 병약아나 신체허약아를 위한 특수학급에는 병원 내의 학급, 초·중등학교 내의 학급 등이 있다.

Ⅷ. 특수교육

①병원 내의 학급: 이것은 병원 가까이 있는 초등학교 또는 중학교를 본교(在籍학교)로 하고 병원 내에 설치한 학급을 말한다. 대상 아동은 해당 병원에 입원해 있는 학생인데 질환의 종류는 기관지 천식, 신장질환 등 다양하다.

학생들은 치료를 받아가며 병원 내에 있는 교실 등에서 학습함과 동시에 건강상태의 회복·개선을 도모하기 위한 지도를 받는다. 한편 학교행사 등이 있을 시에는 본교 학생들과의 교류가 활발하게 전개될 수 있도록 하고 있다. 학생들의 지도는 특히 병원 직원들과의 연락을 면밀히 하여 서로 협력해 가며 하고 있다.

②초·중등학교 내의 학급: 이것은 초등학교 또는 중학교 내에 설치되는 특수학급이다. 대상 학생은 입원할 필요없이 가정에서 통학하고 있는 학생인데 신체허약, 비만, 비교적 가벼운 기관지 천식의 학생들이 많은 편이다.

학급이 초·중등학교 내에 있기 때문에 일반학급의 학생들과 비교적 원활히 교류할 수 있다. 따라서 음악이나 미술수업, 특별활동은 일반학급의 학생들과 함께 실시되는 경우가 많아지고 있다.

일본 교육의 이해

3. 특수교육의 진흥을 위한 문부성 시책과 동향

문부성에서는 문교 시책 전반에 관한 추진 방향과 그 동향을 일반국민에게 알리기 위하여 1988년도부터 매년 『우리 나라의 문교 시책〔我が國の文敎施策〕』이라는 교육백서를 간행하고 있다. 본장에서는 그 책 속에 언급된 특수교육과 관련된 최근의 내용을 토대로 하여 현재 일본의 특수교육 영역에서 제기되고 있는 새로운 시책과 그 대응방향 등에 대해 소개하고자 한다.

최근 몇 년 동안 일본에서 제기되고 있는 특수교육의 여러 진흥 방안들 중에서 가장 공통적으로 많이 언급되고 있는 주요 현안으로는 학습장애 문제에 대한 대응, 통급에 의한 지도문제, 병요양아 교육문제의 3가지라고 할 수 있겠다. 다음으로 이 3가지 현안의 동향에 대해 서술하고자 한다.

(1) 학습장애아 문제에 대한 대응책

이미 꽤 이전부터 미국, 캐나다, 대만 등의 국가에서는 학습장애가 특수교육의 대상으로 등장하였고, 특히 미국에서는 특수교육 대상의 반수 정도를

Ⅷ. 특수교육

학습장애가 차지하고 있기 때문에 그 분야에 관한 연구 또한 활발히 전개되고 있다. 최근 일본에서도 그와 같은 국제적 동향에 조금은 늦은 감이 있지만, 학습장애에 대한 정의를 통일하는 등 학습장애아 문제해결에 관한 관심이 한층 고조되고 있는 실정이다.

한편 공식적으로 학습장애아 등에 대한 교육적인 검토가 개시된 것은 문부성이 1990년 6월에 설치한 「통급학급에 관한 조사연구 협력자회의」라고 볼 수 있는데, 현재는 거기서 심의된 검토 결과(1992년 3월에 1차 중간 보고서가 작성됨)를 토대로 하여 그 해 6월에 새롭게 설치된 「학습장애 및 그와 유사한 학습상의 어려움을 초래하는 아동·학생들의 지도 방법에 관한 조사연구 협력자회의」에서 이 문제에 관한 검토를 진행하고 있는데, 1995년 3월에는 그 동안의 심의 결과를 정리하여 「학습장애아 등에 대한 지도에 대하여」라는 2차 중간 보고서가 공표되었다.

이 협력자회의는 앞으로도 2, 3년간 심의를 계속하여 그 때 비로소 최종답신을 발표할 예정인데 2차 중간보고서에서 처음으로 학습장애에 대한 교육적 정의[1]가 제시되었다. 그 외의 주요 내용으로는 해당 학생들에 대한 실태 파악 방법, 학습장애와 정신지체 그리고 자폐증의 관계에 관한 설정, 학습장애와 학습곤란과의 문제, 학습장애아의 유형과 지도법에 관한 사항들이 제시되어 있다.

(2) 통급에 의한 지도문제

통급에 의한 지도는 비교적 새로운 특수교육의 한 형태인데, 언어장애, 정서장애, 약시, 난청 등의 비교적 가벼운 장애를 지닌 학생들이 각 교과의 대부분은 초·중등학교의 일반적인 학급에서 수업을 받고, 장애별로 특별한 지도를 특별한 장소(통급지도교실)에서 받는 형태의 교육을 말한다.

문부성에서는 통급에 의한 지도에 대해서 1990년도부터 2년 동안에 걸쳐 통급학급에 관한 조사연구협력자회의를 설치하여 그 발전방안에 관해 검토해 왔는데 1992년 3월에는 그 심의 결과가 보고되었다. 그 심의 내용 가운데는 교육과정 속에서의 그 위치 설정의 명확화, 교원 수 확보의 필요성 등이 지적되었다. 한편 그 심의 결과에 따라 1992년도에는 전국에서 168교가 연구지정학교로 선정되어 통급에 의한 지도의 구체적인 내용과 방법 등에 관하여 연구가 진행되었다. 그리고 이 형태의 교육은 1993년도부터 제도적으로 실시되고 있는데 제6차 의무교육제학교 교직원 배치계획에 따라 필요한 교원 수를 배치하고 있는 실정이다.

(3) 병요양아 교육문제

질병으로 인해 요양 중에 있는 학생들에 대해서는 현재 의료 등을 필요로 하는 기간에 따라서 병약양호학교나 초·중등학교의 특수학급 등에서 교육이 실시되고 있다. 최근에는 질병 종류의 변화나 의학의 학문적 발전에 의한 치료법의 변화로 인하여 입원 기간이 단기화된다든지 입퇴원을 반복해야 하는 경우도 생겨 그런 형태에 적합한 교육 또한 요구되고 있다. 이를 위해 문부성에서는 1993년도부터 「병요양아의 교육에 관한 조사연구 협력자회의」를 개최하여 검토해 오고 있는데 1994년 12월에는 그 보고서가 작성되는 등 계속적으로 조사연구가 실시되고 있는 실정이다.

▶ 註
1) 학습장애에 대한 일본 문부성(1995년 공표)의 정의는 다음과 같다. "학습장애란 기본적으로는 전반적인 지적 발달의 지체는 없지만 듣고, 말하고, 읽고, 쓰고, 계산하고, 추론하는 등의 특정 능력의 습득과 사용에 있어서 현저한 어려움을 보이는 다양한 장애를 말한다. 학습장애는 그 배경으로 중추신경계에 어떤 기능장애가 있다고

추정되나, 그 장애에 기인하는 학습상의 특이한 곤란은 주로 학령기에 발생하지만 학령기를 지날 때까지도 분명하지 않은 경우도 있다. 학습장애는 시각장애, 청각장애, 정신지체, 정서장애 등의 상태나 가정, 학교, 지역사회 등의 환경적 요인이 직접적인 원인이 되는 것은 아니지만 그러한 상태나 요인과 함께 발생할 가능성도 있다. 또한 행동의 자기조절, 대인관계 등의 문제가 학습장애에 수반되는 형태로 나타날 수도 있다."

참고 문헌

1) 大井淸吉·村田茂 編(1973)『おうべいと日本の特殊教育』慶應通信
2) 一宮俊一 (1989)『現代障碍兒敎育學』明治圖書
3) 新谷喜之 (1994)「特殊敎育關係豫算槪算要求の槪要」『敎育と醫學』42(10) pp. 83~87
4) 山口薰 (1995)「わが國における學習障害の槪念」『發達障害 硏究』17(3)
5) 山口薰 (1995)「學習障害兒等に對する指導」『特殊敎育』No.82
6) 中野良顯·えのもとかずお 編 (1995)『保育の方法』東京書籍
7) 總理府 編 (1995)『障害者白書』大藏省
8) 文部省 編 (1989)『心身障害兒の敎育の實際』文部省
9) 文部省 編 (1996)『一人一人を大切にした敎育』文部省
10) 文部省 編 (1995)『我が國の文敎施策』文部省
11) 文部省 編 (1995)『學校基本調査報告書』文部省
12) 文部省 編 (1989)『小學校學習指導要領』文部省
13) 김세곤 (1993)「認知的行動修正に基づく學習障害兒の指導に關する硏究」筑波大學 博士學位論文

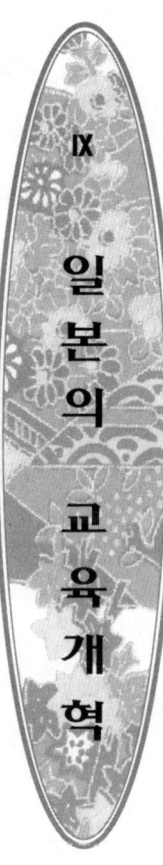

IX 일본의 교육개혁

홍현길

IX. 일본의 교육개혁

1. 일본의 교육개혁

세 세 이느 나라이건 나라의 보다 나은 발전을 위하여 다음 세대를 교육하지 않는 나라는 없다. 그런데 교육에는 일정한 정책과 제도 속에 행하는 형식적 교육인 학교교육이 있으며 이 학교교육은 사회의 변화와 밀접한 관계 속에 변화되고 있다. 그런데 이러한 변화를 의도적으로 행할 때 이를 일반적으로 '교육개혁'이라고 한다. 그렇다면 일본의 교육개혁은 어떠한가?

일본의 교육개혁은 사회의 변화와 관련지어 보거나 현대의 일본 교육개혁에 큰 역할을 하는 임시교육심의회의 답신을 참조해 볼 때 크게 세 번의 교육개혁으로 나눌 수 있다. 첫째는 서양의 근대화를 받

일본 교육의 이해

아들이려고 한 메이지 유신〔明治維新〕의 교육개혁이며, 둘째는 1945년 8월 15일 제2차 세계 대전의 패전을 계기로 미군정이 일본의 민주화라는 명분하에 시도한 교육개혁이고, 셋째는 첨단 과학 기술 문명에 의해 지구 차원의 국제화 사회로 발전하는 현대 사회에서의 교육개혁이다.

여기에서는 이 세 가지 교육개혁을 설명하고자 하며 한국인에게 일본의 교육을 알리고자 하는 본서의 취지를 고려하여 일본의 교육개혁이 일본인의 정신을 어떻게 형성했으며 어떻게 유지·발전시켜 나가려고 하는가의 측면에서 정리해 보고자 한다. 편의상 교육개혁의 내용과 형식으로 나누어 설명하고자 하는데 내용이란 개혁의 이유와 목적 및 계획을 의미하며, 형식이란 개혁이 실제로 이루어진 여러 가지 형태나 방식 및 결과를 의미한다.

2. 메이지 유신의 교육개혁

(1) 교육개혁의 내용 - 일본 정신의 형성

일본은 메이지 천황〔明治天皇, 1867-1912〕이 집권하기 전에는 한국, 중국, 인도 등 주변 국가의 문물을

IX. 일본의 교육개혁

받아들이는 그리 발달된 나라는 아니었다. 특히 이웃 나라 중에서도 거리상 가장 가까운 우리 나라와는 일본의 탄생에서부터 역사, 문화, 정치, 경제 등 다방면에 걸쳐 밀접한 관계가 있어 왔으며 당시의 일본보다 앞선 우리 문물의 영향은 일본 발전의 중심을 이루었다. 한편 천황이 등극할 당시의 세계 상황은 산업 혁명을 통하여 근대화된 유럽 국가들이 막강한 힘으로 세계를 자기들의 식민지로 삼으려고 할 때였으며 마치 유럽이 세계의 중심인 듯한 양상을 띠고 있었던 때이다. 이에 메이지 천황은 일본의 문호를 개방하고 유럽의 근대화된 문물을 받아들이기 시작하였다. 즉 '탈 아시아 정책'이라는 이름하에 '메이지 유신'(유신 기간은 여러 설이 있으나 여기에서는 교육개혁 차원에서 보아 1890년 교육칙어까지로 한다)을 단행한 것이다.

이 때 학교제도에서는 우리 나라의 서당과 유사한 데라코야[寺子屋]나 우리 나라와 같은 향교(鄕校), 그리고 영주의 지역인 번(藩)에서 경영한 지금의 공립학교 같은 번교(藩校) 등이 있었으나, 이를 벗어난 유럽의 근대 학교제도를 받아들여 지금의 학교와 유사한 초·중·고·대학 등으로 개혁하였다.

그런데 이러한 교육개혁 가운데 제도나 학문 도

일본 교육의 이해

입 등의 개혁은 결국 개혁의 목적인 일본인의 정신 형성을 위한 것이라고 하겠다.

메이지 이전에는 우리 나라로부터 받아들인 음양오행(陰陽五行) 사상 등을 기반으로 천황을 음양신(陰陽神)으로 구축하였으며, 메이지 유신기에는 이토 히로부미〔伊藤博文〕 등 메이지 유신의 공로자들이 서양 정신의 구심점을 이루는 기독교를 참조로 하여 천황을 예수와 같은 절대신으로, 그것도 살아있는 현신(現神)으로 삼아 일본 정신의 구심점으로 재구성하였다. 결국 천황은 동양의 음양신이며 서양의 유일신이 되어 일본 정신의 중심이 되었다. 이에 일본 사회는 천황을 머리로 한 유기체 사회인 국체(國體)가 되며, 이 가족 국가 사회인 국체가 살아가기 위해 동서의 모든 지식을 흡수한다. 바로 이와 같은 일본의 정신을 신민(臣民)인 일본인의 정신으로 형성·유지시키는 데 교육개혁의 목적이 있는 것이다.

그래서 1890년 천황은 이를 교육헌장인 교육칙어(敎育勅語)에 구체화하여 철저히 교육하도록 하였다. 교육칙어의 내용을 요약해 보면, 천황은 만세일계(萬世一系)의 유일한 신으로 일본 국가의 주인이며, 모든 국민은 천황 앞에 평등하고 천황의 신하인 신민으로서 천황에게 충성을 다하도록 해야 한

IX. 일본의 교육개혁

다는 것이며, 또한 부모에게는 효도를 다하고 형제 및 부부 간에는 사랑을 다하며 남에게는 자애를 베푸는 사람이 되어야 한다는 것이다.

다시 말해서 우리 나라와 중국의 학문을 기반으로 일본의 정신을 구축한다는 화혼 한재(和魂漢才)라는 말이나, 서양의 학문을 기반으로 이를 재구성한 화혼 양재(和魂洋才)라는 말에서 '화혼'(和魂의 和는 일본의 옛 명칭인 '야마토〔大和〕'를 의미하므로 화혼은 야마토의 혼(魂)을 말하며 일본어로는 '야마토다마시이'가 됨), 즉 '일본 정신'을 교육칙어를 통해 구체화하고 실천하도록 했던 것이다.

그런데 사회 변화와 교육개혁의 관계에서 교육개혁의 방향은 일반적으로 크게 두 가지로 나뉜다. 사회의 변화에 발맞추어 교육을 개혁하는 경우와 사회를 변화시키기 위하여 교육을 개혁하는 두 방향이다. 대개 개인의 자유와 평등을 존중하는 자유 민주주의 국가는 전자의 교육개혁을 하고 있으나, 이념과 사회 집단의 존재에 가치를 두는 사회주의 국가의 경우는 후자의 양상을 띤다고 한다.

이와 같은 관점에서 보면 일본의 메이지 유신을 계기로 한 일본의 교육개혁의 내용은 천황을 머리로 하고 국민을 몸으로 한 유기체론적 국가, 즉 국체라는 독특한 일본 사회 국가를 건설하였으므로 후자의 양상처럼 생각할 수도 있다.

(2) 교육개혁의 형식 - 교육제도의 정비

이와 같은 '일본의 정신'이라는 교육개혁의 내용을 실천한 형식으로는 다음과 같은 제도의 정비를 들 수 있다. 첫째는 제도의 중추이며 교육의 중앙행정기구인 문부성(文部省: 우리 나라의 교육부에 해당함)을 1871년에 창설한 것과, 둘째는 일본 교육의 최초의 법적 장치인 1872년 학제(學制)의 반포, 셋째로는 교육헌장이자 일본인의 나아갈 길인 교육칙어(教育勅語)의 제정이다.

1) 문부성의 창설

1871년 7월 18일 교육행정의 중앙기구인 문부성을 설치하고, 지금의 문부대신(교육부장관에 해당함)이라고 할 수 있는 문부경(文部卿)을 두어 교육행정을 담당하게 하였다.

창설 당시에는 일반 교육행정을 장악할 교육행정가만 두었으나 그 후, 대중소학구의 학사 업무를 감독할 독학 사무가 추가되면서 결국 문부성의 주업무는 전국의 교육행정을 감사·통제하는 것이 되었고 서서히 관료성과 중앙집권성을 띠게 되었다.

IX. 일본의 교육개혁

2) 학제의 반포

신분적 봉건 사회를 유지해 온 번학이나 데라코야 등의 학교를 전면적으로 폐지하고, 드디어 문부성은 근대적 학교체제인 학제를 1873년 9월 5일 반포하기에 이르렀다.

학제는 6편으로 되어 있는데 대중소학구, 학교, 교원, 학생 및 시업, 해외 유학생 규칙, 학비에 관한 것으로 되어 있다. 후에 학제 2편과 추가가 더해져 전편 263장으로 되었으며 이는 일본 최초의 심대한 교육법규가 되었다.

3) 교육칙어의 제정

학제가 반포되었지만 당시에 밀려드는 공리주의적 실학주의, 페스탈로치의 개발주의 등 유럽과 미국의 교육사상으로부터 매우 큰 영향을 받게 되어 학제의 실천은 서구와 같은 개인주의적 공리주의의 양상을 띠게 되었다. 그런데 이러한 양상은 메이지 유신이 목적으로 하는 황도주의(皇道主義) 교육이념을 벗어나므로 이를 바로잡기 위해 바로 교육칙어를 만들게 되었고, 1890년 10월 31일 315자의 교육칙어가 공포되기에 이르렀다.

주내용은 앞에서 요약한 대로 일본 정신의 구체화였다. 그런데 이를 교육하는 방법은 매우 엄격한

일본 교육의 이해

주입식이었다. 각 학교에는 교육칙어와 천황의 사진을 모신 성역으로서의 봉안전(奉安殿)을 만들고 학생의 등하교시에 여기를 향하여 반드시 경례를 하게 하였으며, 교육칙어의 암기는 물론 취지를 음악화한 노래를 부르게 할 정도였다. 또한 경축일이나 행사 시에 이를 교장이 대독하게 하였으며, 잘못 읽었을 경우엔 교장의 퇴진을 종용하는 것은 물론이고 할복까지 했다는 소문이 있을 정도로 교육칙어를 생명보다 중요시했다고 한다.

(3) 교육개혁 결과와 교육현황

교육칙어를 공포한 1890년의 일본 인구는 3,990만 2천 명(15세 이하가 1,324만 9천 명, 32.83%)이며, 학교로는 유치원 138교, 소학교(심상소학교, 심상고등소학교, 고등소학교) 2만 6,017교, 중학교 55교, 고등여학교 31교, 실업학교(갑종, 을종, 도제학교) 23교, 사범학교 47교, 고등학교 7교, 실업전문학교 3교, 전문학교 33교, 고등사범학교 2교, 대학 1교, 맹·농아학교 4교, 각종 학교 1,647교가 있었다. 바로 이와 같은 학교를 통해 일본 정신이 교육되었으며 이를 메이지 유신의 교육개혁이라고 한다.

이러한 교육개혁에 의해 이루어진 일본의 정신은 다이쇼 천황(大正天皇, 1912-1926)을 거쳐 쇼와 천황

IX. 일본의 교육개혁

〔昭和天皇, 1926-1989〕의 1945년에 이르기까지 일본인의 정신으로 엄격하게 교육되었다. 특히 국민 전체에게 일사 분란하게 실천하도록 함으로써 일본은 천황을 중심으로 한 제국주의가 계속되었고 유럽의 국가들처럼 막강한 힘을 기르게 되었다. 이 힘은 결국 군국주의 국가를 초래하여 제2차 세계 대전의 주역이 되었으며 우리 나라를 35년이나 식민지화하게 되었다. 그러나 일본은 결국 패전의 길을 걷게 되었고 새로운 민주 사회로 변화하지 않으면 안 되는 새로운 전환기를 맞게 되었다.

3. 제2차 세계 대전의 패전과 교육개혁

(1) 교육개혁의 성립 과정

제2차 대전 말기 태평양 전쟁에서 미국이 1945년 8월 6일과 9일 히로시마〔廣島〕와 나가사키〔長崎〕에 원자폭탄을 투하함으로써 이를 계기로 일본은 15일 항복하게 되었고 제2차 세계 대전은 막을 내렸다. 동시에 당시의 일본 총리를 비롯한 내각들이 1948년 11월 극동 국제 군사재판에서 전쟁을 일으킨 전

일본 교육의 이해

범으로 판결되었고, 대부분이 사형됨으로써 일본의 군국주의는 막을 내리게 되었다.

쇼와 천황은 1946년 1월에 천황은 신이 아니라는 '인간 선언'을 하게 되었고, 맥아더를 사령관으로 한 미국 중심의 연합군은 일본에 군정(軍政)을 실시하게 되었다. 군정은 포츠담 선언이 요구하는 '일본의 민주화와 평화화'를 달성하고 두 번 다시 이와 같은 전쟁이 일어나지 않게 하기 위해 천황 중심의 제국주의를 없애고자 노력하였다. 그렇다면 패전을 계기로 1945년부터 약 7년에 걸친 군정의 교육개혁은 어떠하였으며 메이지 유신의 교육개혁을 통하여 강력히 형성된 '일본의 정신'은 어떻게 되었는가?

4년 가까이 계속된 전쟁이 1945년 8월 15일 끝나게 되자 일본의 문부성은 8월 22일 응급 조치로 초등학교에서 대학까지의 수업은 전쟁 전의 상태로 대략 복구하여 9월 중순부터 실시할 것을 통첩하였고, 9월 14일에는 '신일본 건설의 교육방침'을 발표하였다. 이 방침은 '천황 중심의 국체를 보호·유지하는 군국적 사상과 시책을 끝내고 평화 국가의 건설 및 과학교육의 중시' 등을 내용으로 한 것이다.

그러나 맥아더 원수를 사령관으로 한 연합군 총사령부 GHQ(general headquarters)는 1945년 10월부터 1952년 4월까지 일본의 민주화와 자유화를 위

IX. 일본의 교육개혁

한 교육개혁을 일본의 내각에 지시를 통해 단행하여 문부성의 응급 조치는 실효를 보지 못하고 말았다. 그렇다면 GHQ의 교육개혁 지시는 어떤 내용일까?

(2) 교육개혁의 내용 - GHQ의 교육개혁 지시

GHQ는 '일본의 민주화와 평화화'를 달성하기 위해서 제일 먼저 일본의 천황 중심의 교육은 물론 이에 따른 모든 정책과 제도의 개혁을 시도하였다.

그래서 1945년 10월 22일에 '일본 교육제도에 대한 관리정책'으로 군국주의, 초국가주의 교육을 금지시키고 교육의 민주화를 지시하였다. 또한 교육관계의 군국주의자나 초국가주의자를 조사하여 추방할 것과 박해받은 민주주의적 교원의 복귀를 지시하였으며, 전 교과서의 영문 번역과 허가가 나지 않은 교과서의 간행 금지를 지시하였다. 나아가 국가 신도(國家神道), 신사 신도(神社神道)에 대한 정부의 보증 지원 포교 등의 금지를 지시하였고, 수신(修身 : 도덕교육에 해당함), 일본 역사, 지리 수업의 정지와 교과서의 회수를 지시하기에 이르렀다.

결국 GHQ는 1945년 10월부터 두 달 사이에 황도주의의 일본 교육을 완전히 백지화하는 개혁을 지시하였다고 하겠다. 뿐만 아니라 GHQ는 1946년 3월에 미국의 일류 학자와 교육자 27명으로 구성된 교육시찰단 두 그룹을 제1차로 초빙하여 일본의 교육을 시찰하게 하고 보고서를 받았으며, 1950년 8월에는 제2차 교육시찰단을 초빙하여 보고서를 받기도 하였다.

교육시찰단의 보고서 내용은 민주주의와 자유주의 및 기회 균등에 의한 교육의 기본 방침, 지방분권화된 교육행정, 6·3·3·4의 학제, 국어의 개혁, 사고의 독립, 개성의 발전, 민주적인 공민으로서의 권리와 책임을 조장하는 교수법, 성인교육, 고등교육 등 광범위한 영역에 걸친 제안이 주를 이루었다. GHQ는 이 제안을 '신교육'이라고 하여 교육개혁의 내용으로 지시하였다. 물론 문부성은 이 지시를 지상 명령으로 받아 실천하지 않으면 안 되었다.

(3) 교육개혁의 형식 - 문부성의 실천

문부성의 교육개혁은 GHQ의 지시를 따를 수밖에 없었으므로 일본 스스로의 교육개혁이라고는 할 수 없었다.

1945년 11월 문부성은 우선 '교육쇄신위원회'를 설치하고, 일본의 교원 및 교육자 조합을 결성하였다. 또한 여성교육의 쇄신책으로서 여자대학 창설

IX. 일본의 교육개혁

과 대학의 남녀공학제 채용을 내각이 결의하였다.

1946년 4월에는 민주주의 교육연구회를 결성하여, 공민교육 실시 및 신교육지침을 각 학교에 시달하였고 「나라의 갈 길」등을 발간하였다. 10월에는 학교에서의 교육칙어 봉독 폐지, 칙어 등의 신격화 금지, 단지 보관만 하도록 시달하였다.

1947년 3월에는 '학습지도요령 일반편 시안'을 발행하고 교육기본법 및 학교교육법을 제정·공포하여 새 교육을 본격화하였다. 4월 신학기부터는 초등학교 6년, 중학교 3년의 의무취학제도가 발족되어, 로마자 및 1,850자의 당용한자, 가나(일본 글자명)의 현대식 사용법을 교과서에 사용하도록 하였다. 또한 학교에서의 궁성 참배, 천황 폐하 만세 합창, 천황의 신격적 표현 등을 그만둘 것을 각 학교에 시달하였다. 이어 아동복지법을 공포하였다.

1948년 1월에는 '대학설치위원회'가 조직되었고, 4월에는 신제 고등학교가 시작되었으며, 맹·농아의 취학 의무가 규정되었다. 또한 국회의 중참양원(衆參兩院)은 GHQ의 지시에 따라 교육칙어, 군인칙어 등의 실효와 배제를 결의하게 되었고, 이에 따라 문부성은 교육칙어의 회수와 봉안전 폐기방법을 각 학교에 시달하였다. 7월에는 교육위원회법을 공포하였으며, '민주주의(상)'을 간행하였고, 학부모와 교사의 모임인 PTA의 규약을 정하였다.

1949년 2월에는 교과용 도서 검정기준을 고시하고, 5월에 국립학교와 문부성의 설치법을 공포하였다. 6월에는 국립교육연구소를 설립하였으며 사립학교법을 공포하였다.

1950년 2월에는 도쿄도 교육청으로 하여금 공산주의 교원 246명을 권고 퇴직하게 하였고, 4월에는 도서관법을 공포하였다. 단기대학 149교를 개교하여 7월에는 최초로 미국에 유학생 63명을 보내는 등 순조로운 교육개혁을 실천하였다.

1951년 2월에는 도덕과는 특설하지 않고 민주주의에 입각한 입문서를 작성, 배포·실시하는 도덕교육 진흥방책을 발표하였으며, 7월에는 '학습지도요령 일반편 시안'을 개정하였다.

1952년에 들어와서는 3월에 교육과학연구회 재건 및 사립학교진흥회법을 공포하였다. 그러나 1952년 4월 28일을 기하여 GHQ 업무가 정지되고 교육개혁은 문부성으로 넘어갔다. 문부성은 6월에 '교육쇄신심의회'를 폐지하고 '중앙교육심의회'를 설치하였으며, 8월에는 의무교육 국고부담법을 공포하였고, 10월에는 학부모와 교사 전국협의회인 일본 PTA 결성대회 개최, 11월에는 시·읍·촌 교육위원회를 전국에 설치하였다.

IX. 일본의 교육개혁

(4) 교육개혁의 결과와 교육현황

전후(戰後) 일본의 교육은 6·3·3·4의 학교제도와 자유로운 사고의 교육과정으로 GHQ의 지시에 의해 개혁하게 되었으며, 동시에 일본 사회도 민주화·자유화의 모습을 갖추게 되었다.

그러나 전쟁의 패전에서 온 뜻하지 않은 교육개혁에 의해 메이지 유신의 교육개혁 속에 형성된 '일본 정신'은, 마치 천황의 신성(神聖)을 명시한 메이지 헌법이 천황을 일본국 및 일본 국민 통합의 상징(象徵)으로 명시한 쇼와 헌법으로 변환된 것처럼, 강한 결집력으로 전쟁의 주역이 된 정신에서 약하고 부드럽게 서로 돕는 정신으로 바뀌게 되었다. 또한 이 정신은 경제적 부를 축적하는 데 큰 힘이 되어 일본을 세계 속의 경제대국이 되도록 하였다.

그러나 일본 정신은 극도로 민족주의적 성향이 강하여 국제화·세계화되어 가는 현재의 세계 추세에 문제점을 제기하고 있다고 하겠다. 그렇지 않아도 GHQ의 교육개혁이 끝난 1952년 후의 일본 문부성은 직·간접으로 도덕교육이나 국가 국기 등의 부활을 내세워 일본 정신을 강한 정신으로 변환시키려고 노력하고 있는 것 같다. 물론 민주화를 기반으로 한 재구성의 입장에서 문부성은 중앙교육심의회를 비롯한 각종 심의회를 만들고 이를 통해 지금까지 점진적으로 교육개혁을 해 오고 있음도 사실이다.

일본 정신이 형성된 1890년에 비해 많은 양적 변화를 가진 1952년의 일본은 인구 8,580만 8천 명(15세 이하 인구는 2천 9백만 정도)에 학교로는 유치원 2,874교, 초등학교 26,377교, 중학교 13,748교, 고등학교 4,506교, 맹·농아학교 149교, 양호학교 3교, 단기대학 205교, 대학 220교, 각종 학교 5,674교 등, 학교의 양적 팽창 속에 '일본 정신'은 헤이세이 천황〔平成天皇, 1988-현재〕에 이르기까지 민주화 및 자유화와의 통합을 시도하는 30여 년의 긴 시간을 갖게 되었다.

4. 국제화와 현재의 교육개혁

(1) 교육개혁의 필요성과 진행 과정

현 교육개혁의 시작이라고 말할 수 있는 해인 1984년에 이르러 우선 '임시교육심의회'가 만들어졌으며, 이 의회에 의하여 현재의 교육이 검토되었고 교육개혁에 대한 답신을 하게 되었다. 이 답신을 보면 교육개혁의 필요성을 다음과 같이 정리할 수

IX. 일본의 교육개혁

있다.

메이지 유신과 전후의 교육개혁을, 국가 사회 체제의 변혁을 가져오기 위한, 즉 따라가는 형태의 근대화를 위한 교육개혁이라고 한다면, 현재의 교육개혁은 과거에는 없는 지구적 교류에 따른 국제화, 과학 기술의 고도화에 따른 정보화, 물질적 풍요로움에서 정신적 풍요로움으로 성숙해 가는 성숙화 등을 갖는 문명사적 전환기의 개혁이라고 할 수 있는데, 바로 이와 같은 국제화, 정보화, 성숙화를 이루는 교육이 되려면 무엇보다도 자유 속에 가치의 다양화와 개개인의 개성이 존중되며, 과학 기술 문명과 자기의 전통 문화를 바르게 인식하는 교육이 되어야 한다는 것이다. 그러나 일본의 현 교육은 획일적이며 극단적으로 형식적인 평등을 주장하는 경향이 강하고 각 사람의 개성, 능력, 적성을 발견·개발하고 신장시켜 가는 면이 결여되어 있어 현대에 부응하는 교육과는 매우 거리가 멀다는 것이다. 그 결과 초등학교에서까지 수험경쟁 과열현상과 비행, 폭력, 이지메, 등교 거부 등 교육의 황폐화 현상이 나타나고 있으며, 일부 특정 학력이 평생을 좌우하는 학력 사회적 상황이 계속 존재하고 있는 것이다. 특히 현 사회는 평생교육을 필요로 하는 경향이 강함에도 불구하고 이에 대한 대책은 충분치 못하다는 것이다. 그래서 교육개혁을 하지 않으면 안 된다는 것이다.

그렇다면 현재의 교육을 개혁하기 위해서 어떠한 과정을 밟고 있는지 그 발생 과정부터 살펴보면 다음과 같다.

전후의 GHQ의 교육개혁을 보면, 1946년 8월 10일 내각은 '교육쇄신위원회'(1949년 6월 1일부터는 교육쇄신심의회라 함)의 설치법을 만들고 이에 따라 교육, 정치, 종교, 문화, 경제, 산업 등 각계의 전문인 50명과 정·부위원장 각 1명을 선발하여 위원회를 구성하였다. 그리고 이 위원회로 하여금 GHQ 및 문부성과 긴밀히 협조하면서 교육개혁을 진행시켰다. 물론 GHQ가 교육개혁의 중심이었지만 일본측에서 보면 역시 1952년 6월 5일 중앙교육심의회가 생기기까지 142회의 총회와 21회의 특별위원회, 35회의 건의 등을 통하여 문부성에 적극 협조한 '교육쇄신심의회'의 업적을 들지 않을 수 없다.

그런데 1952년 GHQ의 교육개혁이 끝난 후에도 일본은 교육쇄신심의회의 뒤를 이어 '중앙교육심의회'(약칭 '중교심')를 만들고 교육개혁의 재검토 및 정리를 계속하였다. 중교심은 문부대신이 내각의 승인을 얻어 임명한 20명 정도의 높은 식견을 가진 전문인으로 구성되었으며 교육, 문화 등 넓은 범위

IX. 일본의 교육개혁

에 걸쳐 조사, 심의, 건의 등을 행한 문부대신의 자문기구이다.

이러한 중교심은 1984년 임시교육심의회가 발족되기까지 27회의 답신을 하는 활약을 보였으며 각 분과의 개혁을 위해 발족한 교육과정심의회, 대학심의회, 국어심의회 등 각 분야의 심의회와의 협조 속에 교육개혁을 진행하였다. 그러면 현재의 교육개혁은 어떠할까?

1984년 8월 21일 당시 나카소네〔中曾根〕 내각총리대신의 자문기관으로서 교육개혁에 관하여 3년간 조사·심의할 목적으로, '임시교육심의회'(약칭 '임교심', 회장과 45명의 전문위원으로 구성됨)의 설치법안을 정한 후 이에 따라 심의회를 설립하였다.

설립된 임교심은 1985년 6월, 1986년 4월, 1987년 4월, 1987년 8월 등 4회에 걸쳐 일본의 현 교육개혁에 관한 내각의 제안에 대한 답신을 하게 되었으며, 이 답신은 90회에 걸친 총회와 668회에 걸친 각지의 공청회, 483명의 청문회 참고인 등 속에서 이루어졌다.

내각은 이와 같은 임교심의 답신을 기반으로 1987년 10월 6일 현 교육개혁의 내용을 규정하고 문부성으로 하여금 이를 실천하게 하였다.

일본 교육의 이해

(2) 교육개혁의 내용

1987년 10월 6일에 규정된 교육개혁의 내용은 다음과 같이 몇 가지로 나누어 기술되고 있다. 즉 평생학습체제의 정비, 초·중등교육의 개혁, 고등교육의 개혁, 학술진흥, 시대의 변화에 대응하기 위한 개혁, 교육행·재정의 개혁, 교육개혁의 추진체제, 기타 등으로 구분되어 있다. 이를 각각 정리해 보면 다음과 같다.

1) 평생학습체제의 정비

① 국민의 평생에 걸친 다양한 학습 활동의 진흥을 위해 도도부현(都道府縣)(일본은 1都,1道,2府,43縣으로 되어 있으며, 都는 특별시, 府는 광역시, 縣은 도에 해당함)의 평생교육 추진체제를 정비하며, 시정촌(市町村)(일본 행정 구획의 작은 단위로 일본 전국은 664市, 1,994町, 577村으로 되어 있고 우리 나라의 시군면과 유사함)의 교육, 문화, 스포츠 시설을 정비한다. 방송대학에도 학습 기회의 확충을 중심으로 하는 평생학습의 기반을 정비한다.

② 평생에 걸친 학습 기회를 총합적으로 정비하는 관점에서 민간교육사업과의 제휴 방법을 포함하여 사회교육에 관련된 법령의 재고를 신속히 검토한다.

IX. 일본의 교육개혁

③ 사회에서의 학력 편중의 폐해를 시정하기 위한 총합적 관점에서 기업, 관공청의 채용 인사 개선과 동시에 공적 직업 자격 제도의 개혁 등으로 평생에 걸친 학습의 성과가 적절하게 평가되는 사회를 형성한다.

④ 평생에 걸쳐 직업능력개발을 총합적으로 추진하기 위해 기업에서 직업능력개발의 진흥, 사회인이 학습할 수 있는 장으로서의 대학·대학원 등의 정비, 직업훈련시설 등의 정비, 육성 및 조직에 대하여 검토한다. 또한 근로자의 자기 개발을 촉진하기 위해 노동시간의 단축, 유급교육훈련, 휴가제도의 보급 등을 시도한다.

⑤ 유아에서 고령자까지 건강과 체력 등에 맞는 스포츠 활동을 장려하기 위해 각종 스포츠, 레크리에이션 행사의 확충, 지도자의 양성 등에 힘쓴다. 동시에 민간 활동의 도입 등으로 일정 지역을 통합적 및 중점적으로 정비하기 위한 시책에 관해 조사 연구한다.

⑥ 경기·스포츠의 기반이 되는 청소년의 스포츠 활동을 촉진함과 동시에 경기력 향상을 위한 제반 환경 조건을 정비한다.

⑦ 스포츠 활동의 진흥에 도움이 되도록 민간 유식자 등의 협력을 얻어 진흥 방책에 대한 검토를 신

일본 교육의 이해

속히 한다.

2) 초·중등교육의 개혁

① 충실한 도덕교육을 포함한 교육내용을 개선하기 위해, 새 학습지도요령 등을 1988년 가을(고등학교 1989년 봄)에 고시하고 실시하였다.

② 교과서 검정제도 등의 개혁을 1988년을 목표로 진행하고 새 학습지도요령을 기반으로 편수된 교과서부터 차례로 적용한다.

③ 교원의 자질 향상을 도모하기 위하여 초임자 연수제도를 창설한다.

④ 초·중학교의 40명 학급의 실시를 포함한 교직원 정수 개선계획을 착실히 추진함과 동시에 아동·학생 수의 추이 등을 감안하면서 과대 규모 학교의 조기 해소에 노력하며 학교 규모의 적정화를 추진한다.

⑤ 후기중등교육의 다양화, 탄력화를 추진하기 위해 단위 고등학교의 창설을 검토하는 동시에 고등학교(정시제, 통신제) 수업년한의 탄력화에 관한 준비를 한다.

⑥ 아동이 자연 환경 속에서 생활하는 기회를 증대시킴으로써 심신을 단련시키고 풍부한 정서를 함양시키기 위한 시책을 적극적으로 추진한다.

IX. 일본의 교육개혁

3) 고등교육의 개혁

① 국민이나 사회의 여러 가지 요청에 응하기 위해 대학심의회의 심의를 밟으면서 대학의 개성화, 다양화, 고도화 및 활성화를 도모한다. 이를 위해 대학설치기준을 대강화(大綱化), 간소화하며 학위수여기관을 포함한 학위수여의 방법, 대학 교원의 선택적 임기제의 도입 등을 포함한 대학 조직 운영의 개혁 등 대학 개혁의 과제를 검토 및 구체화한다.

② 대학원의 충실과 개혁을 도모하기 위해 대학원을 정비하고 고도화 및 다양화를 추진한다. 또한 국립대학 공동이용기관 등을 모체로 한 대학원 및 고도의 첨단 과학 기술에 관한 교육연구를 행하기 위한 대학원 구상을 구체적으로 검토하고 준비한다.

③ 1990년도 대학 입학자 선발부터 새 입시제도의 도입을 목표로 준비하며 수험생과 고등학교에 이에 대한 정보 제공 활동을 충실히 한다.

④ 사학의 학교교육에 주는 역할의 중요성을 감안하여 사학의 특색 있는 교육연구 프로젝트에 대한 조성 등을 추진한다.

4) 학술진흥

① 독창적, 첨단적인 기초 연구의 발전을 도모하

기 위하여 과학 연구비 보조금의 확충 및 젊은 연구자의 육성을 추진한다. 또한 중점적으로 양성해야 할 분야의 기초 연구를 적극적으로 추진한다.

② 대학이 다양한 사회적 요청에 적절히 대응할 수 있도록 민간 등과의 공동 연구 실시, 공동 연구 센터의 정비 등에 노력한다.

③ 국제교류를 통하여 학술 발전과 국제 사회에 공헌할 수 있도록 연구자 교류 및 국제 공동 연구 등을 추진한다.

5) 시대의 변화에 대응하기 위한 개혁

① 유학생을 더욱 많이 받아들이기 위한 대학 등의 교육 지도 체제의 충실, 숙사의 정비, 사비 유학생에 대한 지원 등의 체제를 정비한다.

② 외국어교육의 개선 등에 도움이 되기 위해 사업 주체가 되는 지방공공단체 등과 제휴를 시도하면서 어학 지도 등을 하는 외국 청년의 초청과 유치를 확충한다. 또한 국제화의 진전에 수반되는 해외 자녀의 증대에 대응하여 해외 자녀와 귀국 자녀의 교육에 충실을 기한다.

③ 학교교육, 사회교육 등을 통해서 정보 활동 능력의 육성에 힘씀과 동시에 대학 등에 있어서 정보화 사회를 이끌어 가고 구축해 가는 인재의 육성을

진척시킨다. 이를 위해 교육내용 개선, 정보기구 정비, 교원연수의 충실, 학습지도용 소프트웨어 모델의 연구개발 등을 추진함과 동시에 기존의 학부, 학과의 개조 전환 등으로 정보관계 학부, 학과의 확충에 노력한다.

④ 독창적, 첨단적인 학술연구를 생산하기 위한 기반을 정비하는 관점에서 학술정보를 신속, 정확하게 제공하고 연구 결과를 보급하기 위한 학술정보 시스템의 정비 및 대학의 연구자 등에 의한 데이터 베이스의 작성 등을 추진한다.

6) 교육행·재정의 개혁

① 평생학습체제 이행에 적극적으로 대응함과 더불어 정책기능의 강화를 시도하기 위해 1988년 7월을 목표로 문부성의 기구 개혁을 실시하도록 1988년 예산 편성 과정에 구체적인 편성안을 세우도록 한다.

② 국립교육연구소를 문부성의 정책 입안에 도움이 되도록 조사 연구를 강화하고 교육과정, 교재, 지도 방법 등에 관한 조사 연구 센터의 기능을 갖도록 개조 재편을 한다.

③ 교육위원회의 활성화를 도모하기 위해 교육장의 임기제 및 전임제(市町村의 경우)의 도입에 대하

여 검토를 하는 동시에 교육위원회의 조직 및 운영의 개선에 노력한다.

④ 교육개혁의 추진에 있어서 교육, 학술, 문화, 스포츠 각 분야가 총합적·유기적으로 관련되어 있으므로 이들 시책의 일체적 추진을 도모할 필요가 있다. 이들에 관한 교육개혁에 필요한 자금의 중점 배분 등 재정상의 배려를 추진한다.

7) 교육개혁의 추진체제

임시교육심의회의 답신을 받아서 세운 모든 시책의 신속한 실현을 도모하기 위하여 정부에 교육개혁 추진을 위한 기관을 설치한다.

8) 기타

임시교육심의회의 답신에서 제기된 상기 이외의 개혁 제언에 대해서는 답신의 취지에 따라 구체적인 방안의 검토를 하여 다음 기회에 이행하도록 한다.

(3) 교육개혁의 형식

임시교육심의회의 답신에 의해 내각에서는 교육개혁의 내용을 위와 같이 규정하였지만 실제로 이를 문부성에서 어떠한 형식으로 실천하고 있는가를

IX. 일본의 교육개혁

정리해 보고자 한다.

1) 평생학습 진흥방책의 전개

① 1990년 평생학습에 관한 법적 제도가 정비되었으며 이를 기반으로 '평생학습심의회'가 설치되고 이를 중심으로 도도부현에 개혁을 추진하고 있다.

② 1989년부터 문부성과 지방공공단체는 평생학습활동을 전국적인 규모로 실천하는 장을 제공하고 사람들의 평생학습활동에 대한 참가 의욕을 촉진하며, 금후 학습활동의 진전에 도움이 되도록 '전국 평생학습 페스티벌'을 공동 개최하고 있다.

③ 종래의 학교교육, 사회교육의 성과를 바탕으로 지역에서는 자주적인 학습활동과 학교와 가정·지역 간의 제휴 등의 관점에서 각종 지원사업을 전개하고 있으며, 특히 청소년, 성인 일반, 여성 고령자 등에게 학습 기회와 직업상의 재교육, 현대 사회와 관계된 학습, 여러 가지 봉사활동 프로그램 개발, 활동 거점의 정비, 지도사나 조정자의 양성과 확보 등을 지원하고 있다.

④ 1987년부터 평생학습을 어렵게 하는 정보 부족의 벽을 극복하기 위하여 도도부현의 학습정보 제공체제의 정비에 대한 지원 사업을 해 오고 있으

며, 전국적인 평생학습 정보제공의 중심적 기능이 되도록 조사 연구하고 있다.

⑤ 평생학습의 기능심사 성과를 대학이나 고등학교 등의 단위로 인정할 수 있도록 제도화하고, 1994년에는 일정한 전수학교 전문과정의 수료자에게 전문사 칭호를 부여하는 제도를 창설하였다.

2) 초·중등교육의 개혁

우리의 초·중·고에 해당되는 초·중등 교육개혁에는 5가지의 형식을 보이고 있다.

① 학습지도요령의 전면 개편 : 유치원에서는 자발적이고 주체적으로 환경과 관계되는 생활 체험을 하도록 명시했으며, 초등학교는 저학년에는 '생활과(生活科)'를 도입, 중학교는 학생의 선택 이수의 폭 확대, 고등학교는 학생 선택 중심의 교육과정 편성의 도입 등, 각 학교 단계의 특색에 응해서 개선을 실시하였다. 이번 학습지도요령 개정에서는 한층 기본적이고 탄력적이 되도록 하였다.

② 고등학교 교육개혁을 위한 제도 개혁 : 1993년에 이수 형태의 탄력화와 다양화를 도모한 '단위제 고등학교'와 종래의 보통과나 직업학과와 다른 '총합학과' 등 새 형태의 고등학교를 제도화하였다. 또한 타 고등학교에서의 학습성과를 성적 단위로 인

IX. 일본의 교육개혁

정할 수 있는 학교 간 제휴제도의 도입, 전수학교에서의 학습성과나 기능심사의 성과를 고등학교에서 단위로 인정할 수 있는 제도 또한 창설하였다.

③ 교원면허제도, 연수제도의 개선과 교직원 배치 개선계획의 추진 : 교원면허 종류의 개선, 면허 기준의 상승, 사회인의 활용 등 교원면허제도의 개선과 신임 교원의 실천적인 지도력, 사명감, 폭넓은 시야를 기르는 초임자 연수제도를 1988년에 창설하였다. 또한 교육의 개성화의 관점에서 공립초·중학교에서의 팀 티칭(복수 교원이 수업 등 학습지도를 한) 등의 새 지도방법의 도입, 공립고등학교 보통과 등의 학급 편성의 표준을 45명에서 40명으로 줄이고, 이에 대한 계획적인 교직원 배치 개선을 1993년부터 6년간 계획으로 추진하고 있다.

④ 학교 주 5일제의 도입 : 전국의 국·공립초·중등교육의 모든 학교는 1992년 9월부터 매월 둘째 토요일을 공휴일로 하는 월 1회의 학교 주 5일제를 실시하고, 1994년부터는 매월 둘째 토요일과 넷째 토요일을 공휴일로 하는 월 2회의 학교 주 5일제를 실시하고 있다.

⑤ 고등학교 입학자 선발에 관한 개혁 : 조사서(우리의 생활기록부)를 쓰지 않은 입학자 선발의 도입, 평가 척도의 다양화 지도, 즉 편차치 편중의 진

로지도 시정 등의 개혁을 추진하고 있다.

3) 고등교육의 개혁

대학교육개혁에는 4가지 형식을 보이고 있다.

① 대학설치기준의 탄력적인 대강령(大綱令) 제공, 대학 등의 자기점검, 평가시스템 개발 : 교육과정, 교원자격, 수업방법, 시설 설비 등, 대학설치기준 등의 대폭적인 탄력적 대강령을 만들고 각 대학은 이에 준한 자기점검, 평가시스템을 1991년부터 개발하는 등 각 대학의 자주적 개혁을 지원하고 있다.

② 대학의 평생학습 기능의 강화 : 한 과목이나 몇 과목만을 등록하고 정규 단위를 취득할 수 있는 과목이수생제도의 창설, 전수학교에서의 학습성과 등에 단위 인정이 가능한 제도의 창설, 사회인을 위한 주야 개강제의 실시, 대학교육 도중에 편입학을 용이하게 하는 정원시스템의 도입 등, 평생교육을 위한 제개혁을 실시하고 있다.

③ 대학원의 제도적 탄력화와 학위제도의 개혁 : 야간 대학원의 제도화, 대학원만의 대학(독립 대학원) 설치기준정비, 대학 졸업 후 1년 안에 석사학위 취득, 3년 안에 박사학위 취득이 가능한 수업년한의 탄력화, 학부 3년수료로 대학원에 입학 가능한 입학

IX. 일본의 교육개혁

자격의 탄력화 등을 1989년부터 실시함과 동시에 대학원의 정비충실을 추진하고 있다. 또한 학위의 종류 등에 대하여 정리 및 탄력화를 도모하며 대학을 졸업하지 않은 사람에 대해서도 일정한 조건하에 학사학위 취득이 가능한 길을 여는 등 학위제도를 1991년 대폭 개혁하였다.

④ 대학 입학자 선발에 관한 개혁 : 공통 제1차 학력시험을 대신해서 국·공·사립 각 대학의 판단과 창의 연구에 의해 교과 과목 등에 대해 자유롭게 이용 가능한 대학입시센터 시험을 1990년부터 실시해 왔으며, 평가 척도의 다원화·복수화의 촉진, 국·공립대학의 수험 기회 복수화의 개선(분리 분할 방식의 통일), 각 대학의 정보를 널리 제공하는 하드 시스템의 정비 등 제개혁을 추진하고 있다.

4) 학술진흥

학술진흥에 대한 개혁에는 무엇보다도 재정과의 관계가 밀접하며 이런 점에서 보면 학술진흥비는 물론 매년 증가하고 있다. 특히 1988년 학술진흥비의 19.9%를 차지한 대학(여기에서의 대학은 4년제 대학, 2·3년제 단기대학, 고등전문학교, 대학공동 연구기관을 말함)의 연구비와 10% 정도를 차지한 과학 연구 보조비도 매년 증가하고 있다. 1995년도의 경우

최첨단의 학술연구 42건을 추진하고 있다. 또한 1992년에는 학술심의회의 답신에 의거, 탁월한 연구센터(COE, Center of Excellence)의 설립이 제안되었고 1995년 92억 엔의 경비로 설치되었다.

대학공동 이용기관, 대학부설연구소에 최첨단 연구가 가능하도록 새 정비를 하여 1995년도에는 국립대학연구소가 63곳이었으며 이 중 18곳을 전국 대학 등의 연구자가 공동 이용할 수 있었고, 공동 이용할 수 있는 연구시설은 국립대학에만도 415곳이 되었다고 한다. 학술연구법인의 경우는 1995년 8월 현재 164법인(재단법인 159, 사단법인 5)이 설립되어 있으며 내용을 보면 인문, 사회과학 47, 자연과학 117이라고 한다.

학술정보 네트워크의 고속화에 의한 학술정보유통을 정비하여 1995년도에 학술정보유통 주요간선의 회전 속도는 50Mbps(1Mbps는 1초 사이에 신문 5페이지 분량의 정보를 전송 가능한 속도)로 하고, 그 외의 간선과 미국과의 국제 접속은 6Mbps로 하고 있다. 캠퍼스의 네트워크(학내LAN)도 정비하여 1994년도에는 이동 대상인 5개의 국립대학을 제외하고는 모든 국립대학과 대학공동 이용기관의 학내LAN이 정비되었다.

나아가 대학 도서관에도 기능 강화 및 고도화에

IX. 일본의 교육개혁

의한 정보 서비스의 충실과 데이터 베이스의 정비 충실을 기하고 있으며, 연구성과의 보급과 학술용어의 제정·보급 및 학술자료의 수집·보존에도 적극 힘쓰고 있다. 또한 동물실험시설 등의 정비에도 힘쓰고 있다.

5) 시대의 변화에 대응하기 위한 개혁

시대의 변화에 대응하기 위한 교육개혁이란, 현시대가 국제화와 최첨단 과학에 의한 멀티미디어 시대로 변화하고 있는데 이에 부응하는 교육이 되도록 개혁하자는 말이라고 할 수 있다.

① 국제 이해의 교육 : 1995년도를 보면 대학 학과에 '국제'라는 말이 사용된 학과가 93학과나 되며, 사회교육 분야에서도 국제 이해에 관한 내용을 적극적으로 취급하고 있으며 지역의 국제교류사업도 활발히 하고 있다.

② 외국어교육 : 중·고등학교의 외국어교육에 있어서 커뮤니케이션 능력과 국제 이해의 기초를 더욱 중시하여, 중학교는 1시간을 늘려 주 4시간으로 하고 고등학교는 교과목에 회화시간인 오럴 커뮤니케이션 A,B,C의 새 과목을 넣는 등, 학습지도요령을 개정하여 실시하고 있다. 특히 JET 프로그램이라고 하여 외국 청년을 초청하여 가르치고 있

일본 교육의 이해

고 1995년에는 미국 2,248명, 영국 790명 등 총 4,243명의 외국인을 초청하였다. 또한 중·고등학교의 영어 담당교사 600명을 국내연수시키고 190명은 미국·영국 등에 6개월 이상 파견하며, 국립대학 외국어 교원 양성과정의 학생을 국비 유학생으로 유학보내고 있다. 또한 고등학교의 교육기기 정비와 초등학교의 영어교육에 대한 연구개발학교를 지정하여 실천적 연구를 하는 등 외국어교육을 적극 추진하고 있다.

③ 교육의 국제교류 : 문부성은 매년 5,000명의 교원에게 해외연수를 시키며 또한 외국으로부터 교환 교원을 받고 있다. 1993년의 학술진흥사업을 보면 9,831명의 교원 및 연구자를 해외에 파견하였으며 5,243명의 외국의 교원 및 연구자를 받아들였다고 한다. 이외에도 국제교류기금, 국제협력사업단 등의 단체에서도 교원의 연수교류를 적극 추진하고 있다. 청소년 교류에 있어서도 1994년도 일본청소년 봉사협회의 활동을 보면 469명의 청소년을 파견하고 690명의 외국 청소년을 받아들이고 있다.

일본에서 유학하는 외국인의 경우 1994년에 총 53,787명이었으며 이 중에 일본 문부성 초청 유학생은 6,880명으로 12.8%에 이른다. 문부성은 10만 명을 목표로 국비 유학생을 대폭 확장하고 있으며, 국

IX. 일본의 교육개혁

립 70개 대학에 5,327호의 유학생 숙사를 더 짓기도 했으며 유학생 센터나 유학생과를 설치하고 있다. 사비 유학생에게는 학습 장려비 지급, 수업료 감면, 국비 유학생으로 채용, 의료비 80% 보조 등의 혜택을 확장하고 있다. 특히 1995년부터는 전후 50주년을 계기로 '평화우호 교류계획'의 일환인 '사비 외국인 유학생 평화우호 특별장려비'가 창설되기도 하였다.

일본인의 외국 유학도 적극 추진하여 1994년의 경우 15만 1,318명에 이르며 80% 이상이 미국 및 유럽 지역으로 갔다. 우리 나라에 온 일본 유학생은 4,898명으로 전체의 3.2%를 차지하고 있다. 대부분은 사비 유학이며 외국의 초청에 의한 유학은 매년 400명 정도이다. 특히 문부성 및 여러 단체가 보내는 파견 유학 등의 정보는 잘 홍보되고 있으며 단기 유학생의 교류를 적극 추진하는 경향을 보이고 있다.

④ 일본어교육 : 1993년 조사에 의하면 일본 외 국가에서의 일본어 학습자 수는 162만 명에 달하며, 일본 내에서의 학습자 수는 8만 3천 명(1994)에 이른다고 한다. 일본 내에서 일본어를 배울 수 있는 시설은 365곳(1995)이 되며, 특히 외국인에게는 '외국인 일본어능력시험'을 만들어 실시하고 있다. 1급

에서 4급까지 있으며 유학 시에 참조된다고 한다.

1993년 일본 내의 일본어 교원양성과정은 국·공·사립대학에 84개, 대학원에 16개, 전문대학에 11개가 되고 수강자 수는 1만 5,421명이라고 하며, 특히 '일본어교육능력 검정시험'을 만들어 자질 향상을 기하고 있다고 한다.

이외에 인도차이나의 난민, 중국에서의 귀국자(2차 대전 시 남겨 둔 아이들이 40여 년 지나 귀국하기 시작함), 해외 장기 체류 자녀(1995년 4만 9,698명) 및 귀국 자녀(1994년 1만 3천 명) 등에 대한 일본어교육도 적극 추진하고 있다.

⑤ 새 시대에 부응하는 정보의 신속화 : 1994년 8월 내각에 '고도 정보통신사회 추진본부'를 설치하고 1995년부터 시대 변화에 발맞추어 정보의 고도화 사회를 추진하고 있으며, 이에 따라 문부성은 1995년 4월 '문부성 행정 정보화 추진계획'을 책정하고, '1994년도 일본국의 문교시책'의 CD-ROM을 만들 정도로 문부성의 모든 행정을 정보화하고 있다.

초·중등교육에 있어서도 1990년도부터 5개년 계획으로 정보화를 추진하여 1994년도 공립학교의 컴퓨터 설치상황을 보면, 초등학교의 경우 24,118교 중 66.1%의 학교가 평균 1교 5.3대 정도로 설치되

IX. 일본의 교육개혁

어 있으며, 중학교는 10,530교 중에 98.4%의 학교가 평균 1교 22.1대로 설치되어 있다. 고등학교는 4,156교 중에 99.9%가 1교 53.7대로 설치되어 있으며 1988년도부터 정보관련학과를 두어 정보기술자를 양성하고 있다. 맹아, 농아를 위한 특수학교는 1교 10여 대 정도로 100% 설치되어 있다.

교원에게도 정보처리 교육담당 교원양성강좌, 정보교육 지도자강좌, 10년 이상 교원의 컴퓨터 기초연수 등을 적극 추진하고 있다.

특히 새 정보 수단의 활용을 위하여 1992년부터 기기이용 연구지정학교를 설치하여 이용하게 하고 있으며 1995년에는 전국적으로 66교나 되고 있다. 벽지학교도 도시의 학교와 광섬유(光fiber)로 접속하여 큰 화면의 TV로 수업을 하고 있다. 교육상의 문제(이지메 문제 등)는 국립교육회관에 '대책정보센터'를 설치하여 여러 정보를 제공하고 있으며, 통신위성을 이용, 각 도도부현의 교육센터와 연결하여 교원연수 등을 추진하기도 한다.

고등교육기관에도 정보관계학과를 대폭 확충하여 1995년도를 보면 대학에는 263학과, 전문대학에는 63학과, 고등전문학교에는 43학과, 전수학교에는 860학과가 설치되어 있다.

6) 교육행·재정의 개혁 및 추진체제

교육행·재정의 개혁이나 교육개혁의 추진체제는 교육개혁의 내용대로 진행되고 있다. 재정의 경우 일례를 보면 1992년도 문부성의 예산이 국가 전 예산의 7.37%인 5조 3,195억 엔이었다고 하며 이는 전년도보다 5.2% 증가된 것이라고 한다.

(4) 교육개혁의 결과와 교육현황

현재 일본의 교육개혁은 1987년부터 시작하여 지금까지 계획대로 이루어지고 있으며, 메이지 유신이나 2차 대전 전후의 교육개혁보다는 점진적인 형태로 이루어지고 있다.

현재 일본은 인구 1억 2천 556만 9천 명(1995년,14세 이하는 16.3%)이 유치원 14,785교, 초등학교 23,893교, 중학교 11,194교, 고등학교 5,354교, 맹아학교 69교, 농아학교 99교, 양호학교 713교, 고등전문학교 62교, 단기대학 596교, 대학 565교, 전수학교 3,469교, 각종 학교 2,805교(총 학교 수 63,604교, 총 학생 수 2천 379만 7,692명)를 갖추고 21세기 국제사회에 맞는 인간육성을 위한 교육개혁을 계속 진행하고 있다

그렇다면 메이지 유신의 교육개혁 시에 형성된 '일본 정신'은 어떻게 되고 있을까? 현재의 교육개

IX. 일본의 교육개혁

혁은 이 일본 정신을 없애고 새로운 일본 정신을 창조하기보다는 이 일본 정신의 국제화, 즉 새 시대에 부응하는 일본 정신으로 재구성하는 데에 있다고 하겠다. 왜냐 하면 일본이 국체라는 유기체적 가족 국가관을 유지하려고 하는 이상 유기체의 원리가 적용되기 때문이다. 즉 유기체는 중심이 달라진다는 것은 곧 죽음을 의미하며, 살고 있는 이상은 중심이 달라지는 것이 아니라 다른 옷을 입듯이 바뀌는 것이다. 다시 말해서 일본의 중심인 일본 정신은 달라지는 것이 아니라 다른 옷을 갈아 입는 것이다. 바로 현재의 일본 교육개혁의 어려움이 여기에 있는 것이다.

일본 교육의 이해

참고 문헌

1) 『新敎育學大事典(全8卷)』, 第一法規出版社, 1990
   이 중에 7권(자료), 8권(통계년표 색인)이 참조됨
2) 『我が國の文敎施策』, 文部省 編
   이 책은 1988년부터 매년 대장성인쇄국에서 발간하고 있음
3) 『敎育改革への視點』, 瀧澤博三 著, 敎育開發硏究所發行, 1994
4) 『敎育改革論』, 加藤寬 著, 丸善株式會社, 1996
5) 『短期大學敎育48號』, 日本私立短期大學協會, 1992

후기

'일본 교육의 이해'는 현재 한국일본학회 산하에 있는 한국일본교육학회 회원 중 오랜 기간 일본교육을 연구해 온 회원 여덟 사람이 쓴 것을 모은 것이다.

다른 나라의 교육에 대해 쓴다는 것은 매우 힘든 일이다. 왜냐 하면 교육이란 인간을 만드는 생활인데, 일본과 일본인을 잘 모르는 사람이 일본의 교육에 대해 쓸 경우 겉만 보고 쓴다거나 문헌 짜집기를 한다거나 자기의 편견만을 쓰게 되는 단순함이 있기 때문이다. 그러나 일본 교육의 명문인 쓰쿠바대학이나 히로시마대학 등에서 오랜 기간 교육학을 연구하거나 박사학위를 받은 이 책의 저자들은 앞에서 언급한 그러한 단순함을 극복하고자 했다.

이 책에서는 우선 일본의 교육이란 어떤 것인가를 역사적으로 설명하고 교육의 하드웨어인 교육법을 살펴본다. 다음으로 일본인의 인성을 어떻게 교육하는가 하는 인성교육을 다루며 유아, 가정, 학교, 사회라는 인간의 성장과정에 따른 각각의 교육을 살펴본다. 그리고 심신장애인의 특수교육을 고찰하며 마지막으로 이런 일본의 교육이 학교를 중심으로 어떻게 개혁되고 있는가를 살펴본다.

저자들의 연구특성을 살려 여덟 사람이 하나의 안내자가 되기보다는 여덟 안내자가 되어 읽는이에게 많은 도움을 주고자 했다. 우리와 비슷하면서도 다른 일본의 교육은 우리에게 많은 점을 시사하리라 생각하는 바이다.

홍현길

❋ 한국일본학회 일본연구총서 간행위원회 ❋

위원장 곽영철(한양대학교)	부위원장 이덕봉(동덕여자대학교)
총 무 임영철(중앙대학교)	간 사 이성규(인하대학교)
간 사 구태훈(성균관대학교)	간 사 최 관(고려대학교)

· 집필자 ·

홍현길(가천길대학)	김도수(단국대학교)
김세곤(동국대학교)	김용숙(서울교육대학교)
안기성(고려대학교)	정금자(대구대학교)
한기언(전 서울대학교)	황순희(쓰쿠바대학교)

일본연구총서 ②

日本敎育의 理解

초판인쇄 1998년 12월 10일
초판발행 1998년 12월 15일
편자 한국일본학회 일본연구총서 간행위원회
펴낸이 엄호열
펴낸곳 시사일본어사
등록일자 1977년 12월 24일
등록번호 제 1-255호
주소 서울 종로구 원남동 4-1
TEL.(02)745-1161~5 FAX.(02)745-1160

ⓒ 1998

* 이 책의 내용을 사전 허가없이 전재하거나 복제할 경우 법적인 제재를 받게 됨을 알려 드립니다.
* 잘못된 책은 구입하신 서점이나 본사에서 바꿔 드립니다.
* 정가는 표지에 표시되어 있습니다.

ISBN 89-402-7082-7